北大国学课

博文　编著

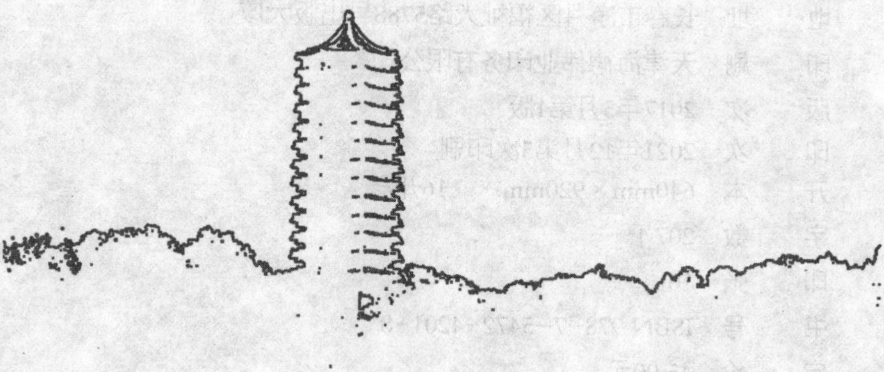

吉林文史出版社
JILIN WENSHI CHUBANSHE

图书在版编目（CIP）数据

北大国学课 / 博文编著. -- 长春 : 吉林文史出版社, 2017.5（2021.12重印）

ISBN 978-7-5472-4201-8

Ⅰ.①北… Ⅱ.①博… Ⅲ.①国学－通俗读物 Ⅳ.①Z126-49

中国版本图书馆CIP数据核字(2017)第116787号

北大国学课

BEIDA GUOXUE KE

出版人　张　强
编著者　博　文
责任编辑　于　涉　董　芳
责任校对　薛　雨
封面设计　韩立强
出版发行　吉林文史出版社有限责任公司
地　　址　长春市净月区福祉大路5788号出版大厦
印　　刷　天津海德伟业印务有限公司
版　　次　2017年5月第1版
印　　次　2021年12月第5次印刷
开　　本　640mm × 920mm　16开
字　　数　207千
印　　张　16
书　　号　ISBN 978-7-5472-4201-8
定　　价　45.00元

前 言

“国学”是西学东渐之后，针对西方学术而提出的名词，最早见于近代思想家章太炎先生的《国故论衡》，后又被称为“中国学”“汉学”“国故”“国故学”。顾名思义，“国学”就是中国之学，是中华民族在数千年历史中创造的文化。

作为中国历史和文化的基础，国学构成了中华民族精神生活的客观环境和民族精神文化的重要组成部分，对中国政治、经济、军事、文化、思想、意识、伦理、道德和行为等各方面都影响极大，对于传承文明，增强民族凝聚力，以及中华民族的复兴都起着重要作用。

国学堪称中国人的性命之学，不仅是中国悠久传统文化的明证，是中华文化的学术基础、固本之学，也是每一个中国人的立身处世之本，更是我们不可或缺的精神力量。学习国学，不仅可以帮助我们了解中华民族的优秀文化传统，更能从中学会为人处世的道理。在走向世界的今天，每一个中国人都应该有良好的国学素养。然而在生活当中，许多人往往缺少足够的国学知识，有些人即使知道一些，也是一知半解，这不仅给日常学习、工作带来诸多的不便，生活中也可能遭遇尴尬。

北大的国学课质量之高在中国首屈一指，与世界上任何最著名的大学比都毫不逊色。但是，如果大师们的智慧闪光仅仅局限于北大讲堂，对于社会将是一件憾事。因此，本书精选了章太炎、吕思勉、刘师培、鲁迅、闻一多、梁启超、钱理群、张祥龙、王娟、张辛、蔡礼旭、彭林、孙开泰等13位学者的作品或演讲录，让你可以随时随地聆听大师的谆谆教诲，让你在智慧之光的引导下，拥有愈加圆满的人生。入选的这些学者或者是曾在北大任教，或者作为老北大精神的传承者，或者其著作对北大的学术研究有着不可忽视的作用，在国学方面都有自己独到的见解。他们学识渊博却不为学识所累，拥有卓越的理念和伟大的思想；他们淡泊名利，保持着自己独立的人格和道德操守；他们秉天地之气而来，将智慧播撒于人间。他们的经典著作，不仅在文化学术界历来享有盛誉，也在广大读者中间有着较高的知名度。

虽然，不是每一个充满梦想的人都能有幸到北大聆听大师们充满智慧的教诲，但是却可以通过本书感受到他们的知识和智慧、博大的胸襟和伟大人格的魅力，品味到北大浓郁的人文气息，学会深刻地理解和把握人生，在未来的人生旅途中，创造出属于自己的辉煌。这是一本全面而又渊博的书，它带领你穿越时间的阻隔，走入中国传统文化的深处，领略优美而深厚的人文风光；它带领你跨越地域的障碍，随时随地都能走入北大国学课堂，聆听国学大师们充满智慧的声音。

值得一提的是，书中所选作品原版本很多为繁体文本，在其流布过程中，难免出现版本差异、文字错讹等现象，为方便读者阅读，我们做了如下整理工作：在版本的选择上，一律以原始版本为底本，保留大师著作的原貌，但对其中误写、错排的个别文字，都进行了修正。繁体字改为通行的简体字，但对简化后易引起歧义的字词，带有时代特色的用语，与现在不太一致的专名、译名等，未作改动。例如，“的”“地”“得”三字，在当时通用为“的”等，尊重原作者用字习惯，均未改动。常见的异体字、通假字，原则上保持原貌。标点符号的用法依从作者习惯，除个别明显排印有误外，也未做改动。

希望经过我们的努力，能够呈给读者一本内容充实、文字完善、富有特色的国学大师经典读本，使读者能够以本书为阶梯，学习国学，了解国学，汲取先人的智慧，继承和发扬传统文化的精华，让中国文明在创新中绵延不绝，并走向世界。

目录

第1堂课

国学概论

章太炎

第一节　概论

我在东京曾讲演过一次国学，在北京也讲演过一次，今天是第三次了。国学很不容易讲，有的也实在不能讲，必须自己用心去读去看。如历史，本是不能讲的，古人已说“一部十七史从何处说起”，现在更有二十四史，不止十七史了。即《通鉴》等书似乎稍简要一点，但还是不能讲。如果只像说大书那般铺排些事实，或讲些事实夹些论断，也没甚意义。所以这些书都靠自己用心去看，我讲国学，只能指示些门径和矫正些近人易犯的毛病。今天先把“国学概论”分做两部研究：

甲　国学之本体

一、经史非神话

二、经典诸子非宗教

三、历史非小说传奇

乙　治国学之方法

一、辨书籍的真伪

二、通小学

三、明地理

四、知古今人情的变迁

五、辨文学应用

甲　国学之本体

一、经史非神话

在古代书籍中，原有些记载是神话，若《山海经》《淮南子》中所载，我们看了，觉得是怪诞极了。但此类神话，在王充《论衡》里已有不少被他看破，没有存在的余地了。而且正经正史中本没有那些话，如盘古开天辟地、天皇、地皇、人皇等，正史都不载。又如“女娲炼石补天”“后羿射日”那种神话，正史里也都没有。经史所载，虽在极小部分中还含神秘的意味，大体并没神奇怪离的论调，并且，这极小部分的神秘记载，也许使我们得有理的解释。

《诗经》记后稷的诞生，颇似可怪。因据《尔雅》所释“履帝武敏”，说是他的母亲，足蹈了上帝的拇指得孕的。但经毛公注释，训帝为皇帝，就等于平常的事实了。

《史记·高帝本纪》说高祖之父太公，雷雨中至大泽，见神龙附高祖母之身，遂生高祖。这不知是太公捏造这话来骗人，还是高祖自造。即使太公真正看见如此，我想其中也可假托。记得湖北曾有一件奸杀案：“一个奸夫和奸妇密议，得一巧法，在雷雨当中，奸夫装成雷公怪形，从屋脊而下，活活地把本夫打杀。”高祖的事，也许是如此。他母亲和人私通，奸夫饰做龙怪的样儿，太公自然不敢进去了。

从前有人常疑古代圣帝贤王都属假托，即如《尧典》所说“钦明文思安安，克明俊德……”等等的话，有人很怀疑，以为那个时候的社会，哪得有像这样的完人。我想，古代史家叙太古的事，不能详叙事实，往往只用几句极混统的话做“考语”，这种考语原最容易言过其实。譬如今人做行述，遇着没有事迹可记的人，每只用几句极好的考语。《尧典》中所载，也不过是一种“考语”，事实虽不全如此，也未必全不如此。

《禹贡》记大禹治水，八年告成。日本有一博士，他说：“后世凿小小的运河，尚须数十年或数百年才告成功，他治这么大的水，哪得如此快?”因此，也疑禹贡只是一种奇迹。我却以为大禹治水，他不过督其成，自有各部分工去做；如果要亲身去，就游历一周也不能，何况凿成！在那时人民同受水患，都有切身的苦痛，免不得合力去做，所以“经之营之，不日成之”了。《禹贡》记各地土地腴瘠情形，也不过依报告录出，并不必由大禹亲自调查的。

太史公作《五帝本纪》，择其言尤雅驯者，可见他述的确实。我们再翻看经史中，却也没载盘古、三皇的事，所以经史并非神话。

其他经史以外的书，若《竹书纪年》《穆天子传》，确有可疑者在。但《竹书纪年》今存者为明代伪托本，可存而不论，《穆天子传》也不在正经正史之例，不能以此混彼。后世人往往以古书稍有疑点，遂全目以为伪，这是错了！

二、经典诸子非宗教

经典诸子中有说及道德的，有说及哲学的，却没曾说及宗教。近代人因为佛经及耶教的《圣经》都是宗教，就把国学里的“经”，也混为一解，实是大误。“佛经”“圣经”的那个“经”字，是后人翻译时随意引用，并不和“经”字原意相符。经字原意只是一经一纬的经，即是一根线，所谓经书只是一种线装书罢了。明代有线装书的名目，即别于那种一页一页散着的八股文墨卷，因为墨卷没有保存的价值，别的就称作线装书了。古代记事书于简。不及百名者书于方，事多一简不能尽，遂连数简以记之。这连各简的线，就是“经”。可见“经”不过是当代记述较多而常要翻阅的几部书罢了。非但没含宗教的意味，就是汉时训“经”为“常道”，也非本意。后世疑经是经天纬地之经，其实只言经而不言天，便已不是经天的意义了。

中国自古即薄于宗教思想，此因中国人都重视政治。周时诸学者已好谈政治，差不多在任何书上都见他们政治的主张。这也是环境的关系：中国土地辽广，统治的方法，急待研究，比不得欧西地小国多，没感着困难。印度土地也大，但内部分许多小邦，所以他们的宗教易于发达。中国人多以全力着眼政治，所以对宗教很冷淡。

老子很反对宗教，他说：“以道莅天下，其鬼不神。”孔子对于宗教，也反对。他虽于祭祀等事很注意，但我们味“祭神如神在”的“如”字的意思，他已明白告诉我们是没有神的。《礼记》一书很考究祭祀，这书却又出自汉代，未必是可靠。

祀天地社稷，古代人君确是遵行，然自天子以下，就没有与祭的身份。须知宗教是须普及于一般人的，耶稣、上帝，是给一般人膜拜的；中国古时所谓天，所谓上帝，非人君不能拜，根本上已非宗教了。

九流十家中，墨家讲天、鬼，阴阳家说阴阳生克，确含宗教的臭味，但墨子所谓天，阴阳家所谓“龙”“虎”，却也和宗教相去很远。

就上讨论，我们可以断定经典诸子非宗教。

三、历史非小说传奇

后世的历史，因为辞采不丰美，描写不入神，大家以为是记实的。对于古史，若《史记》《汉书》，以其叙述和描写的关系，引起许多人的怀疑：

《刺客列传》记荆轲刺秦王事，《项羽本纪》记项羽垓下之败，真是活龙活现。大家看了，以为事实上未必如此，太史公并未眼见，也不过如《水浒传》里说武松、宋江，信手写去罢了。实则太史公作史择雅去疑，慎之又慎。像伯夷、叔齐的事，曾经孔子讲及，所以他替二人作传。那许由、务光之流，就缺而不录了。项羽、荆轲的事迹，昭昭在人耳目，太史公虽没亲见，但传说很多，他就可凭着那传说写出了。《史记》中详记武略，原不止项羽一人；但若夏侯婴、周勃、灌婴等传，对于他们的战功，只书得某城，斩首若干级，升什么官，竟像记一笔账似的，这也因没有特别的传说，只将报告记了一番就算了。如果太史公有意伪述，那么《刺客列传》除荆轲外，行刺的情形，只曹沫、专诸还有些叙述，豫让、聂政等竟完全略过，这是什么道理呢？《水浒传》有百零八个好汉，所以施耐庵不能个个描摹，《刺客列传》只五个人，难道太史公不能逐人描写么？这都因荆轲行刺的情形有传说可凭，别人没有，所以如此的。

“商山四皓”一事，有人以为四个老人哪里能够使高祖这样听从，《史记》所载未必是实。但须知一件事情的成功，往往为多数人所合力做成，而史家常在甲传中归功于甲，在乙传中又归功于乙。汉惠免废，商山四皓也是有功之一，所以在《留侯世家》中如此说，并无可疑。

史书原多可疑的地方，但并非像小说那样的虚构。如刘知几《史通》曾疑更始刮席事为不确，因为更始起自草泽时，已有英雄气概，何至为众所拥立时，竟羞惧不敢仰视而以指刮席呢？这大概是光武一方面诬蔑更始的话。又如史书写王莽竟写得同子一般，这样愚的人怎能篡汉？这也是因汉室中兴，对于王莽当然特别贬斥。这种以成败论人的习气，史家在所不免，但并非像小说的虚构。

考《汉书·艺文志》已列小说于各家之一，但那只是县志之类，如所谓《周考》《周纪》者。最早是见于《庄子》，有“饰小说以干县令”一语。这所谓“小说”，却又指那时的小政客不能游说六国侯王，只能在地方官前说几句本地方的话。这都和后世小说不同。刘宋时有《世说新语》一书，所记多为有风趣的魏晋人的言行，但和正史不同的地方，只时日多颠倒处，事实并非虚构。唐人始多笔记小说，且有因爱憎而特加揄扬或贬抑者，去事实稍远。《新唐书》因《旧唐书》所记事实不详备，多采取此等笔记。但司马温公作《通鉴》对于此等事实必由各方面搜罗证据，见有可疑者即删去，可见作史是极慎重将事的。最和现在小说相近的是宋代的《宣和遗事》，彼记宋徽宗游李师师家，写得非常生动，又有宋江等三十六人，大约《水浒传》即脱胎于此书。古书中全属虚构者也非没有，但多专记神仙鬼怪，如唐人所辑《太平广记》之类，这与《聊斋志异》相当，非《水浒传》可比，而且正史中也向不采取。所以正史中虽有些叙事很生动的地方，但决与小说传奇不同。

乙　治国学之方法

一、辨书籍的真伪

对于古书没有明白哪一部是真，哪一部是伪，容易使我们走入迷途，所以研究国学第一步要辨书籍的真伪。

四部的中间，除了集部很少假的，其余经、史、子三部都包含着很多的伪书，而以子部为尤多。清代姚际恒《古今伪书考》，很指示我们一些途径。

先就经部讲：《尚书》现代通行本共有五十八篇，其中只有三十三篇是汉代时的“今文”所有，另二十五篇都是晋代梅颐所假造。这假造的《尚书》，宋代朱熹已经怀疑他，但没曾寻出确证，直到清代，才明白地考出，却已雾迷了一千多年。经中尚有为明代人所伪托，如《汉魏丛书》中的《子贡诗传》系出自明丰坊手。诠释经典之书，也有后人伪托，如孔安国《尚书传》、郑氏《孝经注》、《孟子》孙奭疏……之类，都是晋代的产品。不过“伪古文尚书”，和“伪孔传”，比较的有些价值，所以还引起一部分人一时间的信仰。

以史而论，正史没人敢假造，别史中就有伪书。《越绝书》，汉代袁康所造，而托名子贡。宋人假造《飞燕外传》《汉武内传》，而列入《汉魏丛书》。《竹书纪年》本是晋人所得，原已难辨真伪，而近代通行本，更非晋人原本，乃是明人伪造的了。

子部中伪书很多，现在举其最著者六种，前三种尚有价值，后三种则全不足信。

（一）《吴子》此书中所载器具，多非当时所有，想是六朝产品。但从前科举时代把他当作“武经”，可见受骗已久。

（二）《文子》《淮南子》为西汉时作品，而《文子》里面大部分抄自《淮南子》，可见本书系属伪托，已有人证明他是两晋六朝人做的。

（三）《列子》，信《列子》的人很多，这也因本书做得不坏，很可动人的原故。须知列子这个人虽见于《史记 · 老庄列传》中，但书中所讲，多取材于佛经，“佛教”在东汉时始入中国，哪能在前说到？我们用时代证明他，已可水落石出。并且《列子》这书，汉人从未有引用一句，这也是一个明证。造《列子》的也是晋人。

（四）《关尹子》这书无足论。

（五）《孔丛子》这部书是三国时王肃所造。《孔子家语》一书也是他所造。

（六）《黄石公三略》唐人所造。又《太公阴符经》一书，出现在《黄石公三略》之后，系唐人李筌所造。

经、史、子三部中的伪书很多，以上不过举个大略。此外，更有原书是真而后人参加一部分进去的，这却不能疑他是假。《四子书》中有已被参入的。《史记》中也有，如《史记》中曾说及扬雄，扬在太史公以后，显系后人加入，但不能因此便疑《史记》是伪书。

总之，以假为真，我们就要陷入迷途，所以不可不辨别清楚。但反过来看，因为极少部分的假，就怀疑全部分，也是要使我们彷徨无所归宿的。如康有为以为汉以前的书都是伪的，都被王莽、刘歆改过，这话也只有他一个人这样说。我们如果相信他，便没有可读的古书了。

二、通小学

韩昌黎说："凡作文章宜略识字"，所谓"识字"，就是通小学的意思。作文章尚须略通小学，可见在现在研究古书，非通小学是无从下手的了。小学在古时，原不过是小学生识字的书，但到了现代，虽研究到六七十岁，还有不能尽通的。何以古易今难至于如此呢？这全是因古今语言变迁的缘故。现在的小学，是可以专门研究的，但我所说的"通小学"，却和专门研究不同，因为一方面要研究国学，所以只能略通大概了。

《尚书》中《盘庚》《洛诰》，在当时不过一种告示，现在我们读了，觉得"佶屈聱牙"，这也是因我们没懂当时的白话，所以如此。《汉书·艺文志》说："《尚书》直言也。"直言就是白话。古书原都用当时的白话，但我们读《尚书》，觉得格外难懂，这或因《盘庚》《洛诰》等都是一方的土话，如殷朝建都在黄河以北，周朝建都在陕西，用的都是河北的土话，所以比较不能明白。《汉书·艺文志》又说，"读《尚书》应用《尔雅》"，这因《尔雅》是诠释当时土话的书，所以《尚书》中于难解的地方，看了《尔雅》就可明白。

总之，读唐以前的书，都非研究些小学，不能完全明白。宋以后的文章和现在差不多，我们就能完全了解了。

研究小学有三法：

（一）通音韵古人用字，常同音相通，这大概和现在的人写别字一样。凡写别字都是同音的，不过古人写惯了的别字，现在不叫他写别字罢了。但古时同音的字，现在多不相同，所以更难明白。我们研究古书，要知道某字即某字之转讹，先要明白古时代的音韵。

（二）明训诂古时训某字为某义，后人更引伸某义转为他义。可见古义较狭而少，后义较广而繁。我们如不明白古时的训诂，误以后义附会古义，就要弄错了。

（三）辨形体近体字中相像的，在篆文未必相像，所以我们要明古书某字的本形，以求古书某字的某义。

历来讲形体的书，是《说文》，讲训诂的是《尔雅》，讲音韵的书，是《音韵学》。如能把《说文》《尔雅》《音韵学》都有明确的观念，那么，研究国学就不至犯“意误”“音误”“形误”等弊病了。

宋朱熹一生研究《五经》《四子》诸书，连寝食都不离，可是纠缠一世，仍弄不明白。实在，他在小学没有工夫，所以如此。清代毛西河（按名奇龄）事事和朱子反对，但他也不从小学下手，所以反对的论调，也都错了。可见通小学对于研究国学是极重要的一件事了。清代小学一门，大放异彩，他们所发现的新境域，着实不少！

三国以下的文章，十之八九我们能明了，其不能明了的部分，就须借助于小学。唐代文家如韩昌黎、柳子厚的文章，虽是明白晓畅，却也有不能了解的地方。所以我说，看唐以前的文章，都要先研究一些小学。

桐城派也懂得小学，但比较少用功夫，所以他们对于古书中不能明白的字，便不引用，这是消极的免除笑柄的办法，事实上总行不去的。

哲学一科，似乎可以不通小学，但必专凭自我的观察，由观察而发表自我的意思，和古人完全绝缘，那才可以不必研究小学。倘仍要凭借古人，或引用古书，那么，不明白小学就要闹笑话了。比如朱文公研究理学（宋之理学即哲学），释“格物”为“穷至事物之理”，便召非议。在朱文公原以“格”可训为“来”，“来”可训为“至”，“至”可训为“极”，“极”可训为“穷”，就把“格物”训为“穷物”。可是训“格”为“来”是有理，辗转训“格”

为“穷”，就是笑话了。又释“敬”为“主一无适”之谓（这原是程子说的），他的意思是把“适”训作“至”，不知古时“适”与“对”通，《淮南子》中的主“无适”，所谓“无适”实是“无”之谓，“无适”乃“无对”的意义，所以说是“主一”。

所以研究国学，无论读古书或治文学、哲学，通小学都是一件紧要的事。

三、明地理

近顷所谓地理，包含地质、地文、地志三项，原须专门研究的。中国本来的地理，算不得独立的科学，只不过做别几种（史、经）的助手，也没曾研究到地质、地文的。我们现在要研究国学，所需要的也只是地志，且把地志讲一讲。

地志可分两项：天然的和人为的。天然的就是山川脉络之类。山自古至今，没曾变更。大川若黄河，虽有多次变更，我们在历史上可以明白考出，所以，关于天然的，比较地容易研究。人为的就是郡县建置之类。古来封建制度至秦改为郡县制度，已是变迁极大，数千年来，一变再变，也不知经过多少更张，那秦汉时代所置的郡，现在还能大略考出，所置的县就有些模糊了。战国时各国的地界，也还可以大致考出，而各国战争的地点和后来楚汉战争的地点，却也很不明白了，所以，人为的比较地难以研究。

历来研究天然的，在乾隆时有《水道提纲》一书。书中讲山的地方甚少，关于水道，到现在也变更了许多，不过大致是对的。在《水道提纲》以前，原有《水经注》一书，这书是北魏人所著，事实上已用不着，只文采丰富，可当古董看罢了。研究人为的，有《读史方舆纪要》和《乾隆府厅州县志》。民国代兴，废府留县，新置的县也不少，因此更大有出入。在《方舆纪要》和《府厅州县志》以前，唐人有《元和郡县志》，也是研究人为的，只是欠分明。另外还有《大清一统志》《李申耆五种》，其中却有直接明了的记载，我们应该看的。

我们研究国学，所以要研究地理者，原是因为对于地理没有明白的观念，看古书就有许多不能懂。譬如看到春秋战国的战争和楚汉战争，史书上已载明谁胜谁败，但所以胜所以败的原因，关于形势的很多，就和地理有关了。

二十四史中，古史倒还可以明白，最难研究的，要推《南北史》和《元史》。东晋以后，五胡闯入内地，北方的人士，多数南迁。他们数千人所住的地，就侨置一州，侨置的地方，大都在现在镇江左近，因此有南通州、南青州、南冀州的地名产生。我们研究南史，对于侨置的地名，实在容易混错。元人灭宋，统一中国，在二十四史就有《元史》的位置。元帝成吉思汗拓展地域很广，关于西伯利亚和欧洲东部的地志，《元史》也有阑入，因此使我们读者发生困难。关于《元史》地志有《元史译文证补》一书，因著者博证海外，故大致不错。

不明白地理而研究国学，普通要发生三种谬误。南北朝时南北很隔绝。北魏人著《水经注》，对于北方地势，还能正确记述，南方的地志，就错误很多。南宋时对于北方大都模糊，所以福建人郑樵所著《通志》，也错得很多。——这是臆测的谬误。中国土地辽阔，地名相同的很多，有人就因此纠缠不清。——这是纠缠的错误。古书中称某地和某地相近，往往考诸实际，相距却是甚远。例如：诸葛亮五月渡泸一事，是大家普通知道的，泸水就是现今金沙江，诸葛亮所渡的地，就是现在四川宁远。后人因为唐代曾在四川置泸州，大家就以为诸葛亮五月渡泸，是在此地，其实相去千里，岂非大错吗？——这是意会的错误。至于河阴、河阳当在黄河南北，但水道已改，地名还是仍旧，也容易舛错的。

我在上节曾讲过“通小学”，现在又讲到“明地理”，本来还有“典章制度”也是应该提出的，所以不提出者，是因各朝的典章制度，史书上多已载明，无以今证古的必要。我们看哪一朝史知道哪一朝的典章制度就够了。

四、知古今人情的变迁

社会更迭地变换，物质方面继续地进步，那人情风俗也随着变迁，不能拘泥在一种情形的。如若不明白这变迁的理，要产生两种谬误的观念。

（一）道学先生看作道德是永久不变，把古人的道德，比做日月经天、江河行地，墨守而不敢违背。

（二）近代矫枉过正的青年，以为古代的道德是野蛮道德。原来道德可分二部分，——普通伦理和社会道德——前者是不变的，后者是随着环境变更的。当政治制度变迁的时候，风俗就因此改易，那社会道德是要适应了这制度这风俗才行。古今人情的变迁，有许多是我们应该注意的！

第一，封建时代的道德，是近于贵族的；郡县时代的道德，是近于平民的。这是比较而说的。《大学》有“欲治其国者，先齐其家”一语，《传》第九章里有“其家不可教而能教人者，无之”一语，这明是封建时代的道德。我们且看唐太宗的历史，他的治国，成绩却不坏——世称“贞观之治”，但他的家庭，却糟极了，杀兄、纳弟媳。这岂不是把《大学》的话根本打破吗？要知古代的家和后世的家大不相同。古代的家，并不只包含父子夫妻兄弟……这等人，差不多和小国一样，所以孟子说“千乘之家”“百乘之家”。在那种制度之下，《大学》里的话自然不错，那不能治理一县的人，自然不能治理一省了。

第二，古代对于保家的人，不管他是否尸位素餐，都很恭维。史家论事，对于那人因为犯事而灭家，不问他所做的是否正当，都没有一句褒奖。《左传》里已是如此，后来《史》《汉》也是如此。晁错创议灭七国，对于汉确是尽忠，但因此夷三族，就使史家对他生怪了。大概古代爱家和现代爱国的概念一样，亡家也和亡国一样，所以保家是大家同情的。这种观念，到汉末已稍稍衰落，六朝又复盛了。

第三，贵族制度和现在土司差不多，只比较地文明一些。凡在王家的人，和王本身一样看待。他的兄弟在王去位的时候都有承袭的权利。我们看《尚书》到周公代成王摄政，觉得很可怪。他在摄政时代，也俨然称王。在《康诰》里有“王若曰孟侯朕其弟小子封”的话，这王明是指周公。后来成王年长亲政，他又可以把王号取消。《春秋》记隐公、桓公的事，也是如此。这种摄政可称王，退位可取消的情形，到后世便不行。后世原也有兄代弟位的，如明英宗被掳，景泰帝代行政事等。但代权几年，却不许称王，既称王却不许取消的。宋人解释《尚书》，对于这些，没有注意到，所以强为解释，反而愈释愈使人不能解了。

第四，古代大夫的家臣，和天子的诸侯一样，凡是家臣对于主人有绝对服从的义务。这种制度，西汉已是衰落一些，东汉又复兴盛起来。功曹、别驾都是州郡的属官。这种属官，既要奔丧，还要服丧三年，俨有君臣之分。三国时代的曹操、刘备、孙权，他们虽未称王，但他属下的官对于他都是皇帝一般看待的。

第五，丁忧去官一件事在汉末很通行，非但是父母三年之丧要丁忧，就是兄弟姊妹期功服之丧也要丁忧。陶渊明诗有说及奔妹丧的，潘安仁《悼亡诗》也有说及奔丧的，可见丁忧的风在那时很盛。唐时此风渐息，到明代把他定在律令，除了父母丧不必去官。

总之，道德本无所谓是非，在那种环境里产生适应的道德，在那时如此便够了。我们既不可以古论今，也不可以今论古。

五、辨文学应用

文学的派别很多，梁刘勰所著《文心雕龙》一书，已明白罗列，关于这项，将来再仔细讨论，现在只把不能更改的文体讲一讲。

文学可分二项：有韵的谓之诗，无韵的谓之文。文有骈体、散体的区别，历来两派的争执很激烈：自从韩退之崛起，推翻骈体，后来散体的声势很大。宋人就把古代经典都是散体，何必用骈体，做宣扬的旗帜。清代阮芸台（按即阮元）起而推倒散体，抬出孔老夫子来，说孔子在《易经》里所著的《文言》《系辞》，都是骈体的。实在这种争执，都是无谓的。

依我看来，凡简单叙一事不能不用散文，如兼叙多人多事，就非骈体不能提纲。以《礼记》而论，同是周公所著，但《周礼》用骈体，《仪礼》却用散体，这因事实上非如此不可的。《仪礼》中说的是起居跪拜之节，要想用骈也无从下手。更如孔子著《易经》用骈，著《春秋》就用散，也是一理。实在，散、骈各有专用，可并存而不能偏废。凡列举纲目的以用骈为醒目，譬如我讲演“国学”，列举各项子目，也便是骈体。秦汉以后，若司马相如、邹阳、枚乘等的骈文，了然可明白。他们用以序叙繁杂的事，的确是不错。后来诏诰都用四六，判案亦有用四六的（唐宋之间，有《龙筋凤髓判》），这真是太无谓了。

凡称之为诗，都要有韵，有韵方能传达情感。现在白话诗不用韵，即使也有美感，只应归入散文，不必算诗。日本和尚娶妻食肉，我曾说他们可称居士等等，何必称作和尚呢？诗何以要有韵呢？这是自然的趋势。诗歌本来脱口而出，自有天然的风韵，这种韵，可达那神妙的意思。你看，动物中不能言语，他们专以幽美的声调传达彼等的感情，可见诗是必要有韵的。“诗言志，歌永言，声依咏，律和声”，这几句话，是大家知道的。我们仔细讲起来，也证明诗是必要韵的。我们更看现今戏子所唱的二黄西皮，文理上很不通，但彼等也因有韵的原故。

白话记述，古时素来有的，《尚书》的诏诰全是当时的白话，汉代的手诏，差不多亦是当时的白话，经史所载更多照实写出的。《尚书·顾命篇》有“奠丽陈教则肄肄不违”一语，从前都没能解这两个“肄”字的用意，到清代江艮庭（按即江声）始说明多一肄字，乃直写当时病人垂危舌本强大的口吻。《汉书》记周昌“臣期期不奉诏”“臣期期知其不可”等语，两“期期”字也是直写周昌口吃。但现在的白话文只是使人易解，能曲传真相却也未必。“语录”皆白话体，原始自佛家，宋代名儒如二程、朱、陆亦皆有语录，但二程为河南人，朱子福建人，陆象山（按即陆九渊）江西人，如果各传真相，应所纪各异，何以语录皆同一体例呢？我常说，假如李石曾、蔡孑民、吴稚晖三先生会谈，而令人笔录，则李讲官话，蔡讲绍兴话，吴讲无锡话，便应大不相同，但记成白话文却又一样。所以说白话文能尽传口语的真相，亦未必是确实的。

第二节　国学之派别（一）

——经学之派别

讲"国学"而不明派别，将有望洋兴叹、无所适从之感。但"国学"中也有无须讲派别的，如历史学之类；也有不够讲派别的，则为零碎的学问。现在只把古今学者呶呶争辩不已的，分三类讨论：一、经学之派别；二、哲学之派别；三、文学之派别。依顺序先研究经学之派别。

"《六经》皆史也"，这句话详细考察起来，实在很不错。在《六经》里面，《尚书》《春秋》都是记事的典籍，我们当然可以说他是史。《诗经》大半部是为国事而作（《国风》是歌咏各国的事，《雅》《颂》是讽咏王室的），像歌谣一般的，夹入很少，也可以说是史。《礼经》是记载古代典章制度的（《周礼》载官制，《仪礼》载仪注），在后世本是史的一部分。《乐经》虽是失去，想是记载乐谱和制度的典籍，也含史的性状。只有《易经》一书，看起来像是和史没关，但实际上却也是史。太史公说："《易》本隐以之显，《春秋》推见以至隐。"引申他的意思，可以说《春秋》是胪列事实中寓褒贬之意；《易经》却和近代"社会学"一般，一方面考察古来的事迹，得着些原则，拿这些原则，可以推测现在和将来。简单说起来，《春秋》是显明的史，《易经》是蕴含史的精华的。因此可见《六经》无一非史，后人于史以外，别立为经，推尊过甚，更有些近于宗教。实在周末还不如此，此风乃起于汉时。

秦始皇焚书坑儒，《六经》也遭一炬，其后治经者遂有今文家、古文家之分。今文家乃据汉初传经之士所记述的。

现在要讲今文家，先把今文家的派别，立一简单的表：

汉初，田何传《易经》，伏生口授《尚书》，齐、鲁、韩三家治《诗经》，高棠生传《礼经》，胡毋生治《公羊》，瑕丘江公治《谷梁》，那时除了《乐经》以外，《五经》都已完备。后来《易》

- 今文家
  - 《易》——田何
    - 施
    - 孟——京
    - 梁丘
  - 《书》——伏生
    - 欧阳
    - 大夏侯
    - 小夏侯
  - 《诗》
    - 申公（鲁）
    - 辕固（齐）——翼奉
    - 韩婴（韩）
  - 《礼》——（《仪礼》）——高棠生
    - 大戴
    - 小戴
  - 《春秋》
    - 《公羊》——胡毋生——董仲舒
      - 严
      - 颜
    - 《谷梁》——瑕丘江公

分四家，《诗》《书》各分三家，《礼》分二家，《公羊》分二家，汉室设学官，立十四博士（《谷梁》不在内），即以上十四家。十四博士在汉初还没十分确定，在西汉末年才确定下来。

今文家所讲的，虽非完全类乎宗教，但大部分是倾向在这一面的。《易》四家中，施和梁丘二家，我们已不能见，且莫论他。京氏治《易》，专重卜筮，传至汉末虞翻，则更多阴阳卜筮之说。《尚书》三家中欧阳也不可考。大、小夏侯则欢喜讲《洪范》五行之说，近于宗教。汉人治《尚书》，似乎最欢喜《洪范篇》。《诗经》三家中，申公所说，没甚可怪，《韩诗外传》（《内传》已失）也没甚可怪的地方，惟翼奉治诗，却拿十干十二支比附《诗经》了。高棠生的《仪礼》，已不可知，大、小戴中（现在所谓二戴，非汉时的大、小戴），也有不少离奇的话。《公羊》的记载，虽和事实相差很远，还没甚么可怪，但治《公羊》的今文家，却奇怪极了。胡毋生的学说，我们已不能见，即颜、严二家的主张也无从考出，但董仲舒的《春秋繁露》，却多怪话。汉末何休注《公羊》，不从颜、严二家之说，自以为是胡毋生嫡派，他的怪话最多，照他说来，直是孔子预知汉室将兴而作《春秋》，简直是为汉预制宪法，所以那时有“《春秋》为汉制法”的话。孔子无论是否为预言家，孔子何至和汉家有这么深厚的感情呢？

汉代学者以为古代既有“经”必有“纬”，于是托古作制，造出许多“纬”来，同时更造“谶”。当时“纬书”，种类繁多，现在可查考的只有《易纬》八种。明孙瑴《古微书》中辑有纬书很多。《易纬》所讲的是时令节气，仅如《月令》之类。《春秋纬》载孔子著《春秋》《孝经》告成，跪告天，天生彩云，下赐一玉等话，便和耶稣《创世纪》相类了。“谶”是“河图”一类的书，专讲神怪，说能先知未来，更近于宗教了。“纬书”西汉末年才出现，大概今文学家弟子迎合当时嗜好推衍出来的。

“经”有兼今古文的，也有无今文而有古文的，也有无古文而有今文的。汉代古文学家，可以列如下表：

古文家
- 《易》——费氏
- 《书》——孔氏
- 《诗》——毛氏
- 《礼》——桓公（据刘歆语）
- 《春秋》——左氏

《仪礼》（当时称为《士礼》），在古文今文，只为文字上的差别。《周礼》在汉初不以为经典，东汉始有杜子春和二郑替彼注释。此外，今古文便各自为别了。

今古文的区别，本来只在文字版本上。因为《六经》遭秦火，秦代遗老就所能记忆的，用当代语言记出，称为今文，后来从山崖屋壁发现古时原本，称为古文，也不过像近代今板古板的分别罢了。但今文所记忆，和古文所发现的篇幅的多少，已有不同；今文家所主张和古文家所说，根本上又有不同；因此分道扬镳。古文家异于今文家之点，在下文细说：

一、《易》以费氏为古文家，是刘向定的。因为刘向校书时，就各家《易经》文字上看，只有费氏相同，所以推为古文家。以《易》而论，今古文也还只文字上的不同。

二、鲁恭王发孔壁得《尚书》，《尚书》的篇数就发生问题。据《书传》（太史公曰“《书传》《礼记》自孔氏”，可见孔安国家藏《书传》，确自孔壁得来。）称《书序》有百篇，而据伏生所传只有二十九篇（可分为三十四篇），壁中所得却有四十六篇（可分为五十八篇），相差已十七篇。并且《书传》所载和今文更有许多不同的地方。孟子是当时善治《诗》《书》的学者，他所引的“葛伯求饷”、“象日以杀舜为事”等等，在今文确是没有的，可见事实上又不同了。

三、《诗》因叶韵易于记忆，当时并未失传，本无今古文之分。毛氏所传《诗》三百十一篇，比三家所传多“笙诗”六篇，而所谓“笙诗”也只有名没有内容的。《毛诗》所以列于古文，是立说不同。他的立说，关于事实和《左传》相同；关于典章制度和《周礼》相同；关于训诂，又和《尔雅》同的。

四、郑康成注《仪礼》，并存古今文。大概高棠生传十七篇和古文无大出入。孔壁得《礼》五十六篇，比高棠生多三十九篇。这三十九篇和今文中有大不同之点：今文治《礼》，是“推士礼致于天子”，全属臆测的。此三十九篇却载士以上的礼很多。二戴的主张，原不可考，但晋人贺循引《礼》，是我们可据以为张本的。

五、《左氏》多古文古言。《汉书·艺文志》说：《左氏传》是张苍所献。贾谊事张苍，习《左氏传》，所以《贾谊新书》引《左氏传》的地方很多。《左氏传》的事实和《公羊》多不相同。《谷梁》中事实较《公羊》确实一些，也和《左氏》有出入。至于经文本无不同，但《公羊》《谷梁》是十一篇，《左氏》有十二篇，因《公》《谷》是附闵于庄的。闵公只有三年，附于庄公，原无大异，但何休解《公羊》，却说出一番理由来，以为“孝子三年无改于父道”，故此附闵于庄了。

六、《周礼》，汉时河间献王向民间抄来，马融说是“出自山崖屋壁”的。这书在战国时已和诸侯王的政策不对，差不多被毁弃掉，所以孟子说：“其详不可得闻也；诸侯恶其害已也，而皆去其籍。”《荀子》中和《周礼》相合的地方很多，或者他曾见过。孟子实未见过《周礼》，西汉人亦未见过。《礼记·王制篇》也和《周礼》不同。孟子答北宫锜说“公侯皆方百里，伯七十里，子男五十里”，《周礼》却说是“公五百里，侯四百里，伯三百里，子二百里，男一百里”。《王制》讲官制是“三公，九卿，二十七大夫，八十一元士”。但古代王畿千里，几和现在江苏一般大小，这一百二十个官员，恐怕不够吧！《周礼》称有三百六十官，此三百六十官亦为官名而非官缺，一官实不止一人，如就府吏胥徒合计，当时固有五万余员。

又有在汉时称为“传记”的，就是《论语》和《孝经》二书。《论语》有《古论》《齐论》《鲁论》之分，《古论》是出自孔氏壁中的。何晏治《论语》参取三家，不能分为古今文。不过王充《论衡》称《论语》之《古论》有百多篇，文字也难解，删繁节要也有三十篇，而何晏说：“《鲁论语》二十篇；《齐论语》别有《问王》《知道》等，凡二十二篇；《古论》出孔氏壁中，分《尧曰》下章《子张问》以为一篇，凡二十一篇。”篇数上又有出入。《汉书·艺文志》有《孔子家语》及《孔子徒人图法》二书，太史公述仲尼弟子，曾提及《弟子籍》一书，三十篇中或者有以上三书在内。《孝经》，在《汉书·艺文志》也说出自孔壁，汉代治《孝经》的已无可考，我们所见的是唐玄宗的注释。又有《论语谶》、《孝经谶》二书，怪语很多，可存而不论。

宋代所称“十三经”，是合《易》《尚书》《周礼》《仪礼》《礼记》《诗》《左传》《公羊》《谷梁》《论语》《孝经》《孟子》《尔雅》而说的。这只是将诸书汇刻，本无甚么深义，后人遂称为“十三经”了。《汉书·艺文志》扩充“六艺”为九种，除《易》《诗》《书》《礼》《乐》《春秋》为“六艺”外，是并《论语》《孝经》“小学”在内的。

汉代治经学，崇尚今文家的风气，到了汉末三国之间，渐趋销熄。汉末郑康成治经，已兼重古文和今文。王肃出，极端地相信古文。在汉代没曾立学官的，三国也都列入学官，因此今文家衰，古文家代兴。

三国时古文家的色采很鲜明，和汉代有不可混的鸿沟：

《诗》汉用三家，三国时尚毛氏。

《春秋》汉用《公羊》，三国时尚《左氏》。

《易》汉有施、孟、梁丘、京四家，三国只崇尚郑康成和王弼的学说。

《仪礼》没有大变更。

《周礼》汉不列学官，三国列入学官。

学者习尚既变，在三国魏晋之间，所有古文家学说都有人研究；就是从前用今文家的，到此时也改用古文家了。

古文家盛行以后，自己又分派别：以《易》而论，王弼主费氏，郑康成也主费氏。各以己意注释，主张大有不同，因为费氏只是文字古体，并无他的学说的。治《毛诗》的，有郑康成、王肃，意见有许多相反。治《左传》的，汉末有服虔（只解传不解经的），晋有杜预，两家虽非大不同，其中却也有抵触之处。原来汉人治《左氏》，多引《公羊》，并由《公羊》以释经，自己违背的地方很多。杜预《春秋释例》将汉人学说一一驳倒，在立论当中，又有和服虔的主张相反的。《尚书》郑康成有注，郑本称为古文的，但孔安国古本已失，郑本也未必是可靠。我们就和马融、郑康成师生间的立说不同、文字不同，也可明白了。东晋时梅赜的伪古文《尚书》出，托名孔安国，将《汉书·艺文志》所称正十八篇推衍出来，凡今文有的，文字稍有变更，今文所无的，就自己臆造，这书当时很有人信他。

南北朝时南北学者的倾向颇有不同：

《易》北尊王弼，南尊郑康成。

《毛诗》南北无十分异同。

《左传》北尊服虔，南尊杜预。

《尚书》北尊郑康成，南用伪古文《尚书》。

唐初，孔颖达、贾公彦出而作注疏，产生“五经”“七经”的名称。“五经”是孔颖达所主张的，贾公彦益以《周礼》《仪礼》就称“七经”，后更附以《公羊》《谷梁》（《公羊》用何休，《谷梁》用范宁），就是唐人通称的“九经”。孔颖达曲阜人，当时北方人多以为北不如南，所以他作注疏多采用南方，因此《易》不用王而用郑，《左》不用服而用杜了。唐人本有“南学”（按即南北朝时南朝的经学。承魏晋学风，兼采众说，不拘家法，随意发挥，又受佛教影响，是宋代理学的渊源）“北学”（按即南北朝时北朝的经学。墨守东汉旧说，以章句训诂为主，不愿别出新义。

学风保守，撰述亦少）之分，后来北并于南，所有王弼、服虔的学说，因此散失无遗。

唐代轻学校而重科举，取士用“明经”“进士”二科（明经科讨论经典，进士科策论应试），学者对于孔氏的学说不许违背，因此拘束的弊病，和汉代立十四博士不相上下，并且思想不能自由，成就很少。孔、贾而外，竟没有卓异的经学家了。

《仪礼·丧服》是当时所实用的，从汉末至唐，研究的人很多并且很精，立说也非贾《疏》所能包。这是特例。

宋代典章制度，多仍唐时之旧。宋人拘守唐人的注疏，更甚于唐人，就是诗赋以经命名的，也不许抵触孔、贾的主张。当时有人作“当仁不让于师赋”，将“师”训作“众”，就落第了。邢昺作《论语》《孝经》疏，拘守孔、贾所已引用的，已是简陋，那些追随他们的后尘的，更是陋极。宋代改“明经科”为“学究科”，这“学究”两字是他们无上的诨号。

在思想不能自由发展环境之下，时势所趋，不能不有大变动，因此宋代学者的主张就和以前趋于相反的方向了。揭反向旗帜的人，首推孙复。他山居读书，治《春秋》以为三传都不可靠。这种主张，在唐人已有赵匡、啖助创议于先，孙不过推衍成之。继孙复而起，是欧阳修，他改窜《诗经》的地方很多，并疑《易》的《系辞》非出自孔氏；立说之中很多荒谬，因为他本是文人，非能说经的。同时有刘敞（字原甫）说经颇多，著有《七经小记》，原本今虽不存但从别书考见他的主张，虽和注疏背驰，却不是妄想臆测。神宗时王安石治经，著有《三经新义》，当时以为狂妄。原书已难考见，但从集中所引用的看来，也不见得比欧阳修更荒谬，想是宋人对于王安石行为上生怨恶，因此嫌弃他的学说。王的学说，传至弟子吕惠卿辈，真是荒谬绝伦，后来黄氏（按即宋人黄朝英）有《缃素杂记》，把《诗经》看作男女引诱的谈论，和《诗经》的本旨就相去千里了。

宋儒治经以意推测的很多。南宋朱文公（按即朱熹）凭他的臆测酿成很多谬误。朱氏治经，有些地方原有功于经，但是功不能掩过。现且分别指明：

一、《易经》本为十二篇，郑、王合《彖辞》于经，已非本来面目，朱氏分而出之，是他的功。他取陈抟的《河图》《洛书》并入《易经》——《河图》《洛书》由陈抟传至邵康节（按即邵雍），再传至朱文公，他就列入《易经》。有清王懋竑为朱文公强辩，谓《河图》《洛书》非朱文公所列，那就太无谓了。因为朱文公对于道士炼丹之术，很有些相信，他曾替《参同契》（汉时道家书）作注释，在书上署名“空同道士邹炘”，“邹”“朱”双声，“炘”“熹”通训，他的本名已隐在里面了。——这是他的过。分《易》是还原，为功很小；增《河图》《洛书》是益迷信，过很大；可以说是功不掩过。

二、朱文公从文章上，怀疑伪古文《尚书》，开后人考据的端绪，是他的功。他怀疑《书序》（今文所无、古文所有）也是伪托，他的弟子蔡沈作《集传》，就不信《书序》，是他的过。这可说是功过相当。

三、古人作诗托男女以寓君臣，《离骚》以美人香草比拟，也同此意。朱文公对于《诗序》（唐时《本事诗》相类）解诗指为国事而作，很不满意，他迳以为是男女酬答之诗，这是不可掩的过。当时陈傅良反对朱文公，有“城阙为偷期之所，彤管为行淫之具”等语。（不见于今《诗传》，想已删去。）清人亦有指斥朱文公释《丘中有麻》诗为女人含妒意为不通者。

与朱文公同时有吕东莱（按即吕祖谦）治《毛诗》很精当，却不为时人所重。元代，朱子学说大行，明代更甚。在这二代中，经学无足观，士子受拘束也达极点，就激成清代的大反动。

清初，毛奇龄（号西河）首出反对朱子的主张。毛为文人，于经没彻底的研究，学说颇近王阳明。他驳斥朱子的地方固精当，他自己的主张和朱子一般荒谬。朱子注《四子书》，也有援引原注的，毛也一并指斥无余了。继起为胡渭（朏明），他精研地理，讲《禹贡》甚精当，对于《河图》、《洛书》有重大的抨击。在那时双方各无所根据，凭主观立论，都不能立在不败之地，汉学便应运而生。

阎若璩力攻古代书籍，已和汉学接近，不过对于朱子，不十分叛离，有许多地方仍援用朱说的。后江慎修（按即江永）出，对于音韵有研究，也倾向到汉学，但未揭明汉学的旗帜。

揭汉学旗帜的首推惠栋（定宇）（苏州学派），他的父亲惠士奇著《礼说》《春秋说》已开其端，定宇更推扬之，汉学以定。他所谓汉学，是摈斥汉以下诸说而言。惠偏取北学，著有《九经古义》《周易述》《明堂大道录》等书，以《周易述》得名。后惠而起有戴震（东原），他本是江永的弟子，和惠氏的学说不十分相同，他著有《诗经小传》等书，不甚卓异。

就惠、戴本身学问论，戴不如惠，但惠氏不再传而奄息，戴的弟子在清代放极大异彩，这也有二种原因：

甲，惠氏墨守汉人学说，不能让学者自由探求、留发展余地。戴氏从音韵上辟出新途径，发明“以声音合文字，以文字考训诂”的法则。手段已有高下。

乙，惠氏揭汉学的旗帜，所探求的只是汉学。戴氏并非自命为汉学，叫人从汉学上去求新的发现，态度上也大有不同。

戴氏的四弟子，成就都很多，戴氏不过形似汉学，实际尚含朱子的臭味，他的弟子已是摈除净尽了。今将其四弟子分别说明如下：

一、孔广森讲音韵极精，著有《诗声类》一书。

二、任大椿著有《弁服释例》一书，很确实的。

三、段玉裁以《六书音韵表》《说文解字注》闻名。

四、王念孙本非戴的传经学生，戴在王家教授时，只不过教授些时文八股。王后来自有研究，所发明的比上列三家较多，《广雅疏证》一书，很为学者所重。

上列四家，孔、任尚近汉学，段已和汉学不同，王才高学精，用汉学以推翻汉学，诚如孟子所谓“逢蒙学射于羿，尽羿之道，于是杀羿”了。

王念孙及其子引之著《经义述闻》，引用汉代训诂，善于调换，于诸说中采其可通者，于是佶屈聱牙的古书，一变而为普通人所能懂得了。历来研究经学的，对于名词、动词有人研究；关于助词，都不知讨论。王氏父子著《经传释词》，于古书助词之用法列举无遗，实于我们研究上有莫大的便利，如《孟子》中“然而无有乎尔，则亦无有乎尔”二句，本不易解，王氏训“乎尔”为“于此”“于彼”，便豁然可悟了。我们不看《经传释词》，也算是虚词不通。

上列二派，在清代称为“汉学”，和“宋学”对立，厥后崛起的为“常州派”，是今文学家。

“常州派”自庄存与崛起，他的外甥刘逢禄、宋翔凤承继他的学说。庄氏治《公羊》，却信东晋《古文尚书》，并习《周礼》。刘氏亦讲《公羊》，却有意弄奇，康有为的离奇主张，是从他的主张演绎出来的；但他一方面又信《书序》。这两人不能说纯粹的今文学家。朱氏（按疑当为宋氏，宋翔凤）以《公羊》治《论语》，极为离奇，“孔教”的促成，是由他们这一班人的。今文学家的后起，王闿运、廖平、康有为辈一无足取，今文学家因此大衰了。

今文学家既衰，古文学家又起。孙诒让是一代大宗，《周礼正义》一书，颇为学者所重。在他以外，考典章制度原有江永、惠士奇（作《礼说》）、金榜（著《礼笺》）、金鹗（作《求古录》）、黄以周（著《礼书通故》）等人，但和他终有上下之别。自孙诒让以后，经典大衰。像他这样大有成就的古文学家，因为没有卓异的今文学家和他对抗，竟因此经典一落千丈，这是可叹的。我们更可知学术的进步，是靠着争辩，双方反对愈激烈，收效方愈增大。我在日本主《民报》笔政，梁启超主《新民丛报》笔政，双方为国体问题辩论得很激烈，很有色彩，后来《新民丛报》停版，我们也就搁笔，这是事同一例的。

自汉分古今文，一变而为南北学之分，再变而为汉、宋学之分，最后复为今古文，差不多已是反原，经典的派别，也不过如此。

第三节 国学之派别（二）

——哲学之派别

“哲学”一名词，已为一般人所通用，其实不甚精当；“哲”训作“知”，“哲学”是求知的学问，未免太浅狭了。不过习惯相承，也难一时改换，并且也很难得一比此更精当的。南北朝号“哲学”为“玄学”，但当时“玄”“儒”“史”“文”四者并称，“玄学”别“儒”而独立，也未可用以代“哲学”。至宋人所谓“道学”和“理学”是当时专门名词，也不十分适用。今姑且用“哲学”二字罢。

讨论哲学的，在国学以子部为最多，经部中虽有极少部分与哲学有关，但大部分是为别种目的而作的。以《易》而论，看起来像是讨论哲学的书，其实是古代社会学，只《系辞》中谈些哲理罢了。《论语》，后人称之为“经”，在当时也只算是子书。此书半是“伦理道德学”，半是论哲理的。“九流”的成立，也不过适应当时需求，其中若“纵横家”是政客的技术，“阴阳家”是荒谬的迷信，“农家”是种植的技艺，“杂家”是杂乱的主张，都和哲学无关。至和哲学最有关系的，要算儒、道二家，其他要算“法家”“墨家”“名家”了。“道家”出于史官，和《易》相同。老、庄二子的主张，都和哲学有牵涉的。管子也是道家，也有小部分是和哲学有关的。儒家除《论语》一书外，还有《孟子》《荀子》都曾谈谈哲理。名家是治“正名定分之学”，就是现代的“伦理学”，可算是哲学的一部分。尹文子、公孙龙子，和《庄子》所称述的惠子，都是治这种学问的。惠子和公孙龙子主用奇怪的论调，务使人为我所驳倒，就是希腊所谓“诡辩学派”。《荀子·正名篇》，研究“名学”也很精当。墨子本为宗教家，但《经上》《经下》二篇，是极好的名学。法家本为应用的，而韩非子治法家之学，自谓出于老子，他有《解老》《喻老》二篇，太史公也把他和老、庄合传，其中有一部分也有关哲理的。儒家、道家和法家的不同，就在出发点上。儒、道二家是以哲理为基本而推衍到政治和道德的，法家是旁及哲理罢了。他如宋（按即宋钘），《汉书·艺文志》把他归在小说家，其实却有哲理的见解。庄子推宋为一家，《荀子·解蔽篇》驳宋的话很多，想宋的主张，在当时很流行，他是主张非兵的。宋所以算做小说家，因为他和别家不同：别家是用高深的学理，和门人研究；他是逢人便说，陈义很浅的。

周秦诸子，道儒两家所见独到。这两家本是同源，后来才分离的。《史记》载孔子受业于徵藏史，已可见孔子学说的渊源。老子道德的根本主张，是“上德不德”，就是无道德可见，才可谓之为真道德。孔子的道德主张，也和这种差不多。就是孟子所谓“由仁义行，非行仁义也”，也和老子主张一样的。道儒两家的政治主张，略有异同；道家范围大，对于一切破除净尽；儒家范围狭小，对于现行制度，尚是虚与委蛇；也可以说是“其殊在量，非在质也”。老子为久远计，并且他没有一些名利观念，所以敢放胆说出；孔子急急要想做官，竟是“三月无君，则皇皇如也”，如何敢放胆说话呢！

儒家之学，在《韩非子·显学篇》说是“儒分为八”，有所谓颜氏之儒。颜回是孔子极得意门生，曾承孔子许多赞美，当然有特别造就。但孟子和荀子是儒家，记载颜子的话很少，并且很浅薄。《庄子》载孔子和颜回的谈论却很多。可见颜氏的学问，儒家没有传，反传于道家了。《庄子》有极赞孔子处，也有极诽谤孔子处；对于颜回，只赞无议，可见庄子对于颜回是极佩服的。庄子所以连孔子也要加以抨击，也因战国时学者托于孔子的很多，不如把孔子也驳斥，免得他们借孔子作护符。照这样看来，道家传于孔子为儒家；孔子传颜回，再传至庄子，又入道家了。至韩退之以庄子为子夏门人，因此说庄子也是儒家。这是“率尔之论，未尝订入实录”。他因为庄子曾称田子方，遂谓子方是庄子的先生。那么，《让王篇》也曾举曾原、则阳、无鬼、庚桑诸子，也都列名在篇目，都可算做庄子的先生吗？

孟子，《史记》说他是“受业子思之门”。宋人说子思是出于曾子之门，这是臆测之词，古无此说。《中庸》中虽曾引曾子的话，也不能断定子思是出于曾子的。至谓《大学》是曾子所作，也是宋人杜撰，不可信的。子思在《中庸》所主张，确含神道设教的意味，颇近宗教；《孟子》却一些也没有。《荀子·非十二子篇》，对于子思、孟子均有非议，说他们是信仰五行的。孟子信五行之说，今已无证据可考，或者外篇已失，内篇原是没有这种论调的。子思在《礼记》中确已讲过五行的话。

荀子的学问，究源出何人，古无定论。他尝称仲尼、子弓；子弓是谁，我们无从考出。有人说，子弓就是子张。子张在孔子门人中不算卓异的人才，如何会是他呢？今人考出子弓就是仲弓，这也有理。仲弓的学问，也为孔子所赞许，造就当有可观。郑康成《六艺论》，说仲弓是编辑《论语》的。而《荀子》一书，体裁也是仿效《论语》的，《论语》以《学而》始，以《尧曰》终；荀子也以《劝学》始，以《尧问》终。其中岂非有蛛丝马迹可寻吗？荀子和孟子虽是都称儒家，而两人学问的来源大不同。荀子是精于制度典章之学，所以“隆礼仪而杀《诗》《书》”，他书中的《王制》《礼论》《乐论》等篇，可推独步。孟子通古今，长于《诗》、《书》，而于《礼》甚疏；他讲王政，讲来讲去，只有“五亩之宅，树之以桑；鸡豚狗彘之畜，无失其时；百亩之田，勿夺其时”等话，简陋不堪，那能及荀子的博大！但孟子讲《诗》、《书》，的确好极，他的小学也很精，他所说：“庠者养也；洚水者洪水也；畜君者好君也”等等，真可冠绝当代！由他们两人根本学问的不同，所以产生“性善”“性恶”两大反对的主张。在荀子主礼仪，礼仪多由人为的，因此说人性本恶，经了人为，乃走上善的路。在孟子是主《诗》《书》；《诗》是陶淑性情的，《书》是养成才气的，感情和才气都自天然，所以认定人性本善的。两家的高下，原难以判定。韩退之以大醇小疵定之，可谓鄙陋之见。实在汉代治儒家之学，没有能及荀、孟两家了。

告子，庄子说他是兼学儒、墨，孟子和他有辩驳，墨子也排斥他的“仁内义外”的主张。墨、孟去近百年，告子如何能并见？或者当时学问是世代相传的。告子的“生之为性，无善无不善”的主张，看起来比荀、孟都高。荀、孟是以所学定其主张，告子是超乎所学而出主张的。告子口才不及孟子，因此被孟子立刻驳倒。其实，孟子“犬之性犹牛之性，牛之性犹人之性与？”一语难告子，告子说“生之为性，犬之生犹牛之生，牛之生犹人之生”呢？考“性”亦可训作“生”，古人所谓“毁不灭性”的“性”字，就是“生”的意义。并且我们也常说“性命”一语呢！

道家的庄子以时代论，比荀子早些，和孟子同时，终没见过一面。庄子是宋人，宋和梁接近，庄子和惠子往来。惠子又为梁相，孟子在梁颇久，本有会面的机会，但孟子本性不欢喜和人家往来，彼此学问又不同，就不会见了。

庄子自以为和老子不同，《天下篇》是偏于孔子的。但庄子的根本学说，和老子相去不远。不过老子的主张，使人不容易捉摸，庄子的主张比较地容易明白些。

庄子的根本主张，就是“自由”“平等”，“自由平等”的愿望，是人类所共同的，无论哪一种宗教，也都标出这四个字。自由平等见于佛经。“自由”，在佛经称为“自在”。庄子发明自由平等之义，在《逍遥游》《齐物论》二篇。“逍遥游”者自由也，“齐物论”者平等也。但庄子的自由平等，和近人所称的，又有些不同。近人所谓“自由”，是在人和人的当中发生的，我不应侵犯人的自由，人亦不应侵犯我的自由。《逍遥游》所谓“自由”，归根结底“无待”两字。他以为人与人之间的自由，不能算数；在饥来想吃，寒来想衣的时候，就不自由了。就是列子御风而行，大鹏自北冥徙南冥，皆有待于风，也不能算“自由”。真自由惟有“无待”才可以做到。近人所谓平等，是指人和人的平等，那人和禽兽草木之间，还是不平等的。佛法（按佛教名词，指佛教各种教义和佛教“真理”）中所谓平等，已把人和禽兽平等。庄子却更进一步，与物都平等了。仅是平等，他还以为未足。他以为“是非之心存焉”，尚是不平等，必要去是非之心，才是平等。庄子临死有“以不平平，其平也不平”一语，是他平等的注脚。

庄子要求平等自由，既如上述。如何而能达到平等自由，他的话很多，差不多和佛法相近。《庄子·庚桑楚篇》，朱文公说他全是禅（宋人凡关于佛法，皆称为“禅”），实在《庚桑楚篇》和“禅”尚有别，和“佛法”真很近了。庄子说“灵台者有持”，就是佛法的“阿陀那识”，“阿陀那”意即“持”。我们申而言之，可以说，眼目口鼻所以能运动自由，都有“持之者”，即谓“持生之本也”。《庄子》又有《德充符篇》，其中有王骀者，并由仲尼称述他的主张。是否有此人，原不可知，或是庄子所假托的。我们就常季所称述“彼为己，以其知得其心；以其心得其常心”等语，是和佛法又相同的。“知”就是“意识”，“心”就是“阿陀那识”，或称“阿赖耶识”，简单说起来就是“我”。“常心”就是“庵摩罗识”，或称“真如心”，就是“不生不灭之心”。佛家主张打破“阿赖耶识”，以求“庵摩那识”。因为“阿赖耶识”存在，人总有妄想苦恼，惟能打破生命之现象，那“不生不灭之心”才出现。庄子求常心，也是此理。他也以为常心是非寻常所能知道的。庄子“无我”的主张，也和佛法相同。庄子的“无我”和孔子的“毋我”、颜子的“克己复礼”也相同，即一己与万物同化，今人所谓融“小我”于“大我”之中。这种高深主张，孟、荀见不到此，原来孔子也只推许颜回是悟此道的。所以庄子面目上是道家，也可说是儒家。

自孔子至战国，其间学说纷起，都有精辟的见解，真是可以使我们景仰的。

战国处士横议，秦始皇所最愤恨，就下焚书坑儒等凶辣手段。汉初虽有人治经学，对于“九流”，依旧怀恨，差不多和现在一般人切齿政客一般。汉武帝时，学校只许读经学，排斥诸子百家了。

汉初经学，一无可取，像董仲舒、公孙弘辈，在当时要算通博之儒，其他更何足论！西汉一代，对于哲理有精深研究的，只有扬雄一人。韩退之把荀、扬并称，推尊他已达极点。实在扬雄的学说，和荀、孟相差已多；秦汉以后的儒家，原没有及荀、孟的。不过扬雄在当时自有相当的地位和价值。西汉学者迷信极重，扬雄能够不染积习，已是高人一着。他的《法言》，全仿《论语》，连句调都有些模拟，但终究不及《荀子》。宋人说“荀子才高，扬子才短”，可称定评。

东汉学者迷信渐除，而哲理方面的发现仍是很少，儒家在此时渐出，王符《潜夫论》、王充《论衡》，可称为卓异的著述。王符专讲政治，和哲理无关。王充（也有归入杂家的）在《论衡》中基于无迷不破，《龙虚》《雷虚》《福虚》等篇，真是独具只眼。他的思想，锐敏已极，但未免过分，《问孔》《刺孟》等篇，有些过当之处。他又因才高不遇，命运一端，总看不破，也是遗恨。王充破迷信高出扬雄之上，扬雄新见解也出王充之上，这两人在两汉是前后辉映的。

汉人通经致用，最为曹操所不欢喜；他用移风易俗的方法，把学者都赶到吟咏一途，因此三国的诗歌，很有声色。这是曹操手段高出秦始皇处。

魏晋两朝，变乱很多，大家都感着痛苦，厌世主义因此产生。当时儒家迂腐为人所厌，魏文帝辈又欢喜援引尧舜，竟要说“舜禹之事，吾知之矣”。所以，“竹林七贤”便“非尧舜，薄汤武”了。七贤中嵇康、阮籍辈的主张和哲学没有关系，只何晏、王弼的主张含些哲学。何晏说“圣人无情”，王弼说“圣人茂于人者神明，同于人者五情”，这是两个重要的见解。郭象承何晏之说以解《庄子》，他说：“子哭之恸，在孔子也不过人哭亦哭，并非有情的。”据他的见解，圣人竟是木头一般了。佛法中有“大乘”“小乘”（按大乘、小乘是佛教派别名），习“小乘”成功，人也就麻木，习“大乘”未达到成佛的地位，依旧有七情的。

自魏晋至六朝，其间佛法入中国，当时治经者极少，远公（按即晋释慧远）是治经的大师。他非但有功佛法，并且讲《毛诗》、讲《仪礼》极精，后来治经者差不多都是他的弟子。佛法入中国，所以为一般人所信仰，是有极大原因：学者对于儒家觉得太浅薄，因此弃儒习老、庄，而老、庄之学，又太无礼法规则，彼此都感受不安。佛法合乎老、庄，又不猖狂，适合脾胃，大家认为非此无可求了。当时《弘明集》治佛法，多取佛法和老、庄相引证。才高的人，都归入此道，猖狂之风渐熄。

历观中国古代，在太平安宁之时，治哲学的极少，等到乱世，才有人研究。隋唐统一天下，讲哲理的只有和尚，并且门户之见很深，和儒家更不相容。唐代读书人极不愿意研究，才高的都出家做和尚去。我们在这一代中，只能在文人中指出三人：一、韩昌黎，二、柳子厚，三、李翱。韩昌黎见道不明，《原道》一篇，对于释、老只有武断的驳斥。柳子厚较韩稍高，他以为天是无知的。李翱（韩昌黎的侄婿）是最有学识的文人，他著《复性篇》说“斋戒其心，未离乎情；知本无所思，则动静皆离”，和禅宗（按禅宗为中国佛教宗派。以专修“禅定”而得名）很近了。李翱后来事药山（按唐代名僧），韩昌黎后来事大颠（按佛教禅宗南派慧能三传弟子，自号大颠和尚）；李翱和药山是意气相投，韩昌黎贬潮州以后，意气颓唐，不得已而习佛法的。韩昌黎习佛法，外面还不肯直认，和朋友通信，还说佛法外形骸是他所同意的。儒家为自己的体面计，往往讳言韩事大颠，岂不可笑！实在韩自贬潮州以后，人格就堕落，上表请封禅，就是献媚之举，和扬雄献符命有甚么区别呢？大颠对韩昌黎请封禅一事，曾说：“疮痍未起，安请封禅！”韩昌黎的内幕又被揭穿，所以韩昌黎对于大颠从而不敢违。韩对于死生利禄之念，刻刻不忘，登华山大哭、作《送穷文》，是真正的证据。韩、柳、李而外，王维、白居易也信佛，但主张难以考见，因为他们不说出的。

七国、六朝之乱，是上流社会的争夺。五代之乱，是下流社会崛起，所以五代学术衰微极了。宋初，赵普、李沆辈也称知理之人，赵普并且自夸“半部《论语》治天下”，那时说不到哲理。后来周敦颐出，才辟出哲理的新境域。在周以前有僧契嵩，著有《镡津文集》，劝人读《中庸》《文中子》、扬子《法言》等书，是宋学（按宋儒理学，为别于汉学，称为宋学。也称为道学）的渊源。周从僧寿崖，寿崖劝周只要改头换面，所以周所著《太极图说》《周子通书》，只皮相是儒家罢了。周的学说很圆滑，不易捉摸，和《老子》一般，他对二程只说："寻孔、颜乐处。"他终身寡言，自己不曾标榜，也可以说是道学以外的人。

二程都是周的弟子，对于"寻孔、颜乐处"一话，恐怕只有程明道（按即程颢）能做到。明道对人和颜悦色，无事如泥木人，他所著《定性篇》《识仁篇》，和李翱相近。他说"不要方检穷索"，又说"与其是外而非内，不如内外两忘"，见解是很精辟的。伊川（按即程颐）陈义虽高，但他自尊自大，很多自以为是之处，恐怕不见得能得孔、颜乐处。邵康节（按即邵雍）以"生姜树头生"一语讥伊川，就是说他自信过甚。

北宋诸学者，周子浑然元气，邵子迷于五行，张子偏于执拗，二程以明道为精深，伊川殊欠涵养，这是我的判断。

南宋，永嘉派承二程之学，专讲政治；金华派吕东莱辈，专讲掌故，和哲理无关。朱文公师事延平（按即李侗），承"默坐证心，体认天理"八字的师训。我们在此先把"天理"下一定义。"天"就是"自然"，"天理"就是"自然之理"，朱文公终身对于"天理"，总没曾体认出来；生平的主张，晚年又悔悟了。陆象山（按即陆九渊）和朱相反对，朱是揭"道学问"一义，陆是揭"尊德性"一义。比较起来，陆高于朱，陆"先立乎其大者"，谓"《六经》注我，我不注《六经》"，是主张一切皆出自心的。朱主张"无极太极"，陆则以为只有"太极"，并无"无极"的。两人通信辩论很多，虽未至诋毁的地步，但悻悻之气，已现于词句间。可见两人的修养都没有功夫。陆象山评二程，谓"明道尚疏通，伊川锢蔽生"，实在朱、陆的锢蔽，比伊川更深咧。朱时守时变，陆是一生不变的。王荆公（按即王安石）为宋人所最嫉恶，惟陆以与王同为江西人，所以极力称颂，也可见他的意气了。明王阳明之学，本高出陆象山之上，因为不敢自我作古，要攻讦朱文公，不得不攀附于陆象山了。

陆象山的学生杨慈湖（简），见解也比陆高，他所著的《绝四记》《己易》二书，原无甚精采，《己易》中仍是陆氏的主张；但杨氏驳《孟子》“求放心”和《大学》“正心”的主张说：“心本不邪，安用正？心不放，安用求？”确是朱、陆所见不到的。黄佐（广东人）指杨氏的学说，是剽窃六祖惠能的主张，六祖的“菩提本非树，明镜亦非台，本来无一物，何处染尘埃？”一偈，确是和杨氏的主张一样的。

宋代的哲学，总括说起来：北宋不露锋芒，南宋锋芒太露了。这或者和南北地方的性格有关。

南宋，朱、陆两派，可称是旗鼓相当。陆后传至杨慈湖，学说是更高一步。在江西，陆的学说很流行，浙西也有信仰他的。朱的学说，在福建很流行，后来金华学派归附于他，浙东士子对朱很有信仰。

元朝，陆派的名儒，要推吴澄（草庐），但其见解不甚高。朱派仅有金华派传他的学说，金履祥（仁山）、王柏（会之）、许谦（白云），是这一派的巨擘。金履祥偶亦说经，立论却也平庸。许谦也不过如此。王柏和朱派很接近，荒谬之处也很多，他竟自删《诗》了。

金华派传至明初，宋濂承其学，也只能说他是博览，于“经”于“理”，都没有什么表见。宋之弟子方孝孺（正学）对于理学很少说，灭族（按明成祖为燕王时，兵入南京，方不肯为之草写登极诏书，被杀，并灭十族——九族及方的学生，死者达八百七十余人）以后，金华派也就式微。明初，陆派很不流行，已散漫不能成派，这也因明太祖尊朱太过之故。

明自永乐后，学者自有研究，和朱、陆都不相同，学说也各有建树。且列表以明之：

永乐时，薛、吴二人，颇有研究，立明代哲学之基。薛瑄（敬轩），陕西人，立论很平正，和朱文公颇相近。明人因为于谦被杀时，他居宰辅地位，不能匡救，很有微词，并且因此轻视他。吴与弼（康斋），家居躬耕，读书虽少，能主苦学力行，很为人所推重，后来他由石亨推荐出仕，对石亨称门下士，士流又引以为耻。

薛的学问，很少流传。吴的学问，流传较广。胡居仁、娄谅和陈献章三人，是他的学生。胡自己没有什么新的发明，明人对他也没有反对。娄的著作后来烧毁净尽，已无可考，不过王阳明是他的学生。陈在胡死后才著名，时人称为白沙先生。

明代学者和宋儒厘然独立，自成系统，自陈白沙始。宋人欢喜著书，并且有“语录”之类。陈白沙认著书为无谓，生平只有诗和序跋之类。他的性质，也和别人不同。初时在阳春坛静坐三年，后来只是游山赋诗，弟子从学也只有跟他游山。陈生平所最佩服的，只是“浴乎沂，风乎舞雩，咏而归，……吾与点也”这些话。对于宋儒都不看重，就是明道也不甚推重。他自以为濂溪（按濂溪即周敦颐）嫡派，终日无一时不乐的。白沙弟子湛若水，广东人，本“体认天理”一语，他以为无论何事，皆自然之规则。王阳明考取进士时，和他交游，那时他学问高出王之上。后来，王别有研究，和他意见不甚相合。他自己讲学，流传颇广，知名的却很少。

王守仁（阳明）本是欢喜研究道教的，曾延道士至家，再拜求。后来从娄谅游，成进士后又和湛往来，见解遂有变更。贬龙场驿丞（按王早年因反对宦官刘瑾被贬官）以后，阳明的学问大进。他看得世间别无可怕，只有死是可怕的，所以造石棺以尝死的况味；所主张的“致良知”，就在卧石棺时悟出。在贵州时有些苗民很崇拜他，从他讲求学问，阳明把“知行合一”和他们说。阳明的“知行合一”，和明道有些相同。明道以为曾经试行过，才算得“知”，没曾试行过，不能称为“知”，譬如不知道虎之凶猛的人，见虎不怕，受了虎的损害的，就要谈虎色变了。这类主张，渐变而为阳明的主张。阳明以为知即是行，也可说“知的恳切处即行，行的精粹处即知”。不过阳明的“知行合一”主张，是在贵州时讲的；后来到南京，专讲静坐；归江西后又讲“致良知”了。《传习录》是他在贵州时的产品，和后来有些不合。

阳明自悟得“致良知”以后，和朱文公不能不处于反对地位，并非专和朱反对，才有这些主张的。有人谓“致良知”的主张，宋胡宏在《胡子知言》已有讲起。阳明是否本之于胡，抑自己悟出，这是不能臆断的。阳明讲“良知”，曾攀附到孟子。实在孟子的“良知”，和他的殊不相同。孟子说：“人之所不学而能者其良能也；所不虑而知者其良知也。孩提之童，无不知爱其亲者，及其长也，无不知敬其兄也。”可见他专就感情立论。阳明以为一念之生，是善是恶，自己便能知道，是溢出感情以外，范围较广了。孟子和阳明的不同，可用佛法来证明，《唯识论》里说：一念的发生，便夹着“相分”“见分”“自证分”“证自证分”四项。且把这四个名词下一解释：

一、相分“相分”就是“物色”，就是我们所念的。

二、见分“见分”就是“物色此物色”，也就是我们所能念的。

三、自证分念时有别一念同时起来，便是“自证分”。譬如我讲了后一句话，自己决不至忘了前一句话。便是“自证分”在那里主之。

四、证自证分“自证分”的结果，便是“证自证分”。

再用例来说明：譬如，想到几年前的友朋，想到“他姓张或姓李”，后来忽然断定他是姓张，当时并不曾证诸记录或书籍的，这便是“相分，见分，自证分，证自证分”的联合了。依此来判良知，孟子所说是指“见分”，阳明是指“自证分，证自证分”的。可见阳明和孟子是不相关联的，阳明所以要攀附孟子，是儒家的积习：宋人最喜欢的是“喜怒哀乐之未发谓之中”，苏氏兄弟也尝说这话。实在《中庸》所说是专指感情的，宋人以为一切未发都算是中，相去很远了。还有“鸢飞鱼跃，活泼泼地”一语，也为宋人所最爱用，陈白沙更用得多。在《诗经》原意，不过是写景，（按《诗经·大雅·旱麓》第三章：鸢飞戾天，鱼跃于渊。岂弟君子，遐不作人。）《中庸》中“鸢飞戾天，鱼跃于渊，言其上下察也，”一节也不过引用诗文来表明“明”的意思。“察，明也”，鸢在上见鱼，很明白地想要攫取；鱼在下见鸢也很明白，立刻潜避了。就是照郑康成的注解，训“察”为“至”，也只说道之流行，虽愚夫愚妇都能明白，用鸢鱼来表示上下罢了；其中并没含快活的意思。宋人在“鸢飞鱼跃”下面，一定要加“活泼泼地”四字，和原意也不同了。——这些和阳明攀附孟子是一样的。

阳明“致良知”的主张，以为人心中于是非善恶自能明白，不必靠什么典籍，也不必靠旁的话来证明，但是第二念不应念，有了第二念自己便不明了。人以为阳明的学说，很宜于用兵；如此便不至有什么疑虑和悔恨。

晚年阳明讲“天泉证道”，王畿（龙溪）和钱德洪（绪山）是从游的。钱以为“无善无恶心之体，有善有恶心之动，知善知恶为致知，存善去恶为格物。”王和他不同，以为一切都是无善无恶的。阳明对于这两种主张，也不加轩轾于其间。

阳明的弟子，徐爱早死，钱德洪的学问，人很少佩服他。继承阳明的学问，要推王艮和王畿。王艮，泰州人，本是烧银的灶丁，名“银”，“艮”是阳明替他改的。他见阳明时，学问已博，初见时阳明和他所讲论，他尚不满意，以为阳明不足为之师，后来阳明再讲一段，他才佩服。他的学问，和程明道、陈白沙颇相近，有《学乐歌》：“学是乐之学；乐是学之乐。”从他游的颇多寻常人，间有上流人，自己真足自命不凡的。王畿是狂放的举人，很非议阳明的，后来忽又师事阳明了。黄梨洲（按即黄宗羲）《明儒学案》对于二王都有微词。他佩服的是阳明的江西弟子。

阳明的江西弟子，以邹守益、欧阳德、聂德、罗洪先为最有造就。罗自有师承，非阳明弟子，心里很想从阳明游，不能如愿，后来阳明也死了。阳明弟子强罗附王，他也就承认。罗的学问比他弟子高深得多；自己静坐有得，也曾访了许多僧道。他说：“极静之时，但觉此心本体如长空云气，大海鱼龙；天地古今，打成一片。”黄佐对于罗的论调，最不赞同；以为是参野狐禅，否则既谓无物，那有鱼龙。实在，心虽无物而心常动，以佛经讲，“阿赖耶识”是恒转如瀑流，就是此意。罗所说“云气”和“鱼龙”是表示动的意思。罗洪先自己确是证到这个地步，前人没有及他的了。

王时槐的学问自邹守益传来，见解颇精深。他说："纯无念时，是为一念，非无念也，时之至微者也。"譬如吾人入睡，一无所梦，这时真可算无念，但和死却有分别的。就佛法讲"意根恒审思量"，意根念念所想的什么？就是"我"，"我"就是"阿赖耶识"。我所以不忘这"我"，便因有了"意根"之故。"我"，寻常人多不疑，譬如自己说了一句话，决不会疑"这是谁说的？"至于其余对象，我们总要生一种疑虑的。念念想着，和无念竟是差不多，我们从早晨起来感到热，继续热下去，也就感受不到了：所以纯无念时，仍有一念。

王艮弟子王栋主张意与心有分，以为"意非心之所发，意为心之主者"。这种主张，和佛法说有些相同。佛法以"阿赖耶识"自己无作用，有了意根，才能起作用，也就是禅宗所谓"识得主人翁"的意思。刘宗周采取许多王栋的主张；栋自己看书不多，他的见解是证明出来的。

阳明、若水两派以外，有许多士子信仰吕泾野的主张。吕，陕西人，笃守礼教，和朱文公最相近；立言很平正，无过人处。当时所以能和湛、王并驾，这也因王的弟子，太不守礼法，猖狂使人生厌；那些自检的子弟，就倾向吕泾野了。原来何心隐习泰州之学差不多和政客一般，张居正恨而杀之。李卓吾师事何心隐，荒谬益甚，时人无不痛心疾首。这守礼教和不守礼教，便是宋、明学者的大别。宋儒若陆象山见解之超妙，也仍对于礼教拘守不敢离，既禁止故人子的挟妓，又责备吕东莱的丧中见客。明儒若陈白沙已看轻礼教，只对于名节还重视，他曾说"名节乃士人之藩篱"。王阳明弟子猖狂已甚，二王为更甚，顾亭林（按顾炎武）痛骂"王学"（即王阳明所创学派）也是为此。

湛、王学问，晚年已不相同，但湛弟子许孚远，却合湛、王为一。再传至刘宗周（蕺山），自己又别开生面，和湛、王都有些不同。刘主张"意非心之所发"，颇似王栋；"常惺惺"，也是他的主张，这主张虽是宋人已讲过，但他的功夫是很深的。

阳明附会朱文公《晚年定论》，很引起一般人的攻讦。同时有罗钦顺（整庵）和他是对抗的。罗的学问，有人说他是朱派，实在明代已无所谓纯粹朱派。罗的见解，又在朱之上，就说是朱派，也是朱派之杰出者。罗本参禅，后来归入理学，纠正宋儒之处很多。朱文公所谓“气质之性，义理之性”，罗表示反对，他说：“义理乃在气质之中。”宋人于天理人欲纠缠不清。罗说：“欲当即理。”这种见解，和王不同，较朱又高一着，所以能与阳明相抗衡。清戴东原（按即戴震）的主张，是师承罗的学说的。

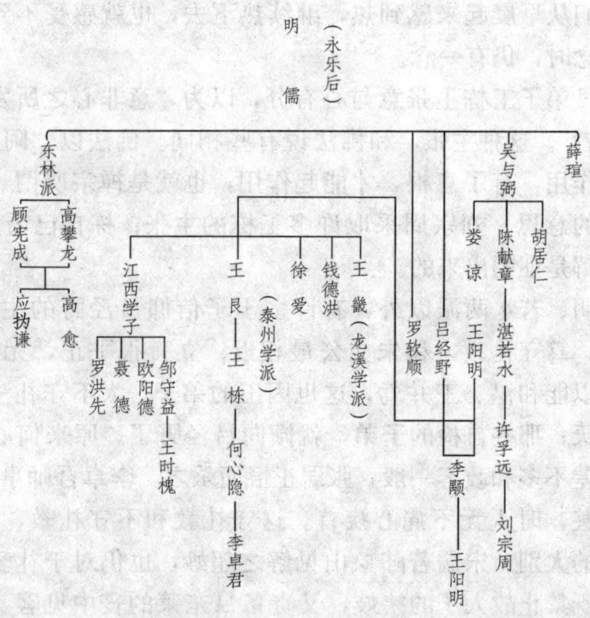

明末，东林派高攀龙、顾宪成等也讲宋人学问，较阳明弟子能守规矩。他们有移风易俗的本意，所以借重礼法。不过党派的臭味太重，招致魏忠贤杀害的惨劫。清初，东林派还有流传，高愈、应㧑谦辈也只步武前人罢！

此外尚有李颙（二曲）也是名儒。李颙，陕西人，出身微贱，原是一个差役。他自己承认是吕派，实际是近王派的，所发现很多。他每天坐三炷香，“初则以心观心，久之心亦无所观”，这是他的工夫。他曾说“一念万念”一句话。这话很像佛法，但是究竟的意思，他没有说出。我们也不知道他是说“一念可以抵万念呢”？抑或是“万念就是一念呢”？在佛法中谓：念念相接则生时间；转念速，时间长，转念慢，时间短；一刹那可以经历劫。李的本意，或许是如此。李取佛法很多，但要保持礼教面目，终不肯说出。“体用”二字，本出于佛法，顾亭林以此问他，他也只可说“宝物出于异国，亦可采取”了。

清代，理学可以不论，治朱之学远不如朱。陆陇其（稼书）、汤斌等隶事两朝，也为士林所不齿，和吴澄事元有什么分别呢？江藩作《宋学渊源记》，凡能躬自力行的都采入，那在清廷做官的，都在摈弃之列。

颜元（习斋）、戴震（东原），是清代大儒。颜力主“不骛虚声”，劝学子事礼、乐、射、御、书、数，和小学很相宜。戴别开学派，打倒宋学。他是主张“功利主义”，以为欲人之利于己，必先有利于人，并且反对宋人的遏情欲。

罗有高（台山）、彭绍升（尺木）研究王学的。罗有江湖游侠之气，很佩服李卓吾（按即李贽）；彭信佛法，但好扶乩；两人都无足取。

哲学的派别，既如上述，我们在此且总括地比较一下：以哲学论，我们可分宋以来之哲学、古代的九流、印度的佛法和欧西的哲学四种。欧西的哲学，都是纸片上的文章，全是思想，并未实验。他们讲唯心论，看着的确很精，却只有比量，没是现量，不能如各科学用实地证明出来。这种只能说是精美的文章，并不是学问，禅宗说“猢狲离树，全无伎俩”，是欧西哲学绝佳比喻；他们离了名相，心便无可用了。宋、明诸儒，口头讲的原有，但能实地体认出来，却也很多，比欧西哲学专讲空论是不同了。

再就宋以来的理学和九流比较看来，却又相去一间了。黄梨洲说：“自阳明出，儒释疆界，邈若山河。”实在儒、释之界，宋已分明，不过儒、释有疆界，便是宋以后未达一间之遗憾。宋以后的理学，有所执着，专讲“生生不灭之机”，只能达到“阿赖耶恒动如瀑流”，和孔子“逝者如斯夫，不舍昼夜”地步；那“真如心”便非理学家所能见。孔子本身并非未尝执着，理学强以为道体如此，真太粗心了！

至于佛法所有奥妙之处，在九流却都有说及，可以并驾齐驱。佛法说“前后际断”；庄子的“无终无始，无几无时；见独而后，能无古今”，可说是同具一义的。佛法讲“无我”，和孔子的“毋我”“克己复礼”，庄子的“无己恶乎得有”，又相同了。佛家的“唯识唯心说”：“心之外无一物；心有境无；山河大地，皆心所造”，九流中也曾说过。战国儒家公孙尼子说“物皆本乎心”，孟子说：“万物皆备于我”，便是佛家的立意。佛家大乘断“所知障”，断“理障”；小乘断“烦恼障”，断“事障”。孔子说“我有知乎哉？无知也”，老子说“玄之又玄，众妙之门”，又说“涤除玄览”：便是断“所知”和“理”障的了。佛法说“不生不灭”，庄子说“无古今而后人于不死不生”；“不死不生”就是“不生不灭”。佛法说“无修无证，心不见心，无相可得”。孟子说“望道而未之见”（道原是不可见，见道即非道），庄子说“斯身非吾有也，胡得有乎道?”又相同了。照这么看来，“九流”实远出宋、明诸儒之上，和佛法不相出入的。

我们研究哲学，从宋人入手，却也很好，因为晋人空谈之病，宋人所无，不过不要拘守宋学，才有高深的希望。至于直接研究佛法，容易流入猖狂。古来专讲佛而不讲儒学的，多不足取，如王维降安禄山，张商英和蔡京辈往来，都是可耻的。因为研究佛法的居士，只有五戒，在印度社会情形简单，或可维持，中国社会情形复杂，便不能维持了。历来研究儒家兼讲佛法的，如李习之（按即李翱）、赵大州口不讳佛，言行都有可观。可见研究佛法，非有儒学为之助不可。

第四节　国学之派别（三）

——文学之派别

什么是文学？据我看来，有文字著于竹帛叫作“文”，论彼的法式叫作“文学”。文学可分有韵无韵二种：有韵的今人称为“诗”，无韵的称为“文”。古人却和这种不同。《文心雕龙》说：“今之常言，有文有笔，有韵者文也，无韵者笔也。”范晔自述《后汉书》说：“文患其事尽于形，情急于藻，义牵其旨，韵移其意”“政可类工巧图缋，竟无得也”“手笔差易，文不拘韵故也”。可见有韵在古谓之“文”，无韵在古谓之“笔”了。不过做无韵的固是用笔，做有韵的也何尝不用笔，这种分别，觉得很勉强，还不如后人分为“诗”“文”二项的好。

古时所谓文章，并非专指文学。孔子称“尧、舜焕乎其有文章”，是把“君臣朝廷尊卑贵贱之序，车舆衣服宫室饮食嫁娶丧祭之分”叫作“文”，“八风从律，百度得数”叫作“章”。换句话说：文章就是“礼”“乐”。后来范围缩小，文章专指文学而言。

文学中有韵无韵二项，后者比前者多。我们现在先讨论无韵的文。在讨论文的派别之先，把文的分类讲一讲，并列表以清眉目：

我们普通讲文，大概指集部而言，那经、史、子，文非不佳，而不以文称。但上表所列文的分类中，以“传”而论，“四史”（按即《史记》《汉书》《后汉书》《三国志》的总称）中列传已在集部以外，“本纪”“世家”“传”是同性质的，也非集部所有；集部只有“家传”。以“论”而论，除了文人单篇的论文，也有在集部以外的；譬如：庄子《齐物论》，荀子《礼论》《乐论》，贾谊《过秦论》都是子部所有的。以“序”而论，也只单篇的，集中所已备；那连合的序，若《四库提要》，就非集部所有。至如“编年史”中《左传》《资治通鉴》之类和“名人年谱”，都是记事文，也非集部所能包了。

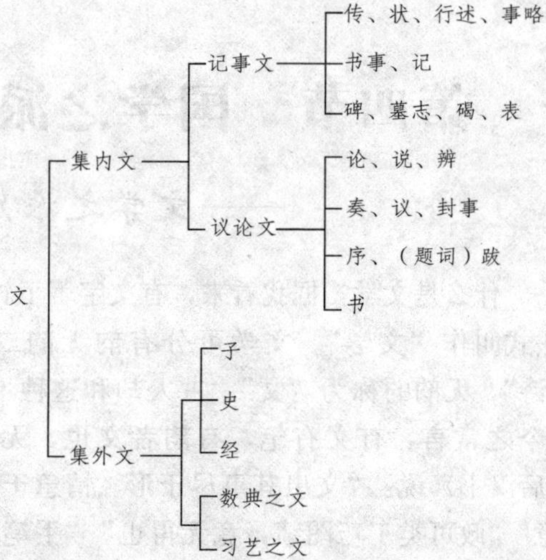

“传”是记述某人的一生、一事，我们所普通见到的。明人以为没曾做过史官，不应替人做“传”；我以为太拘了。史官所做，是卿相名人的“传”。那普通人的“传”，文人当然可以做的。“行述”“状”“传”各不相同。“状”在古时只有几句考语，用以呈诸考功之官，凭之以定谥法。自唐李翱以为“状”仅凭考语不能定谥法，乃定“状”亦须叙事，就与“传”相同。“行述”须叙事，形式与“传”虽相同而用处不同。

“碑”原非为个人而作，若秦“峄山碑”是纪始皇的功绩，汉裴岑“纪功碑”是记破西域的事迹，差不多都是关于国家大事的。就以“庙碑”而论，虽为纪事，也不是纯为纪事的。只有墓上之碑，才是为个人而作。“碑”“碣”实质是一样的，只大小长短不同。唐五品以上可用“碑”，六品以下都用“碣”的。“表”和“碑”“碣”都不同，没有大小长短的区别。说到彼等的内质，“传”是纪事的；“状”是考语兼纪事的；“碑”是考语多，后附有韵的铭，间有纪事，也略而不详。宋以后“碑”和“传”只有首尾的不同了。“表”，宋后就没有“铭”；在汉时有“表记”“表颂”的不同，“表颂”是有“铭”的。汉以前没有“墓志”，西晋也很少，东晋以后才多起来。这也因汉人立碑过多，东晋下令禁碑，“墓志”藏在墓内，比较便当一些。北朝和唐并不禁碑，而墓志很流行：一、官品不及的；二、官品虽大曾经犯罪的；三、节省经费的，都以此为便。“墓志”的文章，大都敷衍交情，没有什么精彩。至很小的事，记述大都用“书事”或“记”等。

单篇论文，在西汉很少，就是《过秦论》也见贾子《新书》中的。东汉渐有短论，延笃《仁孝先后论》可算是首创。晋人好谈名理，“论说”乃出。这种论文，须含陆士衡《文赋》所说“精微流畅”那四字的精神。

“奏”，秦时所无，有之自汉始。汉时奏外尚有“封事”，是奏秘事用的。奏，有的为国家大事，有的为个人的事，没有定规的。

“议”，若西汉《石渠议》《盐铁论》《白虎通》，都是合集许多人而成的。后来，凡议典礼，大都用“议”的。

“书”，在古时已有，差不多用在私人的往还，但古人有“上书”，则和“奏记”差不多，也就是现今的“说帖”和“禀”。至如刘歆《移让太常博士书》，却又和“移文”一样了。

“序”，也是古所已有，如《序卦》《书序》《诗序》都是的；刘向《别录》和《四库提要》也是这一类。后人大概自著自作，或注释古书附加一序的。古人的“题词”和“序”相同，赵岐注《孟子》，一“序”一“题词”，都用在前面。“跋”，大都在书后，体裁和序无不同之处。

纪事论议而外，尚有集部所无的，如：

（壹）数典之文：

甲、官制如《周礼》《唐六典》《明清会典》之类。

乙、仪注《仪礼》《唐开元礼》等皆是。

丙、刑法如《汉律》《唐律》《明律》《清律》之类。

丁、乐律如宋《律吕正义》、清《燕乐考原》等。

戊、书目如刘向《别录》，刘歆《七略》，王俭、阮孝绪《七录》《七志》，宋《崇文书目》，清《四库提要》之类。

（贰）习艺之文：

甲、算术如《九章算法》《圜法》之类。

乙、工程如《周礼·考工记》，徐光启的《龙骨车》《玉衡车》之类。

丙、农事如北魏《齐民要术》、元王桢《农书》、明徐光启

《农政全书》之类。

丁、医书如《素问》《灵枢》《伤寒论》《千金要方》之类。

戊、地志如《禹贡》《周礼·职方志》《水经》《水道提纲》《乾隆府厅州县志》《方舆志略》之类。

以上各种，文都佳绝，也非集部所具的，所以我们目光不可专注在集部。

文学的分类既如上述，我们再进一步讨论文学的派别：

经典之作，原非为文；诸子皆不以文称。《汉书·贾谊传》称贾谊“善属文”，文乃出。西汉一代，贾谊、董仲舒、太史公、枚乘、邹阳、司马相如、扬雄、刘向，称为“文人”。但考《汉书》所载赵充国的奏疏，都卓绝千古，却又不以“文人”称，这是什么缘故呢？想是西汉所称为“文人”，并非专指行文而言，必其人学问渊博，为人所推重，才可算文人的。东汉班彪著《王命论》，班固著《两都赋》，以及蔡邕、傅毅之流，是当时著称的文人。但东汉讲政治若崔实《政论》，仲长统《昌言》，说经若郑康成之流，行文高出诸文人上，又不以文名了。在西汉推尊文人，大概注目在淹博有学问一点，东汉推尊的文人，有些不能明白了。东、西汉文人在当时并无派别，后人也没曾有人替他们分成派别的。

三国时曹家父子三人（操、丕、植）文名甚高。操以“诏令”名，丕以《典论》名，植以《求自试表》等称，人们所以推尊他们，还不以其文，大都是以诗推及其文的。徐干诗不是十分好，《中论》一书也不如仲长统所著而为当时所称；吴中以张昭文名为最高，我们读他所著，也无可取，或者以道德而推及其文的。陆家父子（逊、抗、凯、云、机）都以文名，而以陆机为尤，他是开晋代文学之先的。晋代潘、陆虽并称，但人之尊潘终不如陆，《抱朴子》中有赞陆语，《文中子》也极力推尊他，唐太宗御笔《赞》也只有陆机、王羲之二人，可见人们对他的景仰了。自陆出，文体大变：两汉壮美的风气，到了他变成优美了；他的文，平易有风致，使人生快感的。晋代文学和汉代文学，有大不同之点。汉代厚重典雅，晋代华妙清妍，差不多可以说一是刚的、一是柔的。东晋好谈论而无以文名者，骈文也自此产生了。南北朝时傅季友（宋人）骈体殊佳，但不能如陆机一般舒卷自如，后此任昉、沈约辈每况斯下了。到了徐、庾之流，去前人更远，对仗也日求精工，典故也堆叠起来，气象更是不雅淡了。至当时不以文名而文极佳的，如著《崇有论》的裴，著《神灭论》的范缜等；更如孔琳（宋）、萧子良（齐）、袁翻（北魏）的奏疏，干宝、袁宏、孙盛、习凿齿、范晔的史论，我们实在景仰得很。在南北朝，文家亦无派别，只北朝人好模仿南朝，因此有推尊任昉的有推尊沈约的等不同。北朝至周，文化大衰，到了隋代，更是文不成文了。

唐初文也没有可取，但轻清之气尚存，如杨炯等是以骈兼散的。中唐以后，文体大变，变化推张燕公（按即张说，玄宗时封燕国公）、苏许公（按即苏颋，袭封许国公）为最先，他们行文不同于庾，也不同于陆，大有仿司马相如的气象。在他们以前，周时有苏绰，曾拟《大诰》，也可说是他们的滥觞。韩、柳的文，虽是别开生面，却也从燕、许出来，这是桐城派不肯说的。中唐萧颖士、李华的文，已渐趋于奇。德宗以后，独孤及的行文，和韩文公更相近了。后此韩文公、柳宗元、刘禹锡、吕温，都以文名。四人中以韩、柳二人最喜造词，他们是主张词必己出。刘、吕也爱造词，不过不如韩、柳之甚。韩才气大，我们没见他的雕琢气；柳才小，就不能掩饰。韩之学生皇甫湜、张籍，也很欢喜造词。晚唐李翱别具气度，孙樵佶屈聱牙，和韩也有不同。骈体文，唐代推李义山（按即李商隐），渐变为后代的“四六体”，我们把他和陆机一比，真有天壤之分。唐人常称孟子、荀卿，也推尊贾谊、太史公，把晋人柔曼气度扫除净尽，返于汉代的“刚”了。

宋苏轼称韩文公“文起八代之衰”，人们很不佩服。他所说八代，也费端详。有的自隋上推，合南朝四代及晋、汉为八代，这当然不合的；有的自隋上推，合北朝三代及晋、汉、秦为八代，那是更不合了。因为司马迁、贾谊是唐人所极尊的，东坡何至如此糊涂？有的自隋上推，合南朝四代、北朝三代为八代，这恰是情理上所有的。

宋初承五代之乱，已无文可称。当时大都推重李义山，四六体渐盛，我们正可以说李义山是承前启后的人，以前是骈体，以后变成四六了。北宋初年，柳开得《韩昌黎集》读之，行文自以为学韩，考之实际，和韩全无关系，但宋代文学，他实开其源。以后穆修、尹洙辈也和四六离异，习当时的平文（古文一名，当时所无），尹洙比较前人高一着。北宋文人以欧阳修、三苏、曾、王为最著。欧阳本习四六，后来才走入此途；同时和他敌对，首推宋祁。祁习韩文，著有《新唐书》，但才气不如韩。他和欧阳交情最深，而论文极不合。他的长兄宋郊，习燕、许之文，和他也不同。

明人称“唐宋八大家”，因此使一般人以为唐宋文体相同。实在唐文主刚，宋文主柔，极不相同。欧阳和韩，更格格不相入。韩喜造词，所以对于李观、樊宗师的文很同情。欧阳极反对造词，所以“天地轧，万物茁，圣人发”等句，要受他的“红勒帛”（按即红帛做的腰带，此指批改文字时用笔涂抹的痕迹。欧阳修涂抹上述文字，见《梦溪笔谈·九·人事》）。并且“纩塞耳，前旒蔽明”二语，见于《大戴礼》，欧阳未曾读过，就不以为然，它无论矣。三苏以东坡为最博，洵、辙不过尔尔。王介甫（按即王安石）才高，读书多，造就也较多。曾子固（按即曾巩）读书亦多，但所作《乐记》，只以大话笼罩，比《原道》还要空泛。有人把他比刘原甫，一浮一实，拟于无伦了。宋人更称曾有经术气，更堪一笑！

南宋文调甚俗，开科举文之端。这项文东坡已有雏形，只未十分显露，后来相沿而下，为明初宋濂辈的台阁体。中间在元代虽有姚燧、虞集辈尚有可观，但较诸北宋已是一落千丈。

宋代不以文名而文佳者，如刘敞、司马光辈谨严厚重，比欧阳高一等，但时人终未加以青目，这也是可惜的。

明有“前七子”“后七子”之分。“前七子”（李梦阳等）不喜台阁体；“后七子”（王世贞等）自谓学秦、汉，也很庸俗。他们学问都差于韩、苏，模拟不像，后人因此讥他们为伪体。归有光出，和“后七子”中王世贞相抗敌，王世贞拜于下风。归所学的是欧、曾二家，确能入其门庭，因此居伪体之上。正如孟子所说：“五谷不熟，不如荑稗”的了！

桐城派，是以归有光为鼻祖，归本为崐山人，后来因为方、姚（按方即方苞，姚即姚鼐）兴自桐城，乃自为一派，称文章正宗。归讲格律、气度甚精工，传到顾亭林有《救文》一篇，讲公式禁忌甚确，规模已定。清初汪琬学归氏甚精，可算是归氏的嫡传，但桐城派不引而入之，是纯为地域上的关系了。

方苞出，步趋归有光，声势甚大，桐城之名以出。方行文甚谨严，姚姬传承他的后，才气甚高，也可与方并驾。但桐城派所称刘大櫆，殊无足取；他们竟以他是姚的先生，并且是桐城人，就凭意气收容了，因此引起“阳湖”和他对抗。阳湖派以恽敬、张惠言为巨子。惠言本师事王灼，也是桐城派的弟子。他们嫉恶桐城派独建旗帜，所以分裂的，可惜这派传流不能如桐城派的远而多。姚姬传弟子甚多，以管同、梅曾亮为最。梅精工过于方、姚，体态也好，惜不甚大方，只可当作词曲看。曾国藩本非桐城人，因为声名煊赫，桐城派强引而入之。他的著作，比前人都高一著。归、汪、方、姚都只能学欧、曾（按此指曾巩）。曾（按此指曾国藩）才有些和韩相仿佛，所以他自己也不肯说是桐城的。桐城派后裔吴汝纶的文，并非自桐城习来，乃自曾国藩处授得的。清代除桐城而外，汪中的文也卓异出众，他的叙事文与姚相同，骈体文又直追陆机了。

我们平心论之，文实在不可分派。言其形式，原有不同，以言性情才力，各各都不相同，派别从何分起呢？我们所以推重桐城派，也因为学习他们的气度格律，明白他们的公式禁忌，或者免除那台阁派和七子派的习气罢了。

他们所告诉我们的方式和禁忌，就是：

（一）官名、地名应用现制。

（二）亲属名称应仍《仪礼 · 丧服》《尔雅 · 丧服》之旧。（按

《尔雅》无此篇，疑当为《尔雅・释亲》。)

（三）不俗——忌用科举滥调。

（四）不古。

（五）不枝。

我们在此可以讨论有韵文了。有韵文是什么？就是“诗”。有韵文虽不全是诗，却可以归在这一类。在古代文学中，诗而外，若“箴”，全是有韵的；若“铭”，虽杂些无韵，大部分是有韵的；若“诔”，若“像赞”，若“史述赞”，若“祭文”，也有有韵的，也有无韵的。那无韵的，我们可归之于文；那有韵的可归之于诗了。至于《急就章》《千字文》《百家姓》医方歌诀之类，也是有韵的，我们也不能不称之为诗。——前次曾有人把《百家姓》可否算诗来问我，我可以这么答道：“诗只可论体裁，不可论工拙，《百家姓》既是有韵，当然是诗。”——总之，我们要先确定有韵为诗，无韵为文的界限，才可以判断什么是诗，像《百家姓》之流，以工拙论，原不成诗，以形式论，我们不能不承认他是诗。

诗以广义论，凡有韵是诗；以狭义论，则惟有诗可称诗。什么可称诗？《周礼・春官》，称六诗，就是风、赋、比、兴、雅、颂。但是后来赋予诗离，所谓比、兴也不见于《诗经》。究竟当日的赋、比、兴是怎样的？已不可考。后世有人以为赋、比、兴就在风、雅、颂之中，《郑志》张逸问：“何诗近于比、赋、兴？”答曰：“比、赋、兴，吴札观诗时，已不歌也。孔子录诗，已合风、雅、颂中，难复摘别，篇中义多兴，此谓比、赋、兴各有篇什。自孔子殽杂第次而毛公独旌表兴，其比、赋俄空焉。圣者颠倒而乱形名，大师偏羁而失邻类。”郑康成《六艺论》也说：风、雅、颂中有赋、比、兴。《毛传》在诗的第一节偶有“兴也”二字。朱文公也就自我作古，把“比也”“赋也”均添起来了。我以为诗中只有风、雅、颂，没有赋、比、兴。左氏说：“《彤弓》《角弓》，其实《小雅》也；吉甫作诵，其风肆好，其实《大雅》也”。考毛公所附“兴也”的本义，也和赋、比、兴中的“兴”不同，只不过像《乐府》中的“引”“艳”一样。

“六诗”（按《诗经》学名词）本义何在？我们除比、兴不可考而外，其余都可溯源而得之：

一、风《诗·小序》：“风者上以风化下，下以风刺上。”我以为风的本义，还不是如此。风是空气的激荡，气出自口就是风，当时所谓风，只是口中所讴歌罢了。

二、颂“颂”在《说文》就是“容”字，《说文》中“容”只有纳受的意义，这“颂”字才有形容的意义。《诗·小序》谓：“颂者美盛德之形容。”我们于此可想见古人的颂是要“式歌式舞”的。

三、赋古代的赋，原不可见，但就战国以后诸赋看来都是排列铺张的。古代凡兵事所需，由民间供给的谓之“赋”，在收纳民赋时候，必须按件点过。赋体也和按件点过一样，因此得名了。

四、雅这项的本义，比较的难以明白。《诗·小序》说：“雅者正也。”雅何以训作正？历来学者都没有明白说出，不免引起我们的疑惑。据我看来，“雅”在《说文》就是“鸦”，“鸦”和“乌”音本相近，古人读这两字也相同的，所以我们也可以说“雅”即“乌”。《史记·李斯传·谏逐客书》《汉书·杨恽传·报孙会宗书》均有“击缶而歌乌乌”之句，人们又都说“乌乌”秦音也。秦本周地，乌乌为秦声，也可以说乌乌为周声。又商有颂无雅，可见雅始于周。从这两方面看来，“雅”就是“乌乌”的秦声，后人因为他所歌咏的都是庙堂大事，因此说“雅”者正也。《说文》又训“雅”为“疋”，这两字音也相近。“疋”的本义，也无可解，说文训“疋”为“足”，又说：“疋，记也。”大概“疋”就是后人的“疏”，后世的“奏疏”，也就是记。《大雅》所以可说是“疋”，也就因为《大雅》是记事之诗。

我们明白这些本义，再去推求《诗经》，可以明白了许多。

太史公在《孔子世家》说：“古者诗三千余篇，及至孔子，去其重，取可施于礼义，上采契、后稷，中述殷、周之盛，至幽、厉之缺，始于为衽席。故曰《关雎》之乱以为《风》始。《鹿鸣》为《小雅》始，《文王》为《大雅》始，《清庙》为《颂》始，三百五篇，孔子皆弦歌之以求合韶、武、雅、颂之音。”可见古诗有三千余篇。有人对于三千余篇有些怀疑，以为这是虚言。据我看来，这并非是虚言。风、雅、颂已有三百余篇，考他书所见逸诗，可得六百余篇；若赋、比、兴也有此数，就可得千二百篇了。《周礼》称九德（按指九种品德）六诗之歌，可见六诗以外，还有所谓九德之歌。在古代盛时，“官箴、占繇皆为诗，所以序《庭燎》称‘箴’，《沔水》称‘规’，《鹤鸣》称‘诲’，《祈父》称‘刺’，诗外更无所谓官箴，辛甲诸篇，也在三千之数。”（按《庭燎》《沔水》《鹤鸣》《祈父》为《诗经》篇名）我们以六诗为例，则九德也可得千八百篇：合之已有三千篇之数，更无庸置疑。至于这三千篇删而为三百篇，是孔子所删，还是孔子以前已有人删过呢？我们无从查考。不过孔子开口就说诵诗三百，恐怕在他以前，已有人把诗删过了！大概三千篇诗太复杂，其中也有诵世系以劝诫人君，若《急就章》之流，使学者厌于讽诵。至若比、赋、兴虽依情志，又复广博多华，不宜声乐，因此十五流中删取其三，到了孔子不过整齐彼的篇第不使凌乱罢了。

《诗经》只有《风》《雅》《颂》，赋不为当时所称，但是到了战国，赋就出来了。屈原、孙卿（按即荀子）都以赋名：孙卿以《赋》《成相》分二篇，题号已别。屈原《离骚》诸篇，更可称为卓立千古的赋。《七略》次赋为四家：一曰屈原赋，二曰陆贾赋，三曰孙卿赋，四曰杂赋。屈原的赋，是道情的，孙卿的赋是咏物的，陆贾赋不可见，大概是“纵横”之变。后世言赋者，大都本诸屈原。汉代自从贾生《惜誓》上接《楚辞》、《鸟》仿佛《卜居》，司马相如自《远游》流变而为《大人赋》，枚乘自《大招》《招魂》散而为《七发》，其后汉武帝《悼李夫人》、班婕妤《自悼》，以及淮南、东方朔、刘向辈大都自屈、宋脱胎来的。至摹拟孙卿的，也有之，如《鹦鹉》、《焦鹩》诸赋都能时见一端的。

三百篇（按即《诗经》）以后直至秦代，无诗可见。一到汉初，诗便出来了。汉高祖《大风歌》，项羽《虞兮歌》，可说是独创的诗。此后五言诗的始祖，当然要推《古诗十九首》；这十九首中据《玉台新咏》指定九首是枚乘作的，可见这诗是西汉的产品。至苏武、李陵赠答之诗，有人疑是东汉时托拟的。这种五言诗多言情，是继四言诗而起的，因为四言诗至三百篇而至矣尽矣，以后继作，都不能比美，汉时虽有四言诗，若韦孟之流，才气都不及，我们总觉得很淡泊。至碑铭之类（峄山碑等）又是和颂一般，非言情之作，其势非变不可，而五言代出。

汉代雅已不可见，《郊祀歌》之流，和颂实相类似，四言而外，也有三言的，也有七言的。此后颂为用甚滥，碑铭称“颂”，也是很多的。

汉代文人能为赋未必能以诗名，枚乘以诗长，他的赋却也不甚著称。东汉一代，也没有卓异的诗家，若班固等，我们只能说是平凡的诗家。

继《十九首》而振诗风，当然要推曹孟德（按即曹操）父子。孟德的四言，上不模拟《诗经》，独具气魄，其他五言、七言诸诗，虽不能如《十九首》的冲淡，但色味深厚，读之令人生快。魏文帝和陈思王的诗，也各有所长，同时刘桢、王粲辈毕竟不能和他们并驾。钟嵘《诗品》评《古诗十九首》说是“一字千金”，我们对于曹氏父子的诗，也可以这样说他；真所谓：“其气可以抗浮云，其诚可以比金石。”

语曰：“在心为志，发言为诗。”可见诗是发于性情。三国以前的诗，都从真性情流出，我们不能指出某句某字是佳；他们的好处，是无句不佳、无字不佳的。曹氏父子而后，就不能如此了。

曹氏父子而后，阮籍以《咏怀诗》闻于世。他本好清谈，但所作的诗，一些也没有这种气味。《诗品》称阮诗出于《离骚》，真是探源之论；不过陈思王的诗，也出自《离骚》，阮的诗还不能如他一般痛快。

晋初，左思《咏史诗》《招隐诗》风格特高，与曹不同，可说是独开一派。在当时他的诗名不著，反而陆机、潘岳辈以诗称。我们平心考察：陆诗散漫，潘诗较整饬，毕竟不能及左思，他们也只可以说是作赋的能手罢了。当时所以不看重左思，也因他出身微贱，不能像潘、陆辈身居贵胄的缘故。《诗品》评诗，也不免于徇俗，把左思置在陆、潘之下，可为浩叹！其他若张华的诗，《诗品》中称他是“儿女情多，风云气少”。我们读他的诗意，只觉得是薄弱无力量，所谓儿女情多，也不知其何所见而云然，或者我们没曾看见他所著的全豹，那就未可臆断了！

东晋，清谈过甚，他们的“清谈诗”，和宋时“理学诗”一般可厌。他们所做的诗，有时讲讲庄、老，有时谈谈佛理，像孙绰、许询辈都是如此。孙绰《天台山赋》有“大虚辽廓而无阂，运自然之妙有”等句，是前人所不肯用的。《诗品》说他们的诗，已是“风骚体尽”，的是不错。在东晋一代中无诗家可称，但刘琨《扶风歌》等篇，又是诗中佳品，以武人而能此，却也可喜！

陶渊明出，诗风一振，但他的诗终不能及古人，《诗品》评为“隐逸之诗”。他讲“田舍风味”，极自然有风致，也是独树一帜。在他以前，描写风景的诗很少，至他专以描写风景见长，如“采菊东篱下，悠然见南山”之句，真古人所不能道。渊明以后，谢灵运和颜延之二家继他而起。谢描摹风景的诗很多，句调精炼，《诗品》说他是“初出芙蓉”。颜诗不仅描风景，作品中也有雕刻气，所以推为诗家，或以颜学问淹博之故。《诗品》评颜谓为“镂金错彩”。陶诗脱口自然而出，并非揉作而成，虽有率尔之词，我们总觉得可爱。如谢诗就有十分聱牙之处，我们总可以觉得他是矫作的。小谢（谢朓）写风景很自然，和渊明不相上下，而当时学者终以小谢不及大谢（按即谢灵运），或者描写风景之诗，大家都爱工巧，所以这般评论。梁代诗家推沈约（永明体自他出），律诗已有雏形了。古诗所以变为律诗，也因谢、颜诗不可讽诵，他因此故而定句调。沈约的律诗，和唐后律诗又不相同。《隋书·经籍志》载他的《四声谱》有一卷，可见谱中所载调是很多的，并不像唐后律诗这么简单。他的《四声谱》，我们虽不能见，但读他的诗，比谢、颜是调和些，和陶、小谢却没有什么分别呢。

宋鲍照、齐江淹，也以诗名。鲍有汉人气味，以出身微贱，在当时不甚著称。江善于拟古，自己的创作却不十分高明。

南北朝中，我们只能知道南朝的作品，北朝究竟有无诗家，久已无从考得，但《木兰诗》传自北朝，何等高超，恐怕有些被淹没了呢！

梁末，诗又大变，如何逊、阴铿的作品，只有一二句佳绝了。在此时，古今诗辟下一大界限，全篇好是古诗的特色，一二句好是此后的定评。隋杨素诗绝佳，和刘琨可仿佛。此时文人习于南北朝的诗风，爱用典故，并喜雕琢。杨素武人不爱雕琢，亦不能雕琢，所以诗独能过人。当时文人专着眼在一二句好处，对于杨素不甚看重。所以隋炀帝为了忌嫉“空梁落燕泥”“庭草无人随意绿”二佳句，就杀两诗人了。

唐初，律诗未出，唐太宗和魏徵的诗，和南北朝相去不远。自四杰（骆宾王、王勃、杨炯、卢照邻）出，作品渐含律诗的气味，不过当时只有五言律，并未有七言律。四杰之文很卑微，他们的诗，却有气魄。成就五言的是沈佺期、宋之问，他们的诗，气魄也大，虽有对仗，但不甚拘束。五言古诗到此时也已穷极，五律、七古不能不产生了。唐以前七古虽有，但不完备，至唐始备全。七古初出，若李太白、崔颢的诗，都苍苍茫茫，信笔写去，无所拘忌。李诗更含复古的气味，和同时陈子昂同一步骤。

盛唐诗家以王维、孟浩然、张九龄为最。张多古诗，和李、陈同有复古的倾向。王、孟诗与陶相近，作品中有古诗、有律诗，以描写风景为最多，都平淡有意趣。

李、陈、张三家都是复古诗家，三人中自然推李为才最高。他生平目空古人，自以为在古人之上，在我们看来，他的气自然盛于前人，说他是高于前人恐怕未必。王、孟两家是在古今之间，到了杜甫，才开今派的诗。

杜甫的诗，元稹说他高于李，因为杜立排律之体，为李所不及的。据我看来，李诗是成线的，杜诗是成面的；杜诗可说是和“赋”有些相像，必要说杜胜于李却仍不敢赞同。并且自杜诗开今，流于典故的堆叠，自然的气度也渐渐遗失，为功为罪，未可定论！至于杜的古诗，和古人也相去不远，只排律一体，是由他首创，“子美别开新世界”，就是这么一个世界罢！在杜以前诸诗家，除颜延之而外，没有一个以多用书为贵的，自杜以后，才非用典故不能夸示于人。或者后人才不如古，以典故文饰，可掩饰自己的短处！正如天然体态很美的女子，不要借力于脂粉，那些体态不甚美的，非藉此不可了。昌黎的诗，习杜之遗风，更爱用典故，并爱用难识的字，每况愈下了，但自然之风尚存，所以得列于诗林。

韦应物、柳宗元两家，和昌黎虽同时，而作品大不相同。他们有王、孟气味，很自然平淡的。我们竟可以说柳的文和诗截不相同。同时有元微之、白居易二家，又和别家不同；他们随便下笔，说几句民情，有《小雅》的风趣，他们所以见称也以此。

晚唐，温庭筠、李义山两家爱讲对仗，和杜甫爱典故是一样的，结合便成宋代的诗风。“西昆体”染此风甚深，所以宋代诗话，专在这些地方留意。

宋初，欧阳修、梅圣俞对于“西昆体”很反对，但欧阳修爱奇异的诗句，如“水泥行郭索（这句是咏蟹；“郭索”两字见扬子《太玄经》），云木叫钩辀（这句是咏鸠；“钩辀”两字见陆玑《毛诗草木鸟兽虫鱼疏》）”二句，已不可解，他却大加赞赏；和他的论文大相抵触的。梅圣俞的诗，开考古之源，和古人咏古的诗，又大不相同了。总之，宋人的诗，是合“好对仗、引奇字、考据”三点而成，以此病入膏肓。苏轼的诗，更打破唐诗的规模，有时用些佛典之法理，太随便了。王荆公爱讲诗律，但他的诗律，忽其大者而注重小者，竟说：“上句用《汉书》，下句也要用《汉书》的。”（按原话为：“用汉人语，止可以汉人语对。”见《石林诗话》）自此大方气象全失；我们读宋祁“何言汉朴学，（见《汉书》）反似楚技官（见《史记·吴起传》）”之句，再看王维“正法调狂象，（见佛法）玄言问老龙（见《庄子》）”之句，真有天壤之判呢！有宋一代，诗话很多，无一不深中此病。惟《沧浪诗话》和众不同，他说“诗有别才，不关学也；诗有别趣，不关理也”。此种卓见，可扫宋人的习气了。

南宋，陆放翁含北宋习气也很深，惟有范石湖（按即范成大）、刘复村（按疑为刘克庄，号后村之误）自有气度，与众不同。黄山谷（按即黄庭坚）出，开江西诗派之源。黄上学老杜，开场两句必对仗，是他们的规律，这一派诗无足取。

元、明、清三代诗甚衰，一无足取。高青邱（按明诗人高启，号青邱子）的诗失之靡靡，七子的诗失之空门面，王渔洋、朱彝尊的诗失之典泽过浓，到了翁方纲以考据入诗，洪亮吉爱对仗，更不成诗。其间稍可人意的，要推查初白（按即查慎行）的，但也不能望古人之项背。洪亮吉最赏识"足以乌孙涂上茧，头几黄祖座中枭"二句，我们读了只作三日呕！

诗至清末，穷极矣。穷则变，变则通；我们在此若不向上努力，便要向下堕落。所谓向上努力就是直追汉、晋，所谓向下堕落就是近代的白话诗，诸君将何取何从？提倡白话诗人自以为从西洋传来，我以为中国古代也曾有过，他们如要访祖，我可请出来。唐代史思明（夷狄）的儿子史朝义称怀王，有一天他高兴起来，也咏一首樱桃的诗：

"樱桃一篮子，一半青，一半黄，一半与怀王，一半与周贽。"那时有人劝他，把末两句上下对掉，作为"一半与周贽，一半与怀王"，便与"一半青，一半黄"押韵。他怫然道：周贽是我的臣，怎能在怀王之上呢？如在今日，照白话诗的主张，他也何妨说"何必用韵呢"？这也可算白话诗的始祖罢。一笑！

第五节　结论

——国学之进步

中国学术，除文学不能有绝对的完成外，其余的到了清代，已渐渐告成，告一结束。清末诸儒，若曾国藩、张之洞辈都以为一切学问已被前人说尽，到了清代，可说是登峰造极，后人只好追随其后，决不再能超过了。我以为后人仅欲得国学中的普通学识，则能够研究前人所已发明的，可算已足，假使要求真正学问，怕还不足罢！即以“考据”而论，清代成就虽多，我们依着他们的成规，引而伸之，也还可以求得许多的知识。在他们的成规以外，未始没有别的途径可寻；那蕴蓄着未开辟的精金正多呢！总之，我们若不固步自封，欲自成一家言；非但守着古人所发明的于我未足，即依律引伸，也非我愿，必须别创新律，高出古人才满足心愿——这便是进步之机。我对于国学求进步之点有三：

1. 经学以比类知原求进步。

2. 哲学以直观自得求进步。

3. 文学以发情止义求进步。——毕竟讲来，文学要求进步，恐怕难能呢？

清代治经学较历代为尤精，我在讲经学之派别时已经讲过。我们就旧有成规再加讲讨，原也是个方法。不过“温故知新”仅“足以为师”，不足语于进步。我们治经必须比类知原，才有进步。因前人治经，若宋、明的讲大体，未免流于臆测妄断；若清代的训诂，又仅求一字的妥当，一句的讲明，一制的考明，“擘绩补苴”，不甚得大体。我们生在清后，那经典上的疑难，已由前人剖析明白，可让我们融会贯通再讲大体了。

从根本上讲，经史是决不可以分的。经是古代的历史，也可以说是断代史。我们治史，当然要先看通史，再治断代的史，才有效果，若专治断代史，效果是很微细的。治经，不先治通史，治经不和通史融通，其弊与专治断代史等，如何能得利益？前人正犯此病。所以我主张比类求原，以求经史的融会，以谋经学的进步。如何是比类求原？待我说来！经典中的《尚书》《春秋》，是后代“编年”“纪传”两体之先源。刘知几曾说“纪传”是源于《尚书》，“编年”是源于《春秋》，章学诚也曾说后代诸史皆本于《春秋》。这二人主张虽不同，我们考诸事实，诸史也不尽同于《尚书》《春秋》，而诸史滥觞于彼，是毫无疑义的。所以治经：对于“制度”，下则求诸《六典》《会典》诸书，上以归之于《周礼》

《仪礼》。对于地理，下则考诸史及地舆志，上以归之于《禹贡》及《周礼·职方志》。即风俗道德，亦从后代记载上求源于经典。总之，把经看作古代的历史，用以参考后世种种的变迁，于其中看明古今变迁的中心。那么，经学家最忌的武断、琐屑二病，都可免除了。未来所新见的，也非今日所可限量呢！

中国哲学在晋代为清谈，只有口说，讲来讲去，总无证据。在宋、明为理学，有道学问、尊德性之分，自己却渐有所证。在清代专在文字上求、以此无专长者，若戴东原著《孟子字义疏证》，阮芸台讲性命，陈兰甫（按即陈澧）著《汉儒通义》，也仅在文字上求、训诂上求，有何可取！要知哲理非但求之训诂为无用，即一理为人人所共明而未证之于心，也还没有用处的，必须直观自得，才是真正的功夫。王阳明辈内证于心，功夫深浅各有不同，所得见解，也彼此歧异，这也是事实上必有的。理，仿佛是目的地，各人所由的路，既不能尽同，所见的理，也必不能尽同；不尽同和根源上并无不合呢！佛家内证功夫最精深，那些堕落的就专在语言文字上讲了。西洋哲学，文字虽精，仍是想象如此，未能证之于心，一无根据，还不能到宋学的地步，所以彼此立论，竟可各走极端的。这有理论无事实的学问，讲习而外，一无可用了！近代法国哲学家柏格森渐注重直觉，和直观自得有些相近了。总之，讲哲理决不可像天文家讲日与地球的距离一样，测成某距离为已精确了。因为日的距离，是事实上决不能量，只能用理论推测的，那心象是在吾人的精神界，自己应该觉得的。所以，不能直观自得，并非真正的哲理，治哲学不能直观自得便不能进步。

文学如何能求进步？我以为要“发情止义”。何为发情止义？如下述：“发情止义”一语，出于《诗序》。彼所谓“情”是喜怒哀乐的“情”，所谓“义”是礼义的“义”。我引这语是把彼的意义再推广之：“情”是“心所欲言，不得不言”的意思，“义”就是“作文的法度”。桐城派的文章，并非没有法度；但我们细读一过，总觉得无味；这便因他们的文，虽止乎义，却非发乎情。他们所作游记论文，也不过试试自己的笔墨罢了。王渔洋（按即王士祯）的诗，法度非不合，但不能引人兴趣；也因他偶到一处，即作一诗，仿佛日记一般，并非有所为而作的。清初侯方域、魏叔子（按即魏禧）以明代遗民，心有不平，发于文章，非无感情，但又绝无法度。明末大儒黄梨洲、王船山（按即王夫之），学问虽博，虽有兴亡感慨，但黄文既不类白话，又不类语录，又不类讲章，只可说是像批语；王船山非常生硬，又非故意如此；都可说是不上轨道的。所以文学非但要“止乎义”，还要“发乎情”。那初作文，仅有法度，并无情，用以练习则可，用以传世则不可，仿佛习字用九宫格临帖，是不可以留后的。韩昌黎自以为因文生道，顾亭林对于这话有所批评。实在昌黎之文，并非无情无义，若《书张中丞传后》，自是千古必传的，可惜他所作碑志太多，就多止于义、不发于情的了。苏东坡的史论，有故意翻案的、有不必作的，和场屋文一般，也非发于情之作。古文中非无此流，比较的少一些。诗关于情更深，因为诗专以写性情为主的。若过一处风景，即写一诗，诗如何能佳？宋代苏、黄的诗，就犯此病。苏境遇不佳，诗中写抑郁不平的还多，而随便应酬的诗也很多，就损失他的价值了。唐代杜工部身遇乱世，又很穷困，诗中有情之作，可居半敷，其他也不免到一处写一首的。杜以前诸诗家，很少无情之作，即王、孟也首首有情的。至古代诗若《大风歌》《扶风歌》全是真性情流出，一首便可传了！

诗文二项中：文有法无情的，也有无法有情的；诗却有情无法少，有法无情多；近代诗虽浅鄙，但非出乎轨外。我们学文学诗，初步当然要从法上走，然后从情创出。那初步即欲文学太史公，诗学李太白的，可称狂妄之人呢！我们还要知文学作品忌多，太多必有无情之作，不足贵了。

二三十年前，讲文学，只怕无情，不怕无义。梁任公（按即梁启超）说我是正统派，这正统派便能不背规则的。在现在有情既少，益以无义，文学衰堕极了。我们若要求进步，在今日非从“发情止义”下手不可。能发情止义，虽不必有超过古人之望；但诗或可超过宋以下诸诗家，文或可超过清以下诸文家！努力！

第2堂课

读子之法与理学纲要

吕思勉

第一节　论读子之法

“吾国书籍，分为经、史、子、集四部；而集为后起之物，古代只有经、史、子三者。经、子为发表见解之书，史为记载事物之书。”已见前。逮于后世，则子亡而集代兴。集与子之区别，集为一人之著述，其学术初不专于一家；子为一家之学术，其著述亦不由于一人。勉强设譬，则子如今之科学书，一书专讲一种学问；集如今之杂志，一书之中，讲各种学问之作皆有也。

子书之精者，讫于西汉。东汉后人作者，即觉浅薄。然西汉子书之精者，仍多祖述先秦之说；则虽谓子书之作，讫于先秦，可也。然远求诸西周以前，则又无所谓子。然则子者，春秋、战国一时代之物也。其故何邪？予谓专家之学兴而子书起，专家之学亡而子书讫。春秋战国，专家之学兴起之时也。前乎此，则浑而未分；后乎此，则又裂而将合。故前此无专家之学，后此亦无专家之学也。请略言之。

诸子之学的起原，旧说有二：一出《汉志》，谓其原皆出于王官。一出《淮南·要略》，谓皆以救时之弊。予谓二说皆是也。何则？天下无无根之物；使诸子之学，前无所承，周秦之际，时势虽亟，何能发生如此高深之学术？且何解于诸子之学，各明一义，而其根本仍复相同邪？（见下）天下亦无无缘之事，使非周秦间之时势有以促成之，则古代浑而未分之哲学，何由推衍之于各方面，而成今诸子之学乎？此犹今人好言社会主义，谓其原出于欧洲之马克思等可；谓由机械发明生财之法大变，国民生计受外国之侵削，而国内劳动资本阶级亦有划分之势，因而奋起研究者多，亦无不可也。由前则《汉志》之说，由后则《淮南》之说也。各举一端，本不相背。胡适之撰《诸子不出于王官论》，极诋《汉志》之诬，未免一偏矣。

人群浅演之时，宗教哲学，必浑而不分；其后智识日进，哲学乃自宗教中蜕化而来。吾国古代，亦由是也。故古代未分家之哲学，则诸子之学所同本；而未成哲学前之宗教，则又古代不分家之哲学之根源也。必明乎此，然后于诸子之学，能知其源；而后读诸子书，乃有入处。

宇果有际乎？宙果有初乎？此在今日，人人知非人智所逮，哲学家已置诸不论不议之列。然此非古人所知也。今人竞言“宇宙观”“人生观”，其实二者本是一事。何则？我者，宇宙间之一物；以明乎宇宙之真理，然后我之所以自处者，乃皆得其道矣。故古人之所研究，全在哲学家所谓宇宙论上也。

吾国古代之宇宙论，果如何乎？曰：古之人本诸身以为推。见夫人之生，必由男女之合也，则以为物亦如此；而仰观、俯察，适又有苍苍者天，与抟抟者地相对；有日月之代明，有寒暑之迭更——在在足以坚其阴阳二元之思想。于是以为天地之生物，亦如是而已矣。故曰：“物本乎天，人本乎祖。”（《礼记·郊特牲》）

然哲学所求之原因，必为“最后”，为“唯一”。求万物之原因，而得阴阳二元，固犹非“一”；非“一”，则非其“最后”者也。然则阴阳之原，又何物耶？夫谓万物厘然各别，彼此不能相通者，乃至浅之见；不必证以科学，而亦能知其非是者也。人日食菽饮水而后生，又或豢豕为酒以为食。方其未饮食时，菽自菽，水自水，豕自豕，酒自酒，人自人也；及其既饮食之后，则泯然不复见其迹焉。人三日不食则惫，七日不食则死，然则人与动植矿物，异乎？不异乎？且也，“众生必死，死必归土。骨肉毙于下，荫为野土；其气发扬于上为昭明，焄蒿凄怆。”（《礼记·祭义》）然则人与天地，是一乎？是二乎？（古以天为积气所成）故谓万物厘然各别，彼此不能相假者，至浅之见；稍深思之，而即知其非是者也。此固不待证之以科学也；古之人亦知此也，乃推求万物之本原，乃以为天地万物皆同一原质所成，乃名此原质曰“气”。

《易大传》曰：“精气为物，游魂为变。”“精”者，凝集紧密之谓。《公羊》庄十年：“觕者曰侵，精者曰伐”，注“觕，粗也。精，犹密也”是也。魂者，人气。盖同一气也，古人又以为有阴阳之分。阳者性动，轻清而上升；阴者性静，重浊而下降。（《左》昭七年疏引《孝经说》曰：“魂，芸也。”“芸”芸动也。《广雅·释天》：“三气相接，剖判分离；轻清者上为天，重浊者下为地。”）其在于人，则阳气成神，是曰魂；阴气成形，是曰魄。故魂亦气也。上言气，下言魂，变词耳。“游”者，游散。（《韩注》）构成万有之原质，循一定之律，而凝集紧密焉，则成人所知觉之物，是曰“精气为物”；循一定之律而分离游散焉，则更变化而成他物，是曰“游魂为变”而已矣。此其在人，则为生死。然非独人也，一切物之成毁莫不如是，即天地亦然。故古人论天地开辟，亦以气之聚散言之。《易正义八论》引《乾凿度》：“有太易，有太初，有太始，有太素。太易者，未见气；太初者，气之始；太始者，形之始；太素者，质之始”是也。职是故，古人乃以万物之原质即气。凝集之疏密，分物质为五类，是为“五行”。五行之序，以微著为渐。《尚书·洪范》疏所谓“水最微为一，火渐著为二，木形实为三，金体固为四，土质大为五”也。（益以（一）有形无形；（二）有质无质；（三）同是有质也，而刚柔大小不同，为分类之准。犹今物理学分物为气体、液体、固体也。）然则宇宙间一切现象，无所谓有无，亦无所谓生死，只是一气之变化而已。气之变化，无从知其所以然，只可归之于一种动力。然则此种动力，乃宇宙之根源也。故曰“易不可见，乾坤或几乎息”也。（《易·系辞》）

故此种动力，古人视为伟大无伦。《易》曰：“大哉乾元，万物资始，乃统天。”《公羊》何注曰：“春秋以元之气，正天之端。天不深正其元，则不能成其化。”《老子》曰：“有物混成，先天地生；寂兮寥兮，独立而不改，周行而不殆；可以为天下母。吾不知其名，字之曰道。”皆指此种动力言之。夫如是，则天地亦遵循自然之律而动作而已；非能贵于我也，更非能宰制我也。大而至于天地，小而至于蚊虻，其为一种自然之质，循自然之律而变化，皆与我同也。故曰：“天地与我并生，万物与我为一。”（《庄子》）然则中国古代之哲学，殆近于机械论者也。

此等动力，固无乎不在，是之谓“神”。《易·系辞》曰：“神无方而易无体。”（盈天地之间皆是，则不能偏指一物为神，故无体。又曰：“阴阳不测之谓神。”盈天地之间皆是，自然无论男女、雌雄、牝牡皆具之；男女、雄雌、牝牡皆具之，则无复阴阳之可言矣。）又曰：“唯神也，故不疾而速，不行而至。”又曰：“无思也，无为也，寂然不动，感而遂通天下之故；非天下之至神，其孰能与于此?”言其充塞乎宇宙之间，故无从更识其动相。亦指此等动力言之也。此等动力，既无乎不在，则虽谓万物皆有神可也，虽谓物即神可也。故曰：“鬼神之为德，其盛矣乎。体物而不可遗。”（《礼记 · 中庸》）神即物，物即神，则孰能相为役使？故曰“吹万不同，使其自己；咸其自取，怒者其谁”也。（《庄子 · 齐物论》）然则中国古代之哲学，又可谓之无神论，谓之泛神论也。

此等哲学思想，为百家所同具。至东周以后，乃推衍之于各方面，而成诸子之学焉。盖其时世变日亟，一切现象，皆有留心研究之人。而前此一种哲学，入于人人之心者既深，自不免本之以为推。其原既同，则其流虽异，而仍必有不离其宗者在。此周秦诸子之学，所以相反而相成也。今试略举数端以明之。

古代哲学，最尊崇自然力。既尊崇自然力，则只有随顺，不能抵抗。故道家最贵“无为”。所谓“无为”者，非无所事事之谓，谓因任自然、不参私意云耳。然则道家之所谓“无为”，即儒家“为高必因丘陵，为下必因川泽”之意；亦即法家“绝圣弃智”、专任度数之意也。自然之力，无时或息。其在儒家，则因此而得“自强不息”之义焉；其在道家之庄列一派，则谓“万物相刃相劘，其行如驰”“一受其成形，不亡以待尽”，因此而得委心任运之义焉。自然力之运行，古人以为如环无端，周而复始。其在道家，则因此而得“祸福倚伏”之义，故贵“知白守黑，知雄守雌”；其在儒家，则因此而得穷变通久之义，故致谨于治制之因革损益；其在法家，则因此而得“古今异俗，新故异备”之义，而商君等以之主张变法焉。万物虽殊，然既为同一原质所成，则其本自一。夫若干原质凝集而成物，必有其所以然，是之谓“命”；自物言之则曰“性”。（“性”与“生”本一字，故告子曰“生之谓性”，而孟子驳之以“白之为白”也。）“性命”者，物所受诸自然者也。自然力之运行，古人以为本有秩序，不相冲突。（《礼记·礼运》曰："事大积焉而不苑，并行而不缪谬，细行而不失；深而通，茂而有间；连而不相及也，动而不相害也。"《中庸》曰："万物并育而不相害，道并行而不相悖。"皆极言天然之有秩序，所谓"顺"也。）人能常守此定律，则天下可以大治；故言治贵"反诸性命之情"，故有"反本""正本"之义。儒家言尽性可以尽物，道家言善义生者可以托天下，理实由此。抑《春秋》之义，正次王，王次春；言"王者欲有所为，宜求其端于天"。而法家言形名度数，皆原于道，亦由此也。万物既出于一，则形色虽殊，原理不异。故老贵"抱一"，孔贵"中庸"。抑宇宙现象，既变动不居，则所谓真理，只有"变"之一字耳。执一端以为中，将不转瞬而已失其中矣。故贵"抱一"而戒"执一"，贵"得中"而戒"执中"。"抱一""守中"，又即"贵虚""贵无"之旨也。（"抱一"者，抱无一可抱之一。"得中"者，得无中可得之中。）然则一切现象正唯相反，然后相成。故无是非善恶之可言，而"物伦"可齐也。夫道家主因任自然，而法家主整齐画一，似相反矣。然所谓整齐画一者，正欲使天下皆遵守自然之律，而绝去私意；则法家之旨，与道家不相背也。儒家贵仁，而法家贱之。然其言曰："法之为道，前苦而长利；仁之为道，偷乐而后穷。"则其所攻者，乃姑息之爱，非儒家之所谓仁也。儒家重文学，而法家列之五蠹。然其言曰："糟糠不饱者，不务粱肉；短褐不完者，不待文绣。"则亦取救一时之急尔。秦有天下，遂行商君之政而不改，非法家本意也。则法家之与儒家，又不相背也。举此数端，馀可类推。要之古代哲学之根本大义，仍贯通乎诸子之中。有时其言似相反者，则以其所论之事不同，史谈所谓"所从言之者异"耳。故《汉志》谓其"譬诸水火，相灭亦相生"也。必明乎此，然后能知诸子学术之原；而亦能知诸子以前，古代哲学之真也。

诸子中唯墨家之学为特异。诸家之言，皆似无神论、泛神论，而墨家之言"天志""明鬼"，则所谓"天"、所谓"鬼"者，皆有喜怒欲恶如人。故诸家之说，皆近机械论，而墨子乃独非命。予按墨子之志，盖以救世，而其道则出于禹。《淮南·要略》云：

"墨子学儒者之业，受孔子之术。以为其礼烦扰而不悦，厚葬靡财而贫民，服伤生而害事；（"服"上盖夺"久"字）故背周道而用夏政。"孙星衍《墨子后叙》，因此推论墨学皆原于禹，其说甚辩。予按古者生计程度甚低，通国之内，止有房屋一所，命曰明堂，（说本阮氏元，见《揅经室集·明堂论》）为一切政令所自出。读惠氏栋《明堂大道录》可见。《汉志》云："墨家者流，盖出于清庙之守，茅屋采椽，是以贵俭；养三老五更，是以兼爱；选士大射，是以尚贤；宗祀严父，是以右鬼；顺四时而行，是以非命；以孝视天下，是以尚同。"茅屋采椽，明堂之制也。养三老五更，学校与明堂合也。选士大射，后世行于泽宫；然选士本以助祭，其即在明堂宜也。宗祀严父，清庙、明堂合一之制也。顺四时而行，盖《礼记·月令》《吕览·十二纪》《淮南·时则训》所述之制，所谓一切政令，皆出明堂也。明堂既与清庙合，以孝视天下，说自易明。《论语》："子曰：禹，吾无间然矣。菲饮食，而致孝乎鬼神；恶衣服，而致美乎黻冕；卑宫室，而尽力乎沟洫。""致孝乎鬼神"，"致美乎黻冕"，则宗祀严父之说也；卑宫室，则茅屋采椽之谓也。《礼记·礼运》："孔子曰：我欲观夏道，是故之杞；而不足征也，吾得《夏时》焉。"所谓《夏时》者，《郑注》以《夏小正》之属当之，而亦不能质言。窃以《月令》诸书所载，实其遗制。夏早于周千馀岁，生计程度尚低，政治制度亦简，一切政令，皆出明堂，正是其时。周之明堂，即唐虞之五府，夏之世室，殷之重屋，乃祀五帝之所。（《史记·五帝本纪》索隐引《尚书·帝命验》）五帝者：东方青帝灵威仰，主春生；南方赤帝赤熛怒，主夏长；西方白帝白招拒，主秋成；北方黑帝汁光纪，主冬藏；而中央黄帝含枢纽，则寄王四时。以四时化育，亦须土也。盖以天地万物，同为自然之力所成，乃进化以后之说。其初则诚谓有一天神焉，"申出万物"，"阴骘下民"；继又本"卑者亲视事"之义，造为所谓五帝，以主四时化育；而昊天上帝耀魄宝，则"居其所而众星拱之"而已。君德之贵无为，其远源盖尚在此。夫学说之变迁，必较制度为速。以孔子之睿智，岂尚不知五行灾变之不足凭？然其删订六经，仍过而存之者，则以其沿袭既久，未可骤废故也。然则夏之遗制，犹存于周之明堂，正不足怪。墨子所取之说，虽与诸家异，又是考见未进化时之哲学矣。（墨子救世之志，诚可佩仰；然其学不久即绝，亦未始不由于此。以是时哲学业已大进，而墨子顾欲逆行未进化时之说故也。）

诸子派别，《史记·太史公自序》述其父谈之论，分为阴阳、儒、墨、名、法、道德六家。《汉志·诸子略》，益以纵横家、杂家、农家、小说家，为十家；其中去小说家，为九流。此外兵家、数术、方技，《汉志》各自为略，而后世亦入子部。按兵家及方技，其为一家之学，与诸子十家同；数术与阴阳家，尤相为表里。《汉志》所以析之诸之外者，以本刘歆《七略》；《七略》所以别之者，以校书者异其人。《七略》固书目，非论学术派别之作也。十家之中，阴阳家为专门之学，不易晓。小说家无关宏旨。（九流之学，皆出王官，唯小说家则似起民间。《汉志》所谓"街谈巷议，道听途说者之所造，闾里小知者之所及"也。《庄子·外物》篇："饰小说以干县令，其于大达亦难矣。"《荀子·正名》篇："故知者论道而已矣，小家珍说之所愿皆衰矣。"所谓"饰小说"及"小家珍说"，似即《汉志》之小说家。盖九流之学，源远流长，而小说则民间有思想、习世故者之所为。当时平民，不讲学术，故虽偶有一得，初不能相与讲明，逐渐改正，以蕲进于高深；亦不能同条共贯，有始有卒，以自成一统系。故其说蒙"小"之名，而其书乃特多；《汉志》小说家之《虞初周说》，至九百四十三篇，《百家》至百三十九卷是也。其说固未尝不为诸家所采，如《御览》八百六十八引《风俗通》，谓"城门失火，殃及池鱼"，本出《百家》书是。然徒能为小说家言者，则不能如苏秦之遍说六国，孟子之传食诸侯；但能饰辞以干县令，如后世求仕于郡县者之所为而已。墨家上说之外，更重下教。今《汉志》小说家有《宋子》十八篇，实治墨学者宋钘所为；盖采小说家言特多也。古之所谓小说家者如此；后世寄情荒怪之作，已非其伦；近世乃以平话体小说之名，则益违其本矣。）农家亦专门之学，可暂缓。纵横家《鬼谷子》系伪书。其真者《战国策》，今已归入史部。所最要者，则儒、墨、名、法、道及杂家六家而已。儒家之书，最要者为

《孟子》，又《礼记》中存儒家诸子实最多，今皆已入经部。存于子部者，唯一《荀子》。此书真伪，予颇疑之。然其议论，固有精者；且颇能通儒法之邮，固仍为极要之书也。墨家除《墨子》外，更无传书。（《晏子春秋》，虽略有墨家言，而无甚精义。）名家《经》及《经说》见《墨子》；其馀绪论，散见《庄子》《荀子》及法家书中。法家《商君书》精义亦少；间有之，实不出《管》《韩》二子之外。道家又分二派：一明“欲取姑与”“知雄守雌”之术，《老子》为之宗，而法家之《管》《韩》承其流。一阐“万物一体”“乘化待尽”之旨，其说具于《庄子》。《列子》书晚出，较《庄子》明白易解；然其精深，实不逮《庄子》也。而杂家之《吕览》《淮南》，兼综九流，实为子部瑰宝。《淮南王书》，虽出西汉，然所纂皆先秦成说，精卓不让先秦诸子也。兵家精义，略具《荀子·议兵》《吕览·孟秋/中秋二纪》《淮南·兵略》，及《管子》中言兵法诸篇。医经、经方，亦专门之学，非急务。然则儒家之《荀》，墨家之《墨》，法家之《管》《韩》，道家之《老》《庄》，杂家之《吕览》《淮南》，实诸子书中最精要者；苟能先熟此八书，则其馀子部之书，皆可迎刃而解；而判别其是非真伪，亦昭昭然白黑分类。（读此八书之法，宜先《老》，次《庄》，次《管》《韩》，次《墨》，次《荀》，殿以《吕览》《淮南》。先《老》《庄》者，以道家专言原理，为诸家之学所自出也；次《管》《韩》者，以法家直承道家之流也；次《墨》，以见哲学中之别派也；《荀子》虽隶儒家，然其书晚出，于诸家之学皆有论难，实兼具杂家之用，以之与《吕览》《淮南》，相次并读，可以综览众家，考见其异同得失也。）

读诸子书者，宜留意求其大义。昔时治子者，多注意于名物训诂、典章制度，而于大义顾罕研求。此由当时偏重治经，取以与经相证；此仍治经，非治子也。诸家固亦有知子之大义足贵，从事表章者。然读古书，固宜先明名物制度；名物制度既通，而义乃可求。自汉以后，儒学专行，诸子之书，治之者少；非特鲜疏注可凭，抑且乏善本足据。校勘训释，为力已疲；故于大义，遂罕探讨。善夫章太炎之言曰：“治经治子，校勘训诂，特最初门径然。大略言之：经多陈事实，诸子多明义理。校勘训诂而后，不得不各有所主。故贾、马不能理诸子，而郭象、张湛不能治经。”（《与章行严论墨学第二书》，见《华国月刊》第四期。）胡适之亦谓“治古书之法有三：（一）校勘，（二）训诂，（三）贯通。清儒精于校勘训诂，于贯通工夫，尚有未逮”，（见所著《中国哲学史大纲》上卷第一篇）诚知言之选也。今诸子之要者，经清儒校勘训释之后，近人又多有集解之本，初学披览，已可粗通。若求训释更精，及以其所述制度，互相比较，并与群经所述制度相比较，制度以儒家为详，故以诸子所述制度与经比较尤要。则非初学所能。故当先求其大义。诸家大义，有彼此相同者，亦有相异者。相同者无论矣，即相异者，亦仍相反而相成，宜深思而求其会通；然后读诸子书，可谓能得其要。至于校勘疏解，偶有所得，亦宜随时札记，以备他日之精研。读书尚未终卷，即已下笔千言，诋排先儒，创立异说，此乃时人习气，殊背大器晚成之道，深愿学者勿效之也。（凡人著书，有可速成者，有宜晚出者。创立新义，发前人所未发，造端宏大，欲求详密，断非一人之力所能；只可姑引其端，而疏通证明，则望诸异人，或俟诸后日。此可早出者也。此等新义之发明，恒历数百千年而后一见；乃时会为之，非可强求，亦决非人人可得。至于校勘考证之学，正由精详，乃能得阐，必宜随时改订，以求完密；苟为未定之说，不可轻出误人。今人好言著书，而其所谈者，皆校勘考证之事，此则私心期期以为不可者也。）

读古书固宜严别真伪，诸子尤甚。（秦汉以后之书，伪者较少，辨别亦较易，古书则不然。古书中之经，治者较多，真伪已大略可睹，子又不然也。）然近人辨诸子真伪之术，吾实有不甚敢信者。近人所持之术，大要有二：一据书中事实立论，事有非本人所能言者，即断为伪。如胡适之摘《管子·小称》篇记管仲之死，又言及毛嫱、西施，《立政》篇辟寝兵兼爱之言，为难墨家之论是也。一则就文字立论，如梁任公以《老子》中有偏将军、上将军之名，谓为战国人语；（见《学术讲演集》评胡适之《中国哲学史大纲》）又或以文字体制之古近，而辨其书之真伪是。予谓二法皆有可采，而亦皆不可专恃。何则？子为一家之学，与集为一人之书者不同，前已言之。故读子者，不能以其忽作春秋时人语，忽为战国人之言，而疑其书之出于伪造；犹之读集者，不能以其忽祖儒家之言，忽述墨家之论，而疑其文非出于一人。先秦诸子，大抵不自著书。今其书之存者，大抵治其学者所为；而其纂辑，则更出于后之人。书之亡佚既多，辑其书者，又未必通其学；（即谓好治此学，然既无师授，即无从知其书之由来，亦无从正其书之真伪；即有可疑者，亦不得不过而存之矣。）不过见讲此类学术之书共有若干，即合而编之，而取此种学派中最有名之人，题之曰“某子云”耳。然则某子之标题，本不过表明学派之词，不谓书即其人所著；与集部书之标题为某某集者，大不相同。集中记及其人身后之事，及其文词之古近错出，固不足怪。至于诸子书所记事实，多有讹误，此似诚有可疑。然古人学术，多由口耳相传，无有书籍，本易讹误；而其传之也，又重其义而轻其事。如胡适之所摘庄子见鲁哀公，自为必无之事。然古人传此，则但取其足以明义，往见者果为庄子与否，所见者果为鲁哀公与否，皆在所不问；岂唯不问，盖有因往见及所见之人，不如庄子及鲁哀公之著名，而易为庄子与鲁哀公者矣。然此尚实有其事，至如孔子往见盗跖等，则可断并其事而无之。不过作者胸中有此一段议论，乃托之孔子、盗跖耳；此则所谓“寓言”也。此等处若据之以谈史实，自易谬误；然在当时，固人人知为“寓言”。故诸子书中所记事实，乖谬者十有七八；而后人于其书，仍皆信而传之。胡适之概断为当时之人，为求利而伪造；又讥购求者之不能别白，亦未必然也。（误之少且小者，后人或不能辨；今诸子书皆罅漏百出，谬误显然，岂有概不能辨之理。）设事如此，行文亦然。今所传《五千言》，设使果出老子，则其书中偏将军、上将军，或本作春秋以前官名，而传者乃以战国时之名易之。此则如今译书者，于书中外国名物，易之以中国名物耳。虽不免失真，固与伪造有别也。又古人之传一书，有但传其意者，有兼传其词者。兼传其词者，则其学本有口诀可诵，师以是传之徒，徒又以是传之其徒；如今瞽人业算命者，以命理之书口授其徒然。此等可传之千百年，词句仍无大变。但传其意者，则如今教师之讲授，听者但求明其意即止；迨其传之其徒，则出以自己之言。如是三四传后，其说虽古，其词则新矣。故文字、气体之古近，亦不能以别其书之古近也，而况于判其真伪乎？今各家学术，据其自言，皆有所本；说诚未必可信，（《淮南子·修务训》已言之）然亦不能绝无关系。如管夷吾究但长于政事，抑兼长于学问，已杂质言。即谓长于学问，亦终不似著书之人。然今《管子·戒》篇载流连荒亡之说，实与孟子引晏子之言同，（《梁惠王》下篇）《晏子春秋》亦载之；则此派学术，固出于齐；既出于齐，固不能断其与管仲无关也。（《中小匡》篇所述治制，即或为管仲之遗。）其他自谓其学出于神农、黄帝者视此。（《孟子》“有为神农之言者许行”，梁任公谓其足为诸子托古之铁证。其意谓许行造作言语，托之神农也。然此语恐非如此解法。《礼记·曲礼》下篇：“医不三世，不服其药。”《疏》引又说云：“三世者：一曰黄帝针灸；二曰神农本草；三曰素女脉诀，又云夫子脉诀。”然则“神农本草”四字，乃一学科之名。今世所传《神农本草经》，非谓神农氏所作之《本草经》；乃谓神农本草学之经，犹今言药物学书耳。世多以其有后世郡县名，而訾其书非神农氏之旧，误矣。《月令》：季夏之月，“毋发令以妨神农之事”。此“神农”二字，决不能作神农氏解。然则诸书所引神农之教，如“一男不耕，或受之饥；一女不织，或受之寒”云云，亦非谓神农氏之教，乃谓神农学之说矣。“有为神农之言者”，为当训治，与《汉书·武帝纪》“丞相绾奏：所举贤良，或治申、商、韩非、苏秦、张仪之言”句法相同。《汉志》论农家者流曰：“鄙者为之，以为无所事圣王，欲使君臣并耕”，正许行之说；初非谓其造作言语，托之神农也。）夫神农、黄帝、管仲，诚未必如托之者之言；然其为此曹所托，亦必自有其故；此亦考古者所宜究心矣。要之古书不可轻信，亦不可抹煞。昔人之弊，在信古过甚，不敢轻疑；今人之弊，则又在一概吐弃，而不求其故。楚固失之，齐亦未为得也。

明乎此，则知诸子之年代事迹，虽可知其大略，而亦不容凿求。若更据诸子中之记事以谈古史，则尤易致误矣。盖古书之存于今，而今人据为史料者，约有数种：（一）史家所记，又可分为四种：《尚书》，一也。《春秋》，二也。《国语》，三也。（孔子所修之《春秋》，虽为明义而作，然其原本则为记事之书。《左氏》真伪未定，即真，亦与《国语》同类也。）世系，四也。此最可信。（二）私家纪事之作。其较翔实者，如孔门之《论语》；其务恢侈者，则如《管子·大/中/小匡》三篇是也。前者犹可置信，后者则全不足凭矣。（古代史家所记之事，诚亦未必尽信。然较诸私家传说，则其谨严荒诞，相去不啻天渊。试取《大/中/小匡》三篇一读便见。此三篇中，《大匡》前半篇及《小匡》中“宰孔赐祚”一段，盖后人别据《左氏》一类之书补入，馀则皆治法学者传述之辞也。）（三）则诸子中之记事。十之七八为寓言。即或实有其事，人名、地名及年代等，亦不可据；彼其意，固亦当作寓言用也。据此以考事实，苟非用之十分谨慎，必将治丝益棼。夫诸子记事之不可尽信如此，而今人考诸子年代事迹，顾多即以诸子所记之事为据；既据此假定诸子年代事迹，乃又持以判别诸子之书之信否焉，其可信乎？一言蔽之，总由不知子与集之异，太重视用做标题之人，致有此误也。

吾谓整治诸子之书，仍当着重于其学术。今诸子书亟待整治者有二：（一）后人伪造之品，窜入其中者。（二）异家之言，误合为一书者。盖诸子既不自著书，而其后学之著书者，又未尝自立条例，成一首尾完具之作，而其书亡佚又多；故其学术之真相，甚难窥见。学术之真相难见，则伪品之窜入自易，异家之误会亦多。夫真伪混淆，则学说湮晦；异家错处，则流别不明。此诚足为治诸子学之累，故皆急宜拣剔。拣剔之法，仍宜就其学术求之，既观其同，复观其异；即其同异，更求其说之所自来，而求其所以分合之由。如是，则诸子之学可明；而诸子之学之根源，及其后此之兴替，亦可见矣。此法今人必讥其偏于主观；然考校书中事实及文体之法，既皆不足恃，则仍不能不出于此也。

旧时学者，于吾国古书往往过于尊信，谓西方学术，精者不出吾书；又或曲加附会，谓今世学术，皆昔时所已有。今之人则适相反，憙新者固视国故若土苴；即笃旧者，亦谓此中未必真有可取，不过以为旧有之物，不得不从事整治而已。此皆一偏之见。平心论之，社会科学之理，古人皆已引其端；其言之或不如后世之详明，而精简则远过之。截长补短，二者适足相偿也。且古代思想，恒为后世学术风俗之原；昧乎其原，则于其流终难深晓。诸子为吾国最古之学，虽其传久晦，而其义则已于无形中蒸为习尚，深入于人人之心。不知此者，其论世事，纵或持之有故，终不免隔河观火之谈。且真理古今不异，苟能融会贯通，心知其意，古书固未必不周今用，正可以今古相证而益明也。唯自然科学，中国素不重视；即有发明，较诸今日，亦浅薄已甚。稍加疏证，不过知古代此学情形如何，当作史材看耳。若曲加附会，侈然自大，即不免夜郎之诮矣。

读诸子者，固不为研习文辞。然诸子之文，各有其面貌性情，彼此不能相假，亦实为中国文学，立极于前。留心文学者，于此加以钻研，固胜徒读集部之书者甚远。（中国文学，根柢皆在经、史、子中。近人言文学者，多徒知读集，实为舍本而求末，故用力多而成功少。予别有论。）即非专治文学者，循览讽诵，亦足以祛除鄙俗，涵养性灵。文学者，美术之一。爱美之心，人所同具；即不能谓文学之美，必专门家乃能知之，普通人不能领略也。诸子之文，既非出于一手，并非成于一时。必如世俗论文者之言，谓某子之文如何，固近于凿；然其大较亦有可言者。大约儒家之文，最为中和纯粹。今《荀子》虽称为儒，其学实与法家近；其文亦近法家。欲求儒家诸子之文，莫如于《小戴记》中求之；前已论及。道家黄老一派，文最古质。以其学多传之自古，其书亦非东周时人所撰也，（见后）《庄子》文最诙诡，以当时言语程度尚低，而其说理颇深，欲达之也难，不得不反复曲譬也。法家文最严肃。名家之文，长于剖析；而法家论事刻核处，亦实能辨别毫芒。以名、法二家，学本相近也。《墨子》文最冗蔓；以其上说下教，多为愚俗人说法，故其文亦随之而浅近也。（大约《墨子》之文，最近当时口语。）纵横家文最警快，而明于利害；《战国策》中，此等文字最多。诸子中亦时有之；说术亦诸家所共习也。杂家兼名、法，合儒、墨，其学本最疏通，故其文亦如之；《吕览》

《淮南》实其巨擘。而《吕览》文较质实，《淮南》尤纵横驰骋，意无不尽，则时代之先后为之也。要之，言为心声，诸子之学，各有专门，故其文亦随之而异，固非有意为之。然其五光十色，各有独至之处，则后人虽竭力模仿，终不能逮其十一矣。以今语言之，则诸子之文，可谓“个性”最显著者；欲治文学者，诚不可不加之意也。

老子

道家之书，后世为神仙家所依托，固已全失其本真；即反诸魏、晋之初，谈玄者率以《老》《庄》并称，实亦已非其朔。若循其本，则《汉志》所谓道家者流，其学实当分二派：一切委心任运，乘化以待尽，此一派也。现存之书，《庄》《列》为其代表。秉要执本，清虚以自守，卑弱以自持，此一派也。现存之书，以《老子》为最古。此二派，其崇尚自然之力同，然一因自然力之伟大，以为人事皆无可为，遂一切放下；一则欲因任之以致治，善用之以求胜，其宗旨固自不同。夷考汉人之言，多以黄、老连称，罕以老、庄并举。按今《列子》书第一篇《天瑞》，引《黄帝书》二条，黄帝之言一条。第二篇为《黄帝》篇，引老聃之言一条。第六篇《力命》引老聃谓关尹之言一条，《黄帝书》一条。而《天瑞》篇所引《黄帝书》，有一条与今《老子》书同。（“谷神不死，是谓玄牝；玄牝之门，是谓天地根。绵绵若存，用之不勤。”）《列子》原未必可信，然十之七八，当系采古书纂辑而成，必非晋人杜撰。然则“黄老”者，乃古代学派之名；其学远托诸黄帝，而首传其说者，则老子也。今观《老子》书，文体甚古。（全书多作三四言韵语，乃未有散文前之韵文。间有长句及散句，盖后来所加。）又全书之义，女权皆优于男权。（按今《周易》首乾，而《殷易》先坤，见《礼记·礼运》：“吾得坤乾焉。”《郑注》：此亦吾国男女权递嬗之遗迹。然殷时女权，实已不盛。吾别有考。《老子》全书，皆称颂女权；可见其学必始于殷以前。托诸黄帝，固未必可信。然据《礼记·祭法》，严父配天，实始于禹，则夏时男权已盛；老子之学，必始五帝时矣。盖旧有此说，口耳相传，至老子乃诵出其文也。）书中无男女字，但称牝牡；亦可征其时代之早。近人如梁任公，以其书中有偏将军、上将军之名；又谓“师之所处，荆棘生焉，大兵之后，必有凶年”等语，似系见过长平等大战者，遂疑为战国时书。胡适之摘其“民之饥，以其上食税之多”“天之道，损有馀而补不足。人之道则不然，损不足以奉有馀”等语，谓为反对东周后之横征暴敛，引《硕鼠》等诗为证，皆非也。（偏将军、上将军等语，不足为《老子》书出战国后之证，前已辩之。“师之所处，荆棘生焉，大兵之后，必有凶年”，凡战事皆然，何必长平等大战？《老子》一书，皆发挥玄理之语，非对一时政治立言；又观其文体之古，即知其书非出周代，亦不得引风诗为证也。）

《老子》全书之旨，可以两言括之：（一）曰治国主于无为，（二）曰求胜敌当以卑弱自处而已。吾国古代哲学，近于机械论，前已言之。既近机械论，则视一切社会现象，皆有自然之律，运行乎其间，毫厘不得差忒，与研究自然科学者之视自然现象同。彼其视自然之力，至大而不可抗也，故只有随顺，断无可违逆之，使如吾意之理。欲违逆之使如吾意，即所谓“有为”；一切随顺天然之律，而不参以私意，则即所谓“无为”也。凡治事者，最贵发现自然之律而遵守之。而不然者，姑无论其事不能成；即使幸成焉，其反动之力，亦必愈大。此老子所以主张治国以无为为尚也。至其求胜敌之术，所以主于卑弱者，则因其以自然力之运行为循环之故。（所谓“道之动曰反”也）自然力之运行，既为循环，则盛之后必继以衰，强之后必流于弱，乃无可逃之公例。故莫如先以卑弱自处。此皆老子应事之术也。至其空谈原理之语，宗旨亦相一贯；盖所谓治国当主无为，胜敌必居卑弱者，不外遵守天然之律而已。古代哲学之宇宙论，以为万物同出一原，前文亦已言及；万物同出一原，则现象虽殊，原理自一。此形形色色之现象，老子喻之以“器”；而未成万物前之原质，则老子喻之以“朴”。其曰“朴散而为器”者，犹曰原质分而为万物耳。夫同一原质，断未有不循同一定律者；至其散而为万物，则有难言者矣。《老子》一书，反复推阐，不外谓朴散为器之后，仍当遵守最初之原理。其曰“见素”，欲见此也；其曰“抱朴”，欲抱此也；其曰“守中”，以此为中也；其曰“抱一”，以此为一也。又其言曰：“有无相生，难易相成，长短相较，高下相倾。”又曰：“天下皆知美之为美，斯恶矣；皆知善之为善，斯不善矣。”欲举天下对待之境，一扫而空之。亦以此等相对之名，皆“朴散为器”而始有；返诸其初，则只浑然之一境也。此其“绝圣弃智”“圣人不死，大盗不止”之说所由来，而亦庄周“齐物”之理所由立。百家之学，其流异，其缘固无不同；然其流既异，即不得因其原之同，而泯其派别也。

《老子》全书之宗旨如此；由前总论所述，已可见之。然《老子》书解者最多，而其附会曲说亦最甚；故不惮词费，更申言之。要之古书中语，具体者多，抽象者少。此言语巧拙，今古不同使然。读书固贵以意逆志，不可以词害意。世之误解《老子》者，多由泥其字面，误取譬之词，为敷陈之论，有以致之也。（又古书中“自然”字，“然”字当作“成”字解，不当做“如此”解。如《老子》：“功成事遂，万物皆谓我自然”；《淮南子·原道训》：“万物固以自然，圣人又何事焉”是也。）

《老子》书注者极多，最通行者，为《河上公注》《王弼注》《吴澄注》三种。《河上公注》为伪物，前人已言之。《王弼注》刻本虽晚出，然陆德明《经典释文》，为作音训；又《列子》引“黄帝书”一条，与《老子》同者，张湛即引《弼注》注之，皆与今本相符，可证其非伪物。《吴澄注》多以释理与道家言相证，虽非本旨，亦尚五金丹黄白，如涂涂附之谈。予谓《老子》书并不难解，读者苟具哲学常识，（凡研究中国古哲学及佛书者，必须先有现在哲学常识。此层最为紧要。否则研究中国哲学者，易致貌似玄妙，而实无标准；研究佛学者，更易流于迷信。）即不看注，义亦可通；而一看注，则有时反至茫昧。初学读此书，可但涵咏本文，求其义理；诸家之注，一览已足，不必深求也。

欲求《老子》之义于本文，姚鼐《老子章义》，却可一览。《老子》原书，本无道经、德经之分，分章更系诸家随意所为；读者但当涵咏本文，自求条理，若一拘泥前人章句，则又滋纠纷矣。

姚氏此书，即以前人分章为不然，以意重定；虽不必执其所定者为准，然其法自可用也。

古书“经传”恒相辅而行，大抵文少而整齐有韵者为“经”，议论纵横者为“传”。盖经为历世相传、简要精当之语，“寡其辞，协其音”，所以便诵读；而传则习其学者发挥经意之书也。《老子》书理精词简，一望而可知为经；其学之传授既古，后学之发挥其义者自多。据《汉志》，道家有《老子邻氏经传》四篇，《老子傅氏经说》三十七篇，《老子徐氏经说》六篇，刘向《说老子》四篇，盖皆《老子》之传。惜其书皆不传。然解释《老子》之词，散见于诸子中者仍不少。近人长沙杨树达，尝汇辑之而成《老子古义》一书，中华书局出版。极可看。焦竑《老子翼》三卷，辑韩非以下解《老子》者六十四家，采摭可谓极博，然亦宋以后说为多，初学可暂缓。

庄子

《庄子》与《老子》，同属道家，而学术宗旨实异，前已言之。《庄子》之旨，主于委心任运，颇近颓废自甘；然其说理实极精深。中国哲学，偏重应用，而轻纯理；固以此免欧洲、印度哲学不周人用之诮，而亦以此乏究极玄眇之观。先秦诸子中，善言名理，有今纯理哲学之意者，则莫《庄子》若矣。（《列子》宗旨与《庄子》大同。然其书似出后人纂辑，不免羼杂；精义亦不逮《庄子》之多。又据《庄子》末篇，则惠施之学，颇与庄子相近。然惠施学说，除此以外，无可考见；他书引惠子事，多无关哲理，如今《庄子》之有《说剑》篇耳。）章太炎于先秦诸子中，最服膺《庄子》，良有由也。

今《庄子》书，分内篇、外篇及杂篇。昔人多重内篇，然外篇实亦精绝，唯杂篇中有数篇无谓耳。分见后。

《庄子注》以郭象为最古，《世说新语》谓其窃诸向秀，据后人所考校，诚然。（可参看《四库书目提要》）此注与《列子张湛注》，皆善言名理；（似尚胜王弼之《易注》及《老子注》）兼可考见魏、晋人之哲学，实可宝也。《四库》所著录者，有宋褚伯秀

《南华真经义海纂微》一百六卷。纂郭象、吕惠卿、林疑独、陈祥道、陈景元、王云、刘概、吴俦、赵以夫、林希逸、李士表、王旦、范元应十三家之说。《提要》谓宋以前解《庄子》者，梗概略具于是。又焦竑《庄子翼》八卷，体例与其《老子翼》同；虽《提要》议其不如彼书之精，然亦多存旧说也。近人注释，有郭庆藩《庄子集释》、王先谦《庄子集解》。郭氏书兼载郭象注及唐成玄英疏，更集众说，加以疏释，颇为详备；王氏书较郭氏为略，盖其书成于郭氏之后，不取重复，故说明大意而止也。

《逍遥游》第一 此篇借物之大小不同，以明当境各足之义。盖世间之境，贫富贵贱，智愚勇怯，一若两端相对者然；语其苦乐，实亦相同。然世多以彼羡此，故借大小一端，以明各当其分；大者不必有馀，小者不必不足《郭注》所谓“以绝羡欲之累”也。“列子御风而行”一段，为《庄子》所谓逍遥者，其义主于“无待”。夫世间之物，无不两端相对待者，欲求无待，非超乎此世界之外不可，则其说更进矣。此篇文极诙诡，然须知诸子皆非有意为文。其所以看似诙诡者，以当时言语程度尚低，抽象之词已少；专供哲学用之语，更几于绝无；欲说高深之理，必须取譬于实事实物；而眼前事物，欲以说明高深之理极难，故不得不如是也。此等处宜探其意而弗泥其辞；苟能心知其意，自觉其言虽诙诡，而其所说之理，实与普通哲学家所说者无殊矣。至于世俗评文之家，竟谓诸子有意于文字求奇，其说更不足论。此凡读古书皆然；然《庄子》书为后人穿凿附会最甚，故于此发其凡。（此篇引《齐谐》之言。所谓《齐谐》者，盖诚古志怪之书，而作此篇者引之。不然，初不必既撰寓言，又伪造一书名，而以其寓言托之也。然则此篇中诙诡之语，尚未必撰此篇者所自造；有意于文字求奇之说，不攻自破矣。）

《齐物论》第二 “论”与“伦”古字相通。伦者类也，物必各有不同，然后可分为若干类，故“伦”字有“不同”之义。犹今人各种东西之“种”字耳。此篇极言世界上物，虽形形色色，各有不同，然其实仍系一物。盖“彼出于是，是亦因彼”，去彼则此之名不存，去此则彼之名亦不立。又宇宙之间，变化不已，此物可化为彼，彼物亦可变为此。此足见分别彼此，多立名目者，乃愚俗人之见矣。此篇宗旨，在“天地与我并生，万物与我为一”十二字。惠施“泛爱天地，万物一体”之说，见《天下》篇。亦由此理而出。实仍本于古代哲学，宇宙万物皆同一原质所成之观念也；亦可见先秦诸子之学，同出一原矣。

《养生主》第三 此篇言作事必顺天理，以庖丁解牛为喻。天者自然，理者条理；随顺天理，即随顺自然之条理也。人能知此理，则能安时处顺，使哀乐不入，而可以养生。

《人间世》第四 此篇言处世之道，贵于虚己。所谓“虚己”者，即无我之谓也；人而能无我，则物莫能害矣。（物兼人为之事，及自然之力言）

《德充符》第五 此篇举兀者等事，见无我者之为人所悦，是为德充之符。

《大宗师》第六 郭注云：“虽天地之大，万物之富，其所宗而师者无心也。”此篇盖发挥哲学中之机械论，夫举全宇宙而为一大机械，则人处其间，只有委心任运而已。故曰：“天地大炉，造化大冶，唯所陶铸，无乎不可”也。

《应帝王》第七（以上内篇） 此篇言应世之术，贵乎无所容心。其言曰：“至人之用心若镜，不将不迎，应而不藏”，乃全篇之宗旨也。盖言无我则能因物付物，是为应世之术。

《骈拇》第八 此篇言仁义非人性。伯夷、盗跖，虽善恶不同，而其为失本性则均，齐是非之论也。

《马蹄》第九 此篇言伯乐失马之性，圣人毁道德以为仁义，与上篇宗旨意同。

《胠箧》第十 此篇言善恶不唯其名唯其实，因欲止世之为恶者，而分别善恶，为恶者即能并善之名而窃之；夫善之名而为为恶者所窃，则世俗之所谓善者，不足为善，恶者不足为恶审矣。乃极彻底之论也。

《在宥》第十一 此篇言以无为为治，而后物各得其性命之情。戒干涉、主放任之论也。（性命二字之义见前）

《天地》第十二 此篇为古代哲学中之宇宙论，极要。

《天道》第十三　此篇由哲学中之宇宙论，而推论治天下之道，见道德名法，皆相一贯，而归本于无为。

《天运》第十四　此篇言仁义等之不足尚。

《刻意》第十五　此篇言虚无无为之贵。

《缮性》第十六　此篇言心之所欲，多非本真，故戒去“性”而从心，当反情性而复其初。

《秋水》第十七　此篇首设河伯、海若问答，亦齐物之旨。“夔怜蚿”一节，言人当任天而动。“孔子畏于匡”一节，言穷通由于时命，非人所能为。“庄子与惠子游濠梁”一节，言名学之理颇深。唯“庄子钓于濮水”，“惠子相梁”两节粗浅。

《至乐》第十八　此篇言“无为为至乐，至乐者无乐”，因极言生死之同。“种有几”一段亦此义。（郭注：有变化而无死生也）近人以牵合生物学，似非也。

《达生》第十九　此篇言生之来不能却，其去不可止；能遗世则为善养生。亦委心任运之论。

《山木》第二十　此篇言人之处世，材不材皆足婴患，唯乘道德而游者不然。所谓乘道德者，虚己之谓也，虚己则无计较利害之心；无计较利害之心，则物莫之能累矣。亦《人间世》《德充符》两篇之旨也。

《田子方》第二十一　此篇记孔子告颜回语，亦齐物之旨。老聃告孔子语，推论生物之原，由于阴阳二力，亦古代哲学中之宇宙论也。

《知北游》第二十二　（以上外篇）此篇言“道”，亦古代哲学中宇宙论也。其言“无无”之义，已颇涉认识论矣。

《庚桑楚》第二十三　此篇文颇艰深。其大意谓一切祸福，皆心所造：故心无利害之念，则物自莫之能侵。所谓“寇莫大于阴阳，犹今言自然力。无所逃于天地之间，非阴阳贼之，心自使之”“身若槁木，心若死灰，祸亦不至，福亦不来”也。其云“万物出乎无有。有不能以有为有，必出乎无有；而无有一无有。圣人藏于是”，阐无有之理尤精。（此言一切万物，彼不能为此之原因，此亦不能为彼之原因。）乃道家虚无无为之旨所从出也。

《徐无鬼》第二十四　此篇亦言为仁义，则必流于不仁义；道家所以贵道德而贱仁义者由此。末段亦涉及古代哲学中之宇宙论，文颇难解。

《则阳》第二十五　此篇亦言为仁义则必流于不仁不义，兼涉及宇宙论，与上篇同。篇末“莫为”“或使”之辩，即哲学中“有神”“无神”之争也。其论犯罪者非其罪一节，尤有合于社会主义。

《外物》第二十六　此篇为杂论。

《寓言》第二十七　此篇亦杂论，有与他篇重复处。

《让王》第二十八　此篇杂记让国之事，言唯轻天下重一身者，乃足以治天下。词意似浅。然道家所谓“养生”，其意实谓必如此之人，乃足以治天下，而非徒宝爱其身，欲求全其性命。即此可见此义道家屡及之，如《吕览·贵生》《淮南·精神训/诠言训》是。神仙家之窃取附会，而自托于道家者，其失不待辩而自明矣。

《盗跖》第二十九　此篇言君子小人，名异实同，莫如恣睢而求目前之乐。与《列子·杨朱》篇同义。其言富者之苦乐一节，颇可考见古代社会生计情形。

《说剑》第三十　此篇记庄子说止赵文王好剑之事，意义浅薄，与《庄子》全书，了无关涉。且此事散见他书者甚多，所属之人亦各异。凡古代传说之事，固多如此。盖此事相传，一说以属庄子，故编《庄子》书者，遂以之辑人为一篇也。

《渔父》第三十一　此篇亦浅薄。

《列御寇》第三十二　此篇亦浅薄，而间有精论。

《天下》第三十三　此篇盖《庄子》之自叙，前总论，后分列诸家，可考见古代学术源流。论古代学术源流者，以《庄子》此篇，《淮南·要略》《太史公自序》《汉书·艺文志》四篇为最有条理，而四篇又各有胜处。《汉志》推论诸家之学所自出，可见其各有所本；《庄子》此篇，则言道术始合而后分，可见诸家之学，虽各有所本，而仍同出一原，（同出一原，谓其同根据于古代之哲学；各有所本，则言其以一种哲学，而推衍之于各方面。）其义相反而相成；《淮南》论诸子之学，皆起于救时之弊，有某种弊即有某种学，如方药然，各有主治即各有用处；而《太史公自序》，则言诸家之学，各有所长，亦各有所短，其义亦相反而相成也。

列子

此书前列《张湛序》，述得书源流，殊不可信。而云“所明往往与《佛经》相参，大同归于老、庄”“属辞引类，特与《庄子》相似；庄子、慎到、韩非、尸子、淮南子，玄示指归，多称其言”，则不啻自写供招。《佛经》初入中国时，原有以其言与老、庄相参者；一以为同，一以为异，两派颇有争论。湛盖亦以佛与老、庄之道为可通，乃伪造此书，以通两者之邮也。其云庄子、慎到等多称其言，盖即湛造此书时所取材。汪继培谓“后人依采诸子而稍附益之”，最得其实。然此固不独《列子》。凡先秦诸子，大都不自著书；其书皆后人采缀而成；采缀时，岂能略无附益，特其书出有早晚耳。故此书中除思想与《佛经》相同，非中国所固有者外，仍可认为古书也。（篇首刘向校语，更不可信。凡古书刘向序，大都伪物。姚姬传唯信《战国策》序为真，予则并此而疑之。）

注《庄子》书者甚多，《列子》则唯张湛一注，孤行于世。唐殷敬顺就《张湛注》作释文，本各为书；元、明以来刻本，皆以《释文》入《注》，二者遂混淆不辨。清汪继培得影宋抄本，又录《释文》单行本于《道藏》，据以参校，二者始各还其旧；此外参校之本尚多，实此书最善之本也。又有唐卢重元注，《唐书·艺文志》以下，皆不著录，郑樵《通志》始及之。书有陈景元序，谓得之徐灵府。清秦恩复得之金陵道院，重刻之。然今所传《文子缵义》，亦出徐灵府，其书殊不可信，则此书恐亦非唐时物也。

此书大旨与《庄子》相类。精义不逮《庄子》之多，而其文较《庄子》易解，殊足与《庄子》相参证。（读《庄子》不能解者，先读此书最好。）其陈义有视前人为有进者，如《汤问》篇：“汤问于夏革，曰：古初有物乎？夏革曰：古初无物，今恶得物？后之人将谓今无物，可乎？汤问曰：然则物无先后乎？夏革曰：

物之终始，初无极已。始或为终，终或为始，恶知其纪？自物之外，自事之先，朕所不知也。”按古人论宇宙原始者，率以为有气而后有形，有形而后有质，皆宇宙论中语。此则明人能知有，不能知无——时间之起讫，空间之际限，实非人所能知；人之所知，实以认识所及为限——已深入认识论之堂奥矣。盖佛学输入后始有之义也。

《天瑞》第一 此书为《列子》之宇宙论，与他古书所述大同，而文最明白易晓。

《黄帝》第二 此篇言气无彼我，彼我之分由形；任气而不牵于形，则与物为一；与物为一，则物莫能害。盖承上篇，言人所以自处之道也。

《周穆王》第三 此篇言造物与人之为“幻”无异，梦与觉无异，盖言真幻不别也；似亦已杂佛学之理矣。（《庄子》物化之说，虽亦已起其端，然言之不如此篇之透彻。）西极化人，即西域眩人，乃汉时事。《穆天子传》及《山海经》中涉及西域者，后人以其地理多合，信为古书；不知其正西域地理既明后，伪造之作也。观此篇所取材，而知其为魏、晋间物矣。

《仲尼》第四 此篇总旨，在“忘情任理”四字。“中山公子牟”一节，述公孙龙之学，颇有条理。其说必有所本，注文亦极明了，可宝也。（今《公孙龙子》殊不易读）

《汤问》第五 此篇言空时间皆不可知。又言人所不知之事甚多，不可据其所知，以疑其所不知；乃极精之认识论也。

《力命》第六 此篇言力不胜命，今哲学中所谓定命论；又言凡事皆出于不得不然，今哲学中所谓机械论也。

《杨朱》第七 此篇为厌世之义。杨朱之学，除《孟子》称其“为我”外，他无可考；此书何从独有之？可知其伪。

《说符》第八 此篇言因果有必至之符，亦机械论。又言有术者或不能行，行之者不必有术；视学问事功，判然二物。又言人与物徒以智力相制，迭相食，见无所谓福善祸淫等天理，其理亦皆与机械论相通也。

荀子

儒家孟、荀并称，然《荀子》书予极疑之。予疑《荀子》书，自读其"非象刑"之论始。盖儒家论刑，止有二义：一曰五刑，是为肉刑，见《书·吕刑》篇；一曰象刑，见《尧典》。（今本分为《舜典》。象刑之说，见《书大传》，谓不残贼人之肢体，徒僇辱之而已。汉文《废肉刑诏》："盖闻有虞氏之时，画衣冠异章服以为戮而民弗犯。"即今文《书》说也。）皆《书》说也。"非象刑"之论，与儒家之尚德化，根本不相容。及读《汉书·刑法志》，《荀子》之论具在，乃怳然有悟。盖汉时地方豪族，以及游侠之士，（汉时去封建近，此等乃前此贵族及武士之遗也。）势力极大，上扞国法，下陵小民，狱犴不平。职是之故，仁人君子，蒿目时艰，乃欲以峻法严刑，裁抑一切。此自救时之论，有激而云，而实行之者则王莽也。夫莽固事事托之于古者也，然则非象刑之论，盖亦不知何人所造，而托之荀子者矣。本此以推，则见其"性恶"之论，"法后王"之言，亦皆与儒家之义，不能并立。其论礼也，谓"人生不能无群，群而无分则争，争则乱，乱则离，离则弱，弱则不能胜物"，（见《王制》篇）亦法家论法之语也。夫如后世之论，则诸经皆出荀卿。（汪中《荀卿子通论》。按此篇所引诸经传源流，多不可信。董仲舒作书美荀卿，说出今所传《荀子》刘向叙；他无征验。此序之伪，亦显而易见也。）今姑不必深求。但使战国之末，儒家大师荀卿，其议论果如今《荀子》书所云，则在儒家中实为异军苍头；安得历先汉二百年，迄无祖述之书，亦无反驳之论哉？今《荀子》书同《韩诗外传》《二戴记》《说苑》《新序》处最多，亦有同《书大传》《春秋繁露》《公羊》《谷梁》《左氏》《国语》《楚辞》《礼纬》《诗毛氏传》《孔子家语》者；又有同《管》《韩》《庄》《列》诸子，《晏子春秋》《淮南王书》者。夫其同《说苑》《新序》，诚可诿为刘向校书中秘，已见是书。《大戴记》晚出，无传授，昔人即不之信；《小戴记》亦今古文杂；《谷梁》《左氏》《毛诗》皆晚出，姑勿论。其同《韩诗外传》《书大传》《公羊》《繁露》，何说之辞？谓诸儒袭《荀子》，则诸儒早见《荀子》书矣，何待刘向？谓其各不相袭，所本者同，又无解于《荀子》书中，与儒家持义根本不相容之处，他家皆无此论也。然则《荀子》者，乃较早出之《孔子家语》耳。其与诸书同处，正足证其书由抄袭而成；而较《荀子》晚出之书，则又转袭《荀子》者也。予之意见如此，当否诚不敢自信。至于《荀子》之书当读，则初不因其真伪而异；因其书有甚精处，要必为先秦之传，固不必问其集自何人，题为何子也。

《荀子》书多精论，然颇凌杂无条理，今为料拣之。按《荀子》书宗旨，荦荦大者，凡有八端：曰"法后王"，见《不苟》《非相》《儒效》《王制》诸篇；曰主人治，见《王制》《君道》《致士》诸篇；曰"群必有分"，见《王制》《富国》诸篇；曰阶级不能无，见《荣辱》《富国》诸篇；曰"性恶"，见《荣辱》《性恶》诸篇；曰"法自然"，见《天论》《解蔽》诸篇；曰正名，见《正名》篇。此外攻击儒、墨、名、法，与权谋诸家之语，散见《非十二子》《儒效》《王霸》《君道》《议兵》《强国》《正论》《乐论》诸篇。要之《荀子》书于诸家皆有诘难；语其宗旨，实与法家最近，而又蒙儒家之面目者也。全书中最精者，为《天论》《正论》《解蔽》《正名》四篇。

《荀子》书，《汉志》三十二篇。今《汉志》作三十三，乃误字。隋、唐《志》皆十二卷。唐杨倞为之注，分为二十卷，于篇第颇有升降。今世通行者，为嘉善谢氏刻本，其校勘实出卢文弨。又有宋台州刻本，黎庶昌得之日本，刻入《古逸丛书》中。王先谦更取王念孙、俞樾诸家校释，又以台州本及卢氏取之未尽之虞、王合校本，与谢本相校，成《荀子集解》一书，采摭颇备，甚便观览。

《劝学》第一　《修身》第二　《不苟》第三　以上三篇，皆儒家通常之论。《不苟》篇"君子养心莫善于诚"一节，义与《礼记·中庸》篇通。又"君子位尊而志恭"一节，论"法后王"之义。

《荣辱》第四　此篇义亦主于修为，与前数篇同。"凡人有所一同"一节，谓人之行为，为生理所限，而生理受制于自然律，实性恶之说所本也。

《非相》第五 此篇只首节非相，盖以首节之义名篇也。与《论衡·看相》等篇参看，可见古者对于相人之术，迷信颇甚。

《非十二子》第六 此篇亦见《韩诗外传》，而止十子，无子思、孟轲。《荀子书》吾颇疑其为西汉末人所集。然其所取资，固不能尽伪。凡古伪书皆然。墨子学于孔子，说似不诬。（见后）今其书《非儒》《公孟》《耕柱》诸篇，攻击儒家最烈。其中固有由宗旨不同处，然讥儒者贪于饮食，惰于作务，徒古其服及言而实无可取；颇与此篇所攻子张氏、子夏氏之贱儒合。此不得谓非儒者之病。盖儒者固自有其真，然徒党既多，不能无徒窃其名而无其实者。《礼记·儒行》记孔子之言曰：“今众人之命儒也妄常，以儒相诟病。”篇末又记哀公闻孔子之言，“终没吾世，不敢以儒为戏”。则当时耳儒之名而不知其义，以儒相诟病、以儒为戏者甚多；皆“贪于饮食，饰其衣冠”之贱儒，有以自取之也。颇疑此篇中攻子思、孟轲之语，为后人所造；（详见鄙著《辨梁任公阴阳五行说之来历》，见《东方杂志》第二十卷第二十号。）而其非子张、子夏氏之贱儒之语则真。（但为先秦旧说耳，不必定出荀卿其人，且不必定出儒家。此义亦前已及之矣。）

《仲尼》第七 此篇言“仲尼之门，五尺之竖子，羞称五霸”，与《春秋繁露·封胶西王》篇合。《汉书·董仲舒传》亦同。是今文家义也。夫董子者，“正其义，不谋其利，明其道，不计其功”者也；而此篇下文论擅宠于万乘之国，而无后患之术，几于鄙夫之谈，亦可见《荀子》书之杂矣。

《儒效》第八 此篇中有辟名家之论，亦及法后王之义。

《王制》第九 此篇中有述制度处，颇足与群经相考证。此外有论人治之语，有言法后王之义，又其言有群乃能胜物而群不可无分，则为法家重度数之意，可与下篇参看。

《富国》第十 此篇言群不可无分，分为富国之道，辟墨子之徒以不足为患，陈义颇精。

《王霸》第十一 此篇斥权谋。“礼之所以正国也”一节，与《礼记·经解》篇同。（《礼论》篇“取绳墨诚陈”云云亦然）此数语法家论法，亦恒用之；亦可见《荀子》与法家相近也。（《礼记》亦汉人集诸经之传及儒家诸子而成。见前。）

《君道》第十二 此篇言人治，辟权谋。此篇《杨注》亡。

《臣道》第十三 此篇为儒家通常之义。

《致士》第十四 此篇论人治数语，与《王制》篇复。“得众动天”十六字，文体及意义，并与上下文不相蒙；下文论刑赏及师术，亦与致士无涉。盖多他篇错简，或本篇本杂凑而成，而取其一端以名篇也。

《议兵》第十五 此篇论用兵之理极精。《韩诗外传》《新序》《史记·礼书》《汉书·刑法志》皆载之。

《强国》第十六 此篇亦通常之论。

《天论》第十七 此篇言“吉凶由人不由天”“事非人力所能为者，不以措意”“人当利用自然”“怪异不足畏”“合众事乃能求得公例，徒据一偏则不能得”，乃《荀子》书中最精之论也。此篇驳老子、慎到、墨翟、宋钘。

《正论》第十八 此篇皆诘难当时诸家之论。第一节即驳法家。然第二节论汤、武非篡，义不如《孟子》之精，而持论实与法家相近。第三节驳象刑，则弥与儒家反矣。要之此书虽驳法家，然其思想实与法家近也。篇末驳子宋子，颇可藉考宋钘学说。

《礼论》第十九 此篇有精语。然大体与《大戴礼·礼三本》《史记·礼书》同。又有同《谷梁》及《礼记·经解》三年问处。

《乐论》第二十 此篇同《礼记·乐记》，而多增入辟墨子语，（《史记·礼书》亦同。按《史记》八书皆亡，盖后又取他书补之。）可见《荀子》书中辟他家之语，有后来增入者。亦足为《非十二子》中辟子思、孟轲之语，为后人增入之一证也。（又一段同《礼记·乡饮酒》义）此篇注亦亡。

《解蔽》第二十一 此亦《荀子》书极精者，足与《天论》篇媲美。《伪古文尚书》“人心唯危，道心唯微，唯精唯一，允执厥中”十六字，原出此篇。

《正名》第二十二 此篇论名学哲学极精。

《性恶》第二十三 按荀子“性恶”之论，为后人所訾。然此篇首句曰："人之性恶，其善者伪也。"《杨注》曰："伪，为也，矫也，矫其本性也。凡非天性而人作为之者，皆谓之伪。故为字人旁为，亦会意字也。"则伪非伪饰，其义皦然。《礼论》篇："故曰：性者，本始材朴也；伪者，文礼隆盛也。无性则伪之无所加，无伪则性不能自美。"《正名》篇："心虑而能为之动，谓之伪；虑积焉、能习焉而后成，谓之伪。"尤不啻自下界说。以为真伪之伪，而妄肆诋谋，真不必复辩矣。（"为"之本义为母猴。盖动物之举动，有出于有意者，有不待加意者。其不待加意者，则今心理学家所谓"本能"也；其必待加意者，则《荀子》书所谓"心虑而能为之动，虑积焉、能习焉而后成"，《杨注》所谓"非天性而人作为之"者也。动物举动，多出本能。唯猿猴知识最高，出乎本能以外之行动最多，故名母猴曰"为"。其后遂以为人之非本能之动作之称。故"为"字之本义，本指有意之行动言之，既不该本能之动作，亦不涵伪饰之意也。古用字但主声，为、伪初无区别。其后名母猴曰"为"之语亡，"为"为母猴之义亦隐，乃以"为"为"作为"之为，"伪"为"伪饰"之伪。此自用字后起之分别，及字义之迁变尔。若拘六书之例言之，则既有伪字之后，非为伪饰，皆当作伪，其作为者，乃传形成声耳。）然性恶之论，究与法家相近，而非儒家尚德化之义，则亦不容曲辨也。此篇本二十六，杨升。

《君子》第二十四　此篇言人君之事，无甚精义。本第三十一，杨升。

《成相》第二十五　此篇大体多以三七言成文。俞樾谓"相"即《礼记·曲礼》"邻有丧舂不相"之相，为古人乐曲之名，盖是也。《汉志》赋分四家，《成相杂辞》十一篇，与《隐书》并附于杂赋之末。此篇盖即所谓成相。而下《赋》篇，每先云"爰有大物""有物于此"，极陈其物，然后举其名，盖即所谓隐书矣。或谓后世弹词文体，实出《成相》。此篇本第二十八，杨降。

《赋》篇第二十六　此篇之体，颇类《汉志》所谓隐书，已见前。然《汉志》亦有《孙卿赋》，不知其究谁指也。"天下不治，请陈佹诗"一节，文体与前不同。然末节文体与此同，《战国策·

楚策》载之，亦谓之赋。盖“不歌而诵”，则皆谓之赋也。此篇本第二十二，杨降。

《大略》第二十七 此篇杂，杨云“弟子杂录荀卿之语”。按以下诸篇，多与他传记诸子同。

《宥坐》第二十八 《子道》第二十九《法行》第三十《哀公》第三十一《尧问》第三十二杨云：“此以下皆荀卿及弟子所引记传杂事，故总推之于末。”《尧问》篇末一段，为他人论荀子之语，杨云：“荀卿弟子之辞。”

晏子春秋

此书《汉志》八篇。《史记正义》引《七略》及隋、唐《志》皆七卷，盖后人以篇为卷，又合杂上下为一篇。《崇文总目》作十四卷，则每卷又析为二也。其书与经子文辞互异，足资参订处极多；历来传注，亦多称引，绝非伪书。《玉海》因《崇文总目》卷帙之增，谓后人采婴行事为书，故卷帙颇多于前，实为妄说，孙星衍已辨之矣。前代著录，皆入儒家。柳宗元始谓墨氏之徒为之，晁公武《读书志》《文献通考·经籍考》，遂皆入之墨家。今观全书，称引孔子之言甚多；（卷一景公衣狐白裘章，卷二景公冬起大台之役章、景公嬖妾死章，卷五晋欲攻齐，使人往观章，晏子居丧逊答家老章，皆引孔子之言，以为平论。卷三景公问欲善齐国之政、章，则晏子对辞，称闻诸仲尼。卷五晏子使鲁，仲尼以为知礼，卷七仲尼称晏子行补三君而不有，亦皆称美晏子之言。又卷四曾子问不谏上不顾民以成行义者章，卷五曾子将行，晏子送之以言章，皆引曾子之事。晏子居丧逊答家老章，亦称曾子以闻孔子。又卷四叔向问齐德哀子若何章，卷五崔庆劫将军大夫盟章，晏子饮景公酒章，卷七景公饮酒章，皆引《诗》。）引墨子之言者仅两条；（卷三景公问圣王其行若何章，卷五景公恶故人章。）诋毁孔子者，唯外篇不合经术者一至四四章耳。陈义亦多同儒家，而与墨异，以入墨家者非也。

全书皆记晏子行事，其文与《左氏》复者颇多。《左氏》之“君子曰”，究为何人之言，旧多异说。今观此书，引君子之言亦颇多，（卷三庄公问威当世服天下章，卷五齐饥，晏子因路寝之役以振民章、景公夜从晏子饮章、晏子之晋睹齐累越石父章，卷六景公欲更晏子宅章，下皆有“君子曰”。卷五景公使晏子予鲁地章，则曰：“君子于鲁，而后知行廉辞地之可为重名也。”）则系当时史家记事体例如此。《左氏》与此书，所本相同，所谓“各往往捃摭春秋之文以著书”也。（《史记·十二诸侯年表》）然则《左氏》之“君子曰”，与经义无涉，概可见矣。

此书以孙星衍校本为最便。吴鼒覆刻元本，前有都凡，每篇有章次题目，外篇每章有定著之故；足以考见旧式，亦可贵也。

墨子

墨家宗旨，曰尚贤，曰尚同，曰兼爱，曰天志，日非攻，曰节用，曰节葬，曰明鬼，曰非乐，曰非命。今其书除各本篇外，《法仪》则论天志；《七患》《辞过》，为节用之说；《三辩》亦论非乐；《公输》阐非攻之旨；《耕柱》《贵义》《鲁问》三篇，皆杂记墨子之言。此外《经》上下、《经说》上下、《大/小取》六篇为名家言，今所谓论理学也。《备城门》以下诸篇，为古兵家言。墨翟非攻而主守，此其守御之术也。《非儒》《公孟》两篇，专诘难儒家，而《修身》《亲士》《所染》三篇，实为儒家言。（《修身》《亲士》二篇，与《大戴礼·曾子立事》相表里，当决与《吕氏春秋·所染》篇同。《吕氏春秋》亦多儒家言。）因有疑其非《墨子》书者。予按《淮南·要略》谓：“墨子学儒者之业，受孔子之术，以为其礼烦扰而不悦，厚葬靡财而贫民，服伤而害事，故背周道而用夏政。”其说实为可据。（见《辨梁任公阴阳五行说之来历》。又按《墨子书·七患》篇引《周书》之解，实当作《夏箴》，见孙氏《间诂》，又《公孟》篇墨子距公孟之辞曰：“子法周而未法夏也。”并墨子用夏道之证。今《墨子书》引《诗》《书》之辞最多。予昔尝辑之，然但及其引《诗》《书》之文，及其本文确为佚诗、佚书者，其与今文家经说同处，未能编辑，故尚未能写定。）百家中唯儒家最重法古，故孔子之作《六经》，虽义取创制，而仍以古书为据。《墨子》多引《诗》《书》，既为他家所无；而其所引，又皆与儒家之说不背，即可知其学之本出于儒。或谓墨之非儒，谓其学“累世莫殚，穷年莫究”，安得躬道之而躬自蹈之。殊不知墨之非儒，仅以与其宗旨相背者为限；（见下）此外则未尝不同。且理固有必不能异者。《公孟》篇：“子墨子与程子辩，称于孔子。程子曰：‘非儒，何故称于孔子也?’子墨子曰：‘是亦当而不可易者也。今鸟闻热旱之忧则高，鱼闻热旱之忧则下。当此，虽禹、汤为之谋，必不能易矣。翟曾无称于孔子乎?’”又《贵义》篇：“子墨子南游使卫，载书甚多。弦唐子见而怪之，曰：‘夫子教公尚过，曰：“揣世直而已”；今夫子载书甚多，何也?’子墨子曰：‘翟闻之，同归之物，信有误者，是以书多也。今若过之心者数逆于精微，同归之物，既已知其要矣，是以不教以书也。’”然则墨子之非读书，亦非夫读之而不知其要；又谓已知其要者，不必更读耳，非谓凡人皆不当读书也。其“三表”之说，即谓上本之古圣王之事，而安得不读书。其称引《诗》《书》，又何怪焉?然则墨子之学，初出于儒，后虽立异，而有其异仍有其同者存，此三篇亦未必非《墨子书》矣。（墨学与他家特异之处，及其长短，已见前。）

墨家之书，《汉志》著录者，除《墨子》外，又有《尹佚》二篇，《田俅子》三篇，《我子》一篇，《随巢子》六篇，《胡非子》三篇。隋、唐《志》仅存《墨子》《随巢子》《胡非子》。（《旧唐志》无《随巢子》）《宋志》则仅存《墨子》矣。《通志·艺文略》，《墨子》有《乐台注》，《晋书·隐逸传》载鲁胜《星辩注叙》，今其书皆不传。墨子上说下教，文最浅俗，说本易通。徒以传授久绝，治其书者亦鲜；书中既多古言古字，又包名家、兵家、专门之言，遂至几不可读。清毕沅，始为之校注；其后治《墨子》者，亦有数家；孙诒让乃集其成，而成《墨子间诂》，而其书始焕然大明。然名家言，在中国久成绝学；孙氏创通其说，阙憾犹多。近人得欧洲名学，以相印证，而其说又有进。梁启超《墨经校释》，胡适《中国哲学史大纲》上卷中涉墨学者，皆可读也。予所知又有张之锐《新考正墨经注》，刻于河南，惜未得读。《学衡杂志》载永嘉李氏笠《定本墨子间诂校补序》，则似仅写定而未刊行也。

《亲士》第一　《修身》第二　《所染》第三　此三篇皆儒家言，已见前。《所染》篇上半与《吕氏春秋·当染》篇同，而下半绝异。或以其所引事多出墨子之后，疑其非《墨子书》；然某子之标题，本只以表明学派，非谓书即其人所著，则此等处正不足疑矣。

《法仪》第四　此篇为天志之说。

《七患》第五　此篇论节用之义，兼及守御。

《辞过》第六　孙云："此篇与《节用》篇文意略同。《群书治要》引并入《七患》篇，此疑后人妄分，非古也。"

《三辩》第七　此篇为非乐之说。篇中载程繁之问，与墨子之答，辞不相涉。今案此篇本有阙文，墨子答程繁之辞，盖亦有阙也。

《尚贤上》第八　《尚贤中》第九　《尚贤下》第十　凡《尚贤》《尚同》等篇，文字皆极累重。盖墨子上说下教，强聒不舍，故其辞质而不文也。

《尚同上》第十一　《尚同中》第十二　《尚同下》第十三　三篇相复缅，中最详，上最略。以中、上二篇相校，显见上篇有阙。尚同以天为极则，说与《天志》相通。尚同之义，或有訾其近于专制者。然铲灭异论，固不可，而是非太无标准亦有害。战国时正值群言淆乱之际，所患者不在异论之不申，而在是非太无标准，令人无所适从；时势不同，未可以今人之见，议古人也。且彼固主选贤以为长矣，是尚同亦即同于贤者也，而又何訾焉。

《兼爱上》第十四　《兼爱中》第十五　《兼爱下》第十六　亦三篇相复缅，而上篇最略。兼爱为墨家之根本义，读《墨子书》，当一切以是贯通之。

《非攻上》第十七《非攻中》第十八　《非攻下》第十九　亦首篇最略，但言其不义；中下篇则兼言其不利，且多引古事。

《节用上》第二十　《节用中》第二十一　《节用下》第二十二　上篇校略，中篇校详。兼有及节葬之语。下篇亡。篇中欲限民婚嫁之年以求庶；以人力为生财之本，因节用而兼及之也。

《节葬上》第二十三　《节葬中》第二十四《节葬下》第二

十五 上、中皆阙。节葬之说，亦见《节用中》篇及《非儒》，宜参看。此篇言墨子所制葬法与禹同，亦墨子用夏道之证。

《天志上》第二十六 《天志中》第二十七 《天志下》第二十八 亦三篇相复缅。以兼爱为天志而非攻；又云："无从下之政上，必从上之政下，夫为政于天子。"则其义又与上同通也。

《明鬼上》第二十九 《明鬼中》第三十 《明鬼下》第三十一 上、中皆阙。论理并无足取，但引古事及夏、商、周之书以实之。按《论语》言"禹致孝乎鬼神"；据《礼记·祭法》，则严父配天，实始于禹；《汉志》谓墨家"宗祀严父，是以右鬼"，鬼者人鬼，明鬼盖亦夏教也。

《非乐上》第三十二 《非乐中》第三十三 《非乐下》第三十四 中、下皆阙。非乐之旨，太偏于实利；而其道大觳，使人不堪；故多为诸家所难。

《非命上》第三十五 《非命中》第三十六 《非命下》第三十七 此篇谓言有三表。三表者，上本之古圣王之事，下察之百姓耳目之实，发为刑政，中百姓人民之利。今上篇之论，大致本之古圣王，中篇大致考之耳目之实，下篇则言为政也。然则其馀分为三篇者，亦必有一区别；特今或偏亡，或编次混乱，遂不可见耳。非命之说，亦见《非儒》篇中，宜参看。

《非儒上》第三十八 《非儒下》第三十九 上篇亡。下篇所言：非其丧服及丧礼，以其违节葬之旨也；非其娶妻亲迎，以其尊妻侔于父，违尚同之义也；非其执有命，以神非命之说也；非其贪饮食、惰作务，以明贵俭之义也，非其循而不作，以与背周用夏之旨不合也；非其胜不逐奔，掩函弗射，以其不如非攻之论之彻底也；非其徒古其服及言；非其君子若钟，击之则鸣，弗击不鸣；以其无强聒不舍之风，背于贵义之旨也。盖墨之非儒如此，皆以与其宗旨不同者为限，原无害于其说之本出于儒矣。此外诋訾孔子之词，多涉诬妄，则诸子书述古事者类然；因其说出于传述，不能无误也。此诚不必皆墨子之言，亦不必遂非墨子之说。当时传其家之学者，或推衍师意而自立说；或祖述师言，存其意而易其辞，固不能一一分别。毕氏必辨为非墨子之言，殊可不必矣。非儒之论，亦见《耕柱》《公孟》二篇，宜参看。

《经上》第四十　《经下》第四十一　《经说上》第四十二　《经说下》第四十三　《大取》第四十四　《小取》第四十五　以上六篇，皆名家言。《经说》即释《经》者。鲁胜注《墨辩》叙谓《墨辩》有上下经，经各有说，凡四篇，盖即指此。《大/小取》之“取”，孙诒让谓即“取譬”之取，盖是。六篇唯《小取》篇较易解，馀皆极难解，宜参看近人著述，已见前。

《耕柱》第四十六　《贵义》第四十七　此两篇皆杂记墨子之言，论明鬼、贵义、非攻、兼爱等事。又有难公孟子非儒之言，疑《公孟》篇简错也。

《公孟》第四十八　此篇多非儒之论，皆墨子与公孟子，旗鼓相当，多与《非儒》复者。间有杂记墨子之言，与非儒无涉者。

《鲁问》第四十九　此篇多非攻之论，亦及劝学、贵义、明鬼。

《公输》第五十　此篇亦言非攻。

《□□》篇第五十一　亡。

《备城门》第五十二　《备高临》第五十三　《□□》第五十四　《□□》第五十五　《备梯》第五十六　《□□》第五十七　《备水》第五十八　《□□》第五十九　《□□》第六十　《备突》第六十一　《备穴》第六十二　《备蛾傅》第六十三　《□□》第六十四　《□□》第六十五　《□□》第六十六　《□□》第六十七　《迎敌祠》第六十八　《旗帜》第六十九　《号令》第七十　《杂守》第七十一　自《备城门》至此，凡二十一篇。今亡五十一、五十四、五十五、五十七、五十九、六十、六十四、六十五、六十六、六十七，共十篇。诸篇皆专门家言，不易晓。读一过，就其可考者考之可也。（凡读古书，遇不能解者，亦仍须读一过，不得跳过；以单词只义，亦有用处。且绝学复明，往往自一二语悟入也。）今《墨子目录》，为毕氏所定。孙氏据明吴宽抄本，当养篇目，以《备城门》为五十四，《备高临》为五十五，册末《吴氏手跋》云：“本书七十一篇，其五十一之五十三、五十七、五十九之六十、六十四之六十七，篇目并阙”云云，是吴所据本，实如此也。

公孙龙子

正名之学，浅言之，本为人人所共知，亦为百家所同韪。盖欲善其事，必求名实相符；名实不符，事未有能善者。此固至浅之理，而亦不诤之论也。然深求之，则正有难言者。何者？名实之宜正为一事；吾之所谓名实者，果否正确，又为一事。前说固夫人所共喻，后说或皓首所难穷，使执正名之术以为治，而吾之所谓名实者，先自舛误，则南辕而北其辙矣。职是故，正名之学，遂分为二派：（一）但言正名之可以为治，而其所谓名实者，则不越乎常识之所知。此可称应用派，儒、法诸家是也。（一）则深求乎名实之原，以求吾之所谓名实者之不误，是为纯理一派，则名家之学是也。天下事语其浅者，恒为人人所共知；语其深者，则又为人人所共骇；此亦无可如何之事，故正名之理，虽为名家所共韪；而名家之学，又为诸家所共非。孔穿谓“言臧两耳甚易而实是，言臧三耳甚难而实非”，司马谈谓名家“专决于名而失人情”，皆以常识难学人也。夫学术至高深处，诚若不能直接应用；然真理必自此而明；真理既明，而一切措施，乃无谬误；此固不容以常人之浅见相难矣。今名家之书，传者极少。《墨经》及《经说》，皆极简质，又经错乱，难读。此外，唯见《庄子·天下》《列子·仲尼》两篇，亦东鳞西爪之谈。此书虽亦难通，然既非若《墨经》之简奥，又非如《庄》《列》之零碎，实可宝也。《汉志》十四篇，《唐志》三卷，今仅存六篇，盖已非完帙；《通志》载陈嗣古、贾士隐两注，皆不传。今所传者，为宋谢希深注；全系门外语，绝无足观。读者如欲深求，当先于论理学求深造；然后参以名家之说散见他书者，熟读而深思也。

《跡府》第一　此篇先总叙公孙龙之学术，次叙龙与孔穿辩难，与《孔丛子》略同。俞樾曰：“《楚辞·惜诵》注：“所履为迹，迹与跡同。”下诸篇皆其言，独此篇是实学一事，故谓之跡。府者，聚也，言其事跡具此也。”见《俞楼杂纂》。

《白马论》第二　此篇言白马非马，他书称引者最多。

《指物论》第三 此篇言“物莫非指，而指非指”。“指也者，天下之所无也；物也者，天下之所有也。”按《庄子》“指穷于为。薪，火传也，不知其尽也。”历来注家，皆不得确解。今按《淮南·齐俗训》：“至是之是无非，至非之非无是，此真是非也，若夫是于此而非于彼，非于此而是于彼者，此之谓一是一非也。此一是非，隅曲也；夫一是非，宇宙也”；（言限于一时一地而言之，则是非如此；通于异时异地而言之，则又不然。）《泛论训》：“今世之为武者则非文也，为文者则非武也；文武更相非，而不知时世之用也。此见隅曲之一指，而不知八极之广大也。故东向而望，不见西墙；南面而视，不睹北方；唯无所向者，则无所不通。”以“隅曲”诂“指”，与“宇宙”及“八极”对言；则“隅曲”当作一地方，“指”字当作一方向解。庄子“指穷于为”四字当断句，言方向迷于变化耳。此篇之“指”字，亦当如此解。言人之认识空间，乃凭借实物：天下只有实物，更无所谓空间；破常人实物自实物，空间自空间之谬想耳。

《通变论》第四 此篇言“二无一”，“羊合牛非马，牛合羊非鸡”。“青以白非黄，白以青非碧”，（“以”同“与”）盖言统类之名，均非实有。

《坚白论》第五 此篇谓“视得白无坚，拊得坚非白”，盖辨观念与感觉不同。

《名实论》第六 此篇述正名之旨，乃名学之用也。其言曰：“天地与其所产，物也；物以物其所物而不过焉，实也；实以实其所实而不旷焉，位也；位其所位焉，正也。以其所正，正其所不正。”云云，其说甚精。浅言之，则法家“综核名实”之治，儒家“名不正则言不顺，言不顺则事不成”之说；深言之，则“天地位，万物育”之理，亦寓乎其中已。故知诋名家为诡辩之学者，实诬词也。

管子

《管子》一书，最为难解，而亦最错杂。此书《汉志》列道家，《隋志》列法家。今通观全书，自以道、法家言为最多；然亦多兵家、纵横家之言，又杂儒家及阴阳家之语；此外又有农家言。（《轻重》诸篇论生计学理，大率重农抑商，盖亦农家者流也。）全书凡八十六篇，与《汉志》合，而亡其十。《四库提要》云："李善注陆机《猛虎行》曰：《江邃释》引《管子》云：'夫士怀耿介之心，不荫恶木之枝。恶木尚能耻之，况与恶人同处。'今检《管子》，近亡数篇，恐是亡篇之内，而邃见之，则唐初已非完本矣。"又曰："今考其文，大抵后人附会，多于仲之本书；其他姑无论。即仲卒于桓公之前，而篇中处处称桓公，其不出仲手，已无疑义矣。书中称《经言》者九篇，称《外言》者八篇，称《内言》者九篇，称《短语》者十九篇，称《区言》者五篇，称《杂》篇者十一篇，称《管子解》者五篇，称《管子轻重》者十九篇。意其中孰为手撰，孰为记其绪言，如语录之类；孰为述其逸事，如家传之类；孰为推其义旨，如笺疏之类，当时必有分别。观其五篇明题《管子解》者，可以类推。必由后人混而一之，致滋疑窦耳。"予按某子之标题，本只取表明其为某派学术，非谓书即其人所著。（见前）《管子》之非出仲手，可以勿论。古书存者，大抵出于丛残缀辑之馀，原有分别，为后人所混，亦理所可有。然古代学术，多由口耳相传。一家之学，本未必有首尾完具之书。而此书错杂特甚，与其隶之道、法，毋宁称为杂家；则谓其必本有条理，亦尚未必然也。今此书《戒》篇有流连荒亡之语，与孟子述晏子之言同。又其书述制度多与《周官》合；制度非可虚造；即或著书者意存改革，不尽与故事相符，亦必有所原本。此书所述制度，固不能断为《管子》之旧，亦不能决其非原本《管子》。然则此书盖齐地学者之言，后人汇辑成书者耳。《法法》篇有"臣度之先王"云云，盖治此学者奏议，而后人直录之。（《尹注》以"臣"为管子自称，恐非。）亦可见其杂也。此书多古字古言；又其述制度处颇多，不能以空言解释，故极难治。旧传《房玄龄注》，晁公武以为尹知章所记。《四库提要》云："《唐书·艺文志》，玄龄注《管子》不著录，而所载有尹知章注《管子》三十卷。则知章本未记名，殆后人以知章人微、玄龄名重，改题之以炫俗耳。"其注极浅陋，（甚至并本书亦不相参校，以致误其句读，即随误文为释。）前人已多议之。明刘绩有《补注》。今通行赵用贤校本，亦已择要列入。清人校释，除王念孙《读书杂志》、俞樾《诸子评议》外，又有洪颐煊《管子义证》、戴望《管子校正》、章炳麟《管子馀义》三书，然不可通者尚多也。

《牧民》第一　《形势》第二　此两篇皆道、法家言，（此书以道、法家言为主。凡属道、法家言者，以后即不复出。）理精深而文简古，《形势》篇有解。

《权修》第三　此篇言用其民以致富强之术。（此术谓之权）

《立政》第四　此篇凡八目，多关涉制度之言。其中《九败》有解。《九败》辟兼爱寝兵之说，可知为战国时物。

《乘马》第五　此篇为《管子书》中言制度者。篇中备述度地建国、设官分职及赋民以业之法；可见古者立国之规模。而仍归其旨于无为，则道、法家言也。此篇难解。

《七法》第六　此篇为兵家言。“七法”及“四伤百匿”二目，言法为兵之本。“为兵之数”，言治兵之术。“沥陈”言用兵之术也。此篇但言胜一服百，而无兼并之谈，盖尚非战国时语。此篇亦难解。

《版法》第七　此篇言赏罚之道，亦难解。此篇有解。

《幼官》第八　《幼官图》第九（以上《经言》）此两篇为阴阳家言。盖本只有图，后又写为书，故二篇相复。两篇皆难解。

《五辅》第十　此篇言王霸在人，得人莫如利之，利之莫如政。文明白易解，然仍简质。

《宙合》第十一　此篇先列举若干句，下乃具释之。按《管子》书中如此者多，盖经传别行之体；今其解释有在本篇之内者，有仍别行者。其仍别行者，如有解诸篇是也；即在本篇之内者，如此篇是也。此篇篇首诸语，盖一气相承，而以末句名其篇。注分为十三日，非也。此篇极精深而难解。其言“宙合有橐天地其义不传”云云，可见古哲学中之宇宙论。

《枢言》第十二　理精而文简质难解。

《八观》第十三　此篇言觇国之法。文极质朴，却不难解。

《法禁》第十四　此篇言法禁。其论法制不议，与李斯主张焚书之理颇同。种种防制大臣之术，亦必三家分晋、田氏篡齐之后，乃有是言，殆战国时物也。以下三篇，文皆朴茂，却不难解。

《重令》第十五　此篇言安国在尊君，尊君在行令，行令在严罚，说极武健严酷。按古言法术有别。言法者主商君，言术者宗申子。（见《韩非子·定法》篇）今《商君书》颇乏精义。法术家言之精者，皆在管、韩二家书中。如此篇等者，盖皆主商君之法家言也。

《法法》第十六　此篇颇杂。其言“斗士食于功，小人食于力”。即一民于农战之意。又云“令未布而民为之，不可赏罚”云云，则意与上篇同。又云：“民未尝可与虑始，而可与乐成功”，则商君变法之意。盖亦主商君之法家言也。篇中两云：“故春秋之记，有臣弑其君，子弑其父者。”又云：“政者，正也；正也者，所以正定万物之命也。是故圣人精德立中以生正，明正以治国。”又云：“巧者能生规矩，不能废规矩而正方圆。虽圣人能生法，不能废法而必治国。”又云：“凡民从上也，不从口之所言，从情之所好，上之所好，民必甚焉。”又云：“贤人之行其身也，忘其有名也；王主之行其道也，忘其成功也。”皆与儒家言相近。论废兵数语，与上下皆不贯，疑下篇错简。篇中有“臣度之先王者”云云，疑直最后人奏议。（见前）此篇盖杂凑而成也。

《兵法》第十七（以上《外言》）　此篇为兵家言，文极简质。

《大匡》第十八　《中匡》第十九　《小匡》第二十　此三篇皆记管子之事。其中《大匡》上半篇及《小匡》“宰孔赐胙”一段，与《左氏》大同，余皆战国人语，述史事多颇谬。盖传达管子之事者之辞。自《大匡》后半篇以下，其事大略一贯。大中小盖犹言上中下；因篇幅繁重，分为三篇耳。《注》释《大匡》曰：“谓以大事匡君”，盖谬。此三篇述史事不甚可据；而《中/小匡》中关涉制度之处颇多，足资考证。

《王言》第二十一　亡。

《霸形》第二十二　此篇记管仲、隰朋说桓公之事，多与他篇复。其文则战国时之文也。《霸言》篇说理颇精，而此篇无甚精义；疑原文已亡，而后人以杂说补之也。

《霸言》第二十三 此篇多纵横家及兵家言，其文亦战国时之文。

《问》第二十四 此篇列举有国者所当考问之事，可见古者政治之精密。文亦简质。

《谋失》第二十五 亡。

《戒》第二十六（以上《内言》） 此篇与儒家言相似处最多。其文亦战国时之文也。

《地图》第二十七 **《参患》第二十八** **《制分》第二十九** 此三篇皆兵家言。其文则战国时之文也。（《参患》篇与晁错《言兵事书》多同，盖古兵家言而错引之。）

《君臣上》第三十 **《君臣下》第三十一** 此两篇言君臣之道，道、法家言为多，间有似儒家言处。其文亦战国时人之文。

《小称》第三十二 此篇论敬畏民嵒之理，文颇古质。末记管仲戒桓公勿用易牙、竖刁等事，与《戒》篇大同小异，与上文全不贯，盖亦他篇错简。

《四称》第三十三 此篇记桓公问有道无道之君及臣而管子对，文颇古质。

《正言》第三十四 亡。

《侈靡》第三十五 此篇极难解。且与侈靡有关之语少，而篇幅极长。盖亦杂凑而成也。末段章氏《管子馀义》以为谶。

《心术上》第三十六 **《心术下》第三十七** 两篇皆言哲学，文颇简质。

《白心》第三十八 此篇亦言哲学，文简质难解。

《水地》第三十九 此篇文尚易解，语多荒怪；然颇有生物学家言，亦言古哲学者可宝之材料也。

《四时》第四十 **《五行》第四十一** 此两篇为阴阳家言。

《势》第四十二 此篇为道家言，文极简质。

《正》第四十三 此篇言道德法政刑相一贯之理。道家之精义也。

《九变》第四十四（以上《短语》） 此篇为兵家言，文尚易解。

《任法》第四十五　《明法》第四十六　《正世》第四十七　此三篇皆法家言，文皆明白易解。《明法》有解。

《治国》第四十八　此篇言重农贵粟之理，明白易解。

《内业》第四十九（以上《区言》）　此篇盖言治心之法，故曰内业，多道家言，偶有与儒家言类处，又似有杂神仙家言处。文简质难解。

《封禅》第五十　注云："元篇亡，今以司马迁《卦禅书》所载管子言补之。"

《小问》第五十一　此篇首节言兵，次节言牧民，此外皆记杂事；无甚精义，而颇涉怪迂。

《七臣七主》第五十二　《禁藏》第五十三　此两篇亦法家言，而甚杂。两篇各有一节为阴阳家言，与《幼官》《四时》《五行》相出入，盖亦他篇简错也。

《入国》第五十四　此篇言九惠之政，文甚明白。

《九守》第五十五　此篇言君人所当守。文简质，然易解。

《桓公问》第五十六　此篇言啧室之议，颇合重视舆论之意。文亦明白。

《度地》第五十七　此篇言建国之法，于治水最详。"冬作土功，夏多暴雨"云云，亦阴阳家言。先秦学术，虽不尚迷信；然哲学原出宗教，故各种学术，多与阴阳家言相杂也。

《地员》第五十八　此篇言地质及所宜之物，农家言也。专门之学，殊不易解。

《弟子职》第五十九　此篇记弟子事先生之礼，皆四言韵语。盖《曲礼》《少仪》之类，与《管子》书全无涉；亦可见《管子》书之杂也。此篇庄述祖有《集解》，别为单行本一卷。

《言昭》第六十　《修身》第六十一　《问霸》第六十二（以上《杂篇》）

《牧民解》第六十三　以上四篇皆亡。

《形势解》第六十四　《立政九败解》第六十五　《版法解》第六十六　《明法解》第六十七（以上《管子解》）　以上四篇为解与原文别行者，文皆明白易晓。《尹注》疑为韩非《解老》之类，吾谓《解老》亦未必韩非所作，盖《老子书》本有此传耳。

《臣乘马》第六十八　《乘马数》第六十九　《问乘马》第七十　《事语》第七十一　《海王》第七十二　《国蓄》第七十三　《山国轨》第七十四　《山权数》第七十五　《山至数》第七十六　《地数》第七十七　《揆度》第七十八　《国准》第七十九　《轻重甲》第八十　《轻重乙》第八十一　《轻重丙》第八十二　《轻重丁》第八十三　《轻重戊》第八十四　以上皆《管子》中所谓《轻重》之篇。其中亡第七十及八十二两篇。诸篇文字，大致明白，而亦间有难解处。所言皆生计学理，大致可分为三端：（一）畜藏敛散；（二）盐铁山泽；（三）制民之产。盖法者正也，正之义必有取于平；而致民之不平，莫大贫富之悬隔。故法家欲以予夺贫富之权，操之于上。其言最与近世之所谓国家社会主义者近。（此义未必可行于今，然不得以此议古人。盖今日之中国为大国，而古者则分为小邦；自汉以后，政治久取放任，而古代则习于干涉，国家之权力较大也。）此盖东周以后，井田之制大坏，私人所营工商之业勃兴，而后有之。（吾国古代小国小部落并主，皆行共产之制。其后虽互相吞并，此制犹有存者。故有横征厚敛之暴君污吏，而无豪夺巧取之富人大贾。至春秋以后，其制乃大变。其说甚长，一时难遍疏举。欲知其略，可看《史记·货殖列传》及《汉书·食货志》。）观其所引之事，及于越、梁二国，即知其为战国时物矣。

《轻重己》第八十五（以上《管子·轻重》）此篇以《轻重》名，而皆阴阳家言，盖误人“轻重”也。

韩非子

刑名法术，世每连称，不加分别，其实非也。刑名之“刑”，本当作“形”。形者，谓事物之实状，名则就事物之实状，加以称谓之谓也。凡言理者，名实相应则是，名实不相应则非；言治者名实相应则治，不相应则乱。就通常之言论，察其名实是否相应，以求知识之精确，是为名家之学。操是术以用诸政治，以综核名实，则法家之学也。故“形名”二字，实为名法家所共审；而

“名法”二字，亦可连称。“法术”二字，自广义言之，法盖可以该术，故治是学者，但称法家。若分别言之，则仍各有其义：法者，所以治民；术者，所以治治民之人。言法者宗商君，言术者祖申子。（见本书《定法》篇）法家之学，世多以刻薄訾之。其实当东周之世，竞争既烈，求存其国，固不得不以严肃之法，整齐其民。且后世政治，放任既久，君主之威权，不能逮下，民俗亦日益浇漓。故往往法令滋章，则奸诈益甚；国家愈多所兴作，官吏亦愈可借以虐民。在古代国小民寡、风气淳朴之时，固不如是。天下无政治则已，既有政治，即不能无治人者与治于人者之分。然同是人也，治于人者固须治，岂得谓治人者，即皆自善而无待于治？今世界各国，莫不以治人者别成一阶级为患。其所谓利，上不与国合，下不与民同。行政官吏然，民选立法之议会，亦未尝不然。世界之纷扰，由于治于人者之蠢愚者，固不能免；出于治人者之狡诈昏愚、嗜利无耻者，殆有甚焉。术家之言，固犹不可不深长思也。《韩非》谓言法者宗商君，言术者祖申子。今《申子书》已不传。世所传《商君书》，虽未必伪，然偏激太甚，而精义顾少，远不逮《管》《韩》二书。道、法二家，关系最切。原本道德之论，《管子》最精；发挥法术之义，《韩非》尤切。二书实名法家之大宗也。

《韩非书》，《汉志》五十五篇，隋《新旧唐书》《宋史·志》二十卷，皆与今本符。《唐志》有尹知章《注》，今亡。今所传注之何犿，谓出李瓒，《太平御览》《事类赋》《初学记》诸书已引之，则其人当在宋前；然其注颇不备，且有舛误。何犿本刻于元至元三年，明赵用贤以宋本校之，知有缺脱。用贤刻本，与明周孔教大字本同。《四库》据周本著录，而校以赵本；然赵本实多误改。清吴鼒得朱乾道刻本，为赵本所自出；顾广圻为校，而鼒刻之。（顾氏《识误》三卷，刻原书之后。）顾氏而外，卢文弨、王念孙、俞樾，于是书亦有校识。长沙王先谦，合诸家校释，而成《韩非子集解》一书，实最便观览也。

《初见秦》第一　此篇见《战国策》，为张仪说秦惠王之词，盖编《韩子》者误人之。司马光以此讥非欲覆宋国，非也。

《存韩》第二 此篇载非说秦毋攻韩。次以李斯驳议，请身使韩，秦人许之；斯遂使韩，未得见，因上书韩王。盖编《韩子》者，存其事以备考也。

《难言》第三 此篇即《说难》之意。

《爱臣》第四 此篇言人君防制其臣之术，术家言也。

《主道》第五 此篇言人君当虚静无为，以事任人；可见法家言之原出于道。

《有度》第六 此篇言君当任法以御下，多同《管子·明法》篇。

《二柄》第七 此篇言刑、德为制臣之二柄，不可失。又言人君不可以情借臣，当去好恶而任法。

《扬权》第八 此篇言无为之旨，君操其名，而使臣效其形；去智巧，勿授人以柄。可见刑名法术，皆原于道。此篇十之九为四言韵语，盖法家相传诵习之词也。

《八奸》第九 此篇言人臣所以成奸者有八术，亦术家言。

《十过》第十 此篇无甚精义。

《孤愤》第十一 此篇言智能法术之士，与权奸不两立；智能法术之士恒难进，然权奸之利，实与人主相反，术家之精言也。

《说难》第十二 此篇先陈说之难，继言说之术，极精。

《和氏》第十三 此篇言法术为人臣士民所同恶，可见“法”之与“术”，虽名异而理实相通。

《奸劫弑臣》第十四 此篇言君以同是非说其臣，于是臣以是欺其主，而下不得尽忠，故必参验名实。次节言学者不知治乱之情，但言仁义惠爱，世主不察，故法术之士无由进。皆言用人之术，亦术家言也。末节“厉磷王”，《国策》《荀子》，皆作荀子答春申君书。

《亡征》第十五 此篇列举可亡之事，而曰：“亡征者，非曰必亡，言其可亡也。”乃自下“亡征”二字之界说也。

《三守》第十六 （一）戒漏言，（二）戒假威，（三）戒不自治事而假手于人，亦术家言。

《备内》第十七 此篇言人臣之于君，非有骨肉之亲，故窥觇其君无已时；而后妃、太子，亦利君之死，故有因后妃、太子以成其奸者。看似刻核，然于后世权奸宫闱之祸，若烛照而数计；其见理明，故其说事切也。大抵人类恶浊之性，恒人不甚乐道出，而法术家务揭举之，故常为世所訾；然其说理则甚精，而于事亦多验，固不可不措意矣。又言王良爱马，为其可以驰驱；勾践爱人，乃欲用以战斗，则法家刻酷之论矣。建国原以为民；欲保国者，有时原不能曲顾人民；然若全忘人民之利益，视若专供国家之用者然，则流连而忘本矣。此则法家之失也。

《南面》第十八　此篇言人君当任法以御臣，不可任甲以备乙，亦术家言也。末节言变法之理甚精。

《饰邪》第十九　此篇主明法以为治，戒信龟策、恃外援，可考见战国时迷信及外交情形。

《解老》第二十　此篇皆释《老子》之言，义甚精，然非必《老子》本意。盖治学问者，原贵推广其意，以应百事。韩婴之作《诗外传》即如此；凡古书之有传者，实皆如此也。

《喻老》第二十一　上篇释《老子》之意，此篇则举事以明之。

《说林上》第二十二　《说林下》第二十三　此篇列举众事，借以明义。《史记索隐》谓其“多若林”，故曰《说林》也。此可见古人“多识前言往行以畜其德”之义。

《现行》第二十四　《安危》第二十五　《守道》第二十六　《用人》第二十七　《功名》第二十八　《大体》第二十九　以上六篇，皆法术家言。《大体》篇亦及因任自然之旨，与道家言通。篇幅皆短。

《内储说上七术》第三十　《内储说下六微》第三十一　《外储说左上》第三十二　《外储说左下》第三十三　《外储说右上》第三十四　《外储说右下》第三十五　《内/外储说》皆言人主御下之术，乃法术家言之有条理者。其文皆先经后说，可见古者经传别行之体。

《难一》第三十六　《难二》第三十七　《难三》第三十八　《难四》第三十九　一至三皆述古事而难之；四则既难之后，更有难难者之语。剖析精微，可见法术家综核名实之道。

《难势》第四十 难任势为治之论。

《问辩》第四十一 非民以学议法，李斯焚书之理如此。

《问田》第四十二 此篇言法家不惮危身以婴暗主之祸。案战国之时，大臣跋扈，率多世禄之家。游说之士虽盛，然多出自疏远，能执国之柄者盖少。故韩非发愤屡言之，术家言之所由兴也。

《定法》第四十三 此篇言法与术之别。

《说疑》第四十四 此篇亦言人主御臣之术，多引古事以明之。

《诡使》第四十五 此篇言利与威与名，所以为治，然真能用之者少。

《六反》第四十六 此篇举奸伪无益之民六，谓其皆足以毁耕战有益之民。又辟轻刑。《商君书》之精义，已具于此及《五蠹》《饬令》《制分》三篇已。

《八说》第四十七 此篇举匹夫之私誉，而为人主之大败者八事。又言法令必人人所能。古者人寡而物多，故轻利而易让；后世生计穷蹙，则不能。然天下无有利无害之事，但在权其大小。治国者不可恃爱。皆法术家之精论。

《八经》第四十八 （一）凡治天下，必因人情。人情有好恶，故赏罚可用。（二）力不敌众，智不尽物，与其用一人，不如用一国。故君当用人之智，而不自任其力。（三）言臣主异利。（四）言参伍之道。（五）言明主务周密。（六）言参听及言必责实之道。（七）言宠必在爵，利必在禄。（八）言功名必出于官法，不贵法外难能之行。亦法术家极精之论。

《五蠹》第四十九 此篇言圣王不期修古，不法常可；论世之事，因为之备。即商君变法之旨。又言文学非急务，取譬于糟糠不饱者不务粱肉，短褐不完者不待文绣。可见法术家言，虽刻核而重实利；然自为救时之论，非谓平世亦当如此也。篇末辟纵横之士，谓其徒务自利。此外大旨与上篇同。

《显学》第五十 此篇辟儒、墨，亦精。

《忠孝》第五十一 此篇非尚贤。

《人主》第五十二　此篇戒大臣太贵，左右太威，亦术家言。

《饬令》第五十三　此篇言人君任人当以功，而不可听其言。又主重刑厚赏，利出一孔。与《商君书·靳令》篇同。(《商君书》亦有作“饬令”者)

《心度》第五十四　此篇言圣人之治民，不从其欲，期于利之而已。其说甚精，可见法家之治，虽若严酷，而其意实主于利民，而尤足为民治时代之药石。盖求利是一事，真知利之所在，又是一事；人民自主张其利益者，往往不知利之所在，欲求利而适得害。故先觉之言，不可不察也。

《制分》第五十五　此篇言相坐之法，亦商君所以治秦也。

商君书

《汉志》：法家，《商君书》二十九篇。隋《新旧唐志》皆五卷。《通志》谓二十九篇亡其三。《直斋书录解题》谓二十八篇亡其一。严万里得元刻本，凡二十六篇，而中亡其二，实二十四篇。《史记·商君列传》：“太史公曰：余读商君《开塞耕战》书，与其人行事相类。”《索隐》“按《商君书》：‘开’谓刑严峻则政化开，‘塞’谓布恩惠则政化塞，其意本于严刑少恩。又为田开阡陌，及言斩敌首赐爵，是耕战书也。”所释“开塞”之义，与今书《开塞》篇不合。晁公武谓司马贞未尝见其书，妄为之说。今案开塞、耕战，盖总括全书之旨。(或太史公时《商君书》有此名)非专指一两篇，《索隐》意亦如此，晁氏自误解也。《尉缭子·兵教下》：“开塞，谓分地以限，各死其职而坚守。”此“开塞”二字古义。《索隐》庸或误释，然谓其未见《商君书》固非。或又以与《索隐》不合而疑今书为伪，亦非也。今《商君书》精义虽不逮《管》《韩》之多，然要为古书，非伪撰；全书宗旨，尽于“一民农战”一语。其中可考古制，及古代社会情形处颇多，亦可贵也。此书有朱师辙《解诂》，最便观览。

《更法》第一　此篇记孝公平画，公孙鞅、甘龙、杜挚三大夫御于君。鞅主变法，甘龙、杜挚难之，孝公从鞅。与《史记·商君列传》大同。

《垦令》第二 此篇主抑商废学以重农，说多偏激。

《农战》第三 此篇言官爵者，人主所以劝民；而国以农战兴，当使民求官爵以农战。又论绝学及去商贾技艺。

《去强》第四 此篇主峻刑法。金粟互生死一节，亦涉及生计。

《说民》第五 此篇亦主严刑重农战之论。其云："家断有余，官断不足，君断则乱。"则言人臣当各举其职，人君不可下侵臣事，法家多重"乡治"由此。

《算地》第六 此篇言任地之法，亦及重刑赏以一民于农战之意。

《开塞》第七 此篇首为原君之论。其言以乱而求立君，颇合欧西民权论中之一派。下为主严刑之论。

《壹言》第八 此篇言尚农战，下辩说、技艺，绝游学，杜私门。又言不法古，不修今，因势而治，皆与他篇互见。

《错法》第九 此篇论赏罚。

《战法》第十 **《立本》第十一** **《兵守》第十二** 三篇皆论兵事。多阙误，难读。

《靳令》第十三 此篇言任人当以功，不当以言。又言重刑轻赏，利出一孔。《去强》篇曰："虱官者六：曰岁，曰食，曰美，曰好，曰志，曰行。"此篇又曰："六虱：曰礼乐，曰诗书，曰修善，曰孝弟，曰诚信，曰贞廉，曰仁义，曰非兵，曰羞战。国有十二者，上无使农战，必贫至削。十二者成群，此谓君之治不胜其臣；官之治不胜其民，此谓六虱胜其政也。"其词错乱，未知其说。此篇同《韩非子·饬令》篇。（本书标题，亦有作"饬令"者。）

《修权》第十四 此篇言国所以治者三：（一）曰法，（二）曰信，（三）曰权。法与信，君臣所共；权，君之所独。又曰："尧、舜之位天下也，非私天下之利也，为天下位天下也；三王五霸，非私天下之利也，为天下治天下。今则不然。公私之交，存亡之本也。"亦廓然大公之论。

《徕民》第十五 此篇言秦患土满，三晋反之；当利其田宅，复其身，以徕三晋之民。颇有精论。

《刑约》第十六 亡。

《赏刑》第十七 此篇言圣人之为国也，壹赏，壹刑，壹教。壹赏谓利禄官爵，专出于兵；壹刑谓刑无等级；壹教谓富贵之门专于战。

《画策》第十八 此篇言胜敌必先自胜，亦主壹民于战。

《境内》第十九 此篇言户籍及军爵。

《弱民》第二十 此篇言民强则国弱，民弱则国强，乃以人民为国家机械之论。

《御盗》第二十一 亡。

《外内》第二十二 此篇言重农战之理。

《君臣》第二十三 此篇言君不可释法，亦及重农战之论。

《禁使》第二十四 此篇主势治。

《慎法》第二十五 此篇言人主御下之术。“使吏非法无以守，则虽巧不得为奸；使民非战无以效其能，则虽险不得为诈”二语，乃一篇主旨也。

《定分》第二十六 此篇言立法、行法及司法之官吏，可以考见古制。

尹文子

此书言名法之义颇精，然文甚平近，疑经后人改窜矣。按《汉志》，《尹文子》一篇。《隋志》二卷。《四库提要》云：“前有魏黄初末山阳仲长氏《序》，称条次撰定，为上下篇。《文献通考》著录作二卷。此本亦题《大道》《上篇》《下篇》，与《序》文相符，而通为一卷；盖后人所合并也。《序》中所称熙伯，盖缪袭之字。其山阳仲长氏，不知为谁。李淑《邯郸书目》以为仲长统。然统卒于建安之末，与所云黄初末者不合。晁公武因此而疑史误，未免附会矣。”按《四库》著录之本，与今通行本同。此《序》恐系伪物。《群书治要》引此书，上篇题《大道》，下篇题《圣人》，与今本不合，则今本尚定于唐以后也。今本两篇，精要之论，多在上篇中。然上篇实包含若干短章，因排列失次，其义遂不易通；

盖条次撰定者，于此学实未深造。此篇盖《汉志》之旧，其文字平近处，则后人所改。下篇由杂集而成，盖后人所附益，非汉时所有。故《汉志》一篇，《隋志》顾二卷也。今略料拣上篇大意于下。学者依此意分节读之，便可见此书之意矣。

此书之旨，盖尊崇道德，故谓道贵于儒墨名法，非法术权势之治，所得比伦。夫所贵于道者，为其能无为而治也；无为而治，非不事事之谓，乃天下本无事可为之谓；天下所以无事可为者，以其治也；天下之所以治，以物各当其分也。盖天下之物，固各有其分；物而各当其分，则天下固已大治矣。然此非可安坐而致，故必借法以致之。所谓“道不足以治则用法，法不足以治则用术，术不足以治则用权，权不足以治则用势；势用则反权，权用则反术，术用则反法，法用则反道”也。夫权与术、与势，皆所以行法；法则所以蕲致于道也。法之蕲致于道奈何？曰：使天下之物，各当其分而已。然非能举天下之物，为之强定其分，而使之守之也；能使之各当其固有之分而已。所谓“圆者之转，非能转而转，不得不转；方者之止，非能止而止，不得不止。故因贤者之有用，使不得不用；因愚者之无用，使不得用”也。夫如是，则“形以定名，名以定事”之术，不可不讲矣。天下万事，不可备能；责其备能于一人，贤者其犹病诸。今也，人君以一身任天下之责，而其所操者，不过“形以定名，名以定事”之一事，不亦简而易操乎？故曰“以简治烦惑，以易御险难；万事皆归于一，百度皆准于法；归一者简之至，准法者易之极”也。夫任法之治，固尚未能合道。所谓“法行于世，则贫贱者不敢怨富贵，富贵者不敢凌贫贱；愚弱者不敢冀智勇，智勇者不敢鄙愚弱。道行于世，则贫贱者不怨，富贵者不骄；愚弱者不慑，智勇者不凌”是也。然必先合于法，而后可以蕲致于道；欲蕲致于道者，必先行法，则断然矣。而欲定法则必先审形名；此形名之术，所以为致治之要也。上篇之大旨如此。此篇虽经后人重定，失其次序；（亦或有阙佚）其文字疑亦有改易。然诸书言形名之理，未有如此篇之明切者，学者宜细观之。（“形名”二字，本谓因形以定名；后世多误为“刑名”，失之。释“形名”二字之义者，亦唯此书最显。）

又此书上篇，陈义虽精，然亦有后人窜入之语。如“见侮不辱，见推不矜；禁暴寝兵，救世之斗”，乃《庄子》论《尹文》语；此篇袭用之，而与上下文意义，全不相涉，即其窜附之证。盖古人之从事辑佚者，不肯如后人之逐条分列，必以己意为之联贯。识力不及者，遂至首尾衡决，亦非必有意作伪也。下篇则决有伪窜处。如“贫则怨人，贱则怨时”一节，断非周秦人语，亦全非名家之义也。

慎子

此书亦法家者流，而阙佚殊甚。《汉志》法家，“《慎子》四十二篇。名到。先申、韩，申、韩称之”。《史记·孟荀列传》：“慎到，赵人。田骈、接子，齐人。环渊，楚人。皆学黄老道德之术，因发明序其指意。故慎到著《十二论》，环渊著《上下》篇，而田骈、接子，皆有所论焉。”《集解》：“徐广曰：今《慎子》刘向所定，有四十一篇。”（“一”系误字，《汉志》法家都数可证。）《正义》：“《慎子》十卷，在法家，则战国时处士。”按《荀子》谓“慎子蔽于法而不知贤”；又谓“慎子有见于先，无见于后”。（谓其物来顺应，更无他虑，即庄子“不师知虑，不知前后”之意，非谓其知进而不知退也。）《庄子》以慎到与彭蒙、田骈并称，谓其“弃知去己，而缘不得已。笑天下之尚贤，非天下之大圣。不师智虑，不知前后；推而后行，曳而后往。曰：至于若无知之物而已。豪杰相与笑之。曰：慎到非生人之行，而死人之理也。”观荀、庄二子之论，其学实合道、法为一家。故《史记》谓其学黄老道德之术，《汉志》以其书隶法家也。（《韩子·难势》篇，《吕览·慎势》篇，引慎到语，皆法家之言。）其书《唐志》十卷，与《史记·正义》合。《崇文总目》三十七篇，校《汉志》已损其五。王应麟谓唯有《威德》《因循》《民杂》《德立》《君人》五篇，与今本合。然今本每篇皆寥寥数行，《四库》谓又出后人掇摭，非振孙所见之旧已。

然如《威德》篇谓“古者立天子而贵之，非以利一人也。曰：天下无一贵，则理无由通；通理以为天下也。故立天子以为天下，非立天下以为天子也”。可见法家虽尊君权，实欲借以求治，非教之以天下自私。又如《因循》篇谓：“因则大，化则细。因也者，因人之情也；人莫不自为也，化而使之为我，则莫可得而用。”此“化”字实为《老子》“化而欲作”之“化”字之确诂。虽阙佚，亦可宝也。

邓析子

此书《汉志》二篇，在名家。《隋志》一卷。《四库提要》云：“今本仍分《无厚》《转辞》二篇，然其文节次不相属，似亦掇拾之本也。”又云：“‘圣人不死，大盗不止’一条，其文与《庄子》同，或篇章浅缺，后人摭《庄子》以足之欤?”愚按此书有采掇先秦古书处，又有后人们己意窜入处。核其词意，似系南北朝人所为。如“在己为哀，在他为悲”。“患生于宦成，病始于少瘳，祸生于懈慢，孝衰于妻子”等，皆绝非周、秦人语也。伪窜处固已浅薄；采掇古书处，亦无精论；无甚可观。

吕氏春秋

《吕氏春秋》，为杂家之始。毕沅所谓“书不成于一人，不能名一家者，实始于不韦，而《淮南》内外篇次之”是也。《史记·吕不韦传》，谓不韦使其客人人著所闻，集论以为《八览》《六论》《十二纪》，号曰《吕氏春秋》；而《自序》及《汉书·迁传》载迁《报任安书》，又云：“不韦迁蜀，世传《吕览》。”按《序》意云：“维秦八年，岁在涒滩”，是时不韦未徙，故有议史公之误者。然史公本谓世传《吕览》，不谓不韦迁蜀而作《吕览》也。据《本传》“号曰《吕氏春秋》”之语，则四字当为全书之名，故《汉志》亦称《吕氏春秋》。然编次则当如梁玉绳初说，先《览》后《论》，而终之以《纪》。“世称《吕览》”，盖举其居首者言之；《序》意在《十二纪》之后，尤其明证。毕氏泥《礼运》注疏，谓以《十二纪》居首，为《春秋》之所由名；（说本王应麟，见《玉海》。）《四库提要》谓唐刘知几作《史通》，《自序》在《内篇》之末、

《外篇》之前，因疑《纪》为内篇，《览》与《论》为外篇、杂篇，皆非也。《礼运》郑注，本无吕氏以《春秋》名书，由首《十二纪》之意。古人著书，以《春秋》名者甚多，岂皆有《十二纪》以为之首邪？古书自序，例在篇末；《吕览》本无内、外、杂篇之名，何得援唐人著述，凿空立说乎？

此书合《八览》《六论》《十二纪》，凡二十六篇。自《汉志》以下皆同。庾仲容《子抄》，陈振孙《书录解题》，《史记索隐》作三十六，“三”盖误字；《文献通考》作二十，则又脱“六”字也。《玉海》引王应麟，谓“《书目》，是书凡百六十篇”，与今本篇数同。卢文弨曰：“《序意》旧不入数，则尚少一篇。此书分篇，极为整齐，《十二纪》纪各五篇，《六论》论各六篇，《八览》当各八篇。今第一览止七篇，正少一。考《序意》本明《十二纪》之义，乃末忽载豫让一事，与《序意》不类。且旧校云一作廉孝，与此篇更无涉，即豫让亦难专有其名。因疑《序意》之后半篇俄空焉，别有所谓《廉孝》者，其前半篇亦简脱；后人遂相附和，并《序意》为一篇，以补总数之阙。然《序意》篇首无“六曰”二字，后人于目中专辄加之，以求合其数，而不知其迹有难掩也。”按卢说是也。予谓此书篇数，实止廿六。今诸《览》《论》《纪》又各分为若干篇，亦后人所为，非不韦书本然也。此书诸《览》《论》《纪》，义皆一线相承，（说见后）固无取别加标题。《四库提要》谓“唯夏令多言乐，秋令多言兵，似乎有义，其余绝不可晓”，谬矣。

此书虽称杂家，然其中儒家言实最多。（今人指为道家言者，实多儒、道二家之公言。参看论《淮南子》处。）《四库提要》谓其“大抵皆儒家言”，实为卓识。按《书大传》：“古者诸侯始受封，则有采地。其后子孙虽有罪黜，其采地不黜，使其子孙贤者守之，世世以祠其始受封之人。此之谓‘兴灭国，继绝世’。”《史记·秦本纪》：庄襄王元年，“东周君与诸侯谋秦，秦使相国吕不韦诛之，尽入其国。秦不绝其祀，以阳人地赐周君，奉其祭祀”。即“兴灭国、继绝世”之义也。史又称是年“大赦罪人；修先王功臣；施德，厚骨肉，而布惠于民”，亦必不韦所为。不韦其能行儒家之义矣！

不韦进身，诚不由正，然自非孔、孟，孰能皆合礼义？伊尹负鼎，百里自鬻，王霸之佐，皆有之矣。高似孙曰："始皇不好士，不韦则徕英茂，聚俊豪，簪履充庭，至以千计。始皇甚恶书也，不韦乃极简册，攻笔墨，采精录异，成一家言。《春秋》之言曰：十里之间，耳不能闻；帷墙之外，目不能见；三亩之间，心不能知。而欲东至开晤，南抚多鹦，西服寿靡，北怀儋耳，何以得哉？此所以讥始皇也。"方孝孺亦称其书"诋訾时君为俗主，至数秦先王之过无所惮"。夫不韦著书，意在"备天地万物古今之事"，(《史记》本传语）原不为讥切一时。然其书立论甚纯，而不韦又能行之；使秦终相不韦，或能行德布化以永其年，不至二世而亡，使天下苍生亦蒙其荼毒，未可知也。今此书除儒家言外，亦存道、墨、名、法、兵、农诸家之言。诸家之书，或多不传，传者或非其真；欲考其义，或转赖此书之存焉，亦可谓艺林瑰宝矣。要之不韦之为人，固善恶不相掩，而其书则卓然可传；讥其失而忘其善，已不免一曲之见；因其人而废其书，则更耳食之流矣。

此书注者，唯有高诱；其注误处甚多。《史记》谓不韦书成，"布咸阳市门，县（悬）千金其上，延诸侯游士宾客，有能增损一字者予千金"。《高注》多摘其书误处，谓扬子云恨不及其时，车载其金。（见《慎人》《适威》二篇注）殊不知古人著书，重在明义；所谓误不误者，但就论道术之辞言之，非斤斤计较于称引故实之间也。高引扬雄语以诋吕氏，毕沅即摘《高注》误处，转以是语相讥，宜矣。近人孙德谦云，注此书已成，然未刊布。今通行者，仍为毕沅校本。

《孟春纪》《十二纪》皆与《礼记·月令》大同。按此所述，为古明堂行政之典。《淮南·时则训》《管子·幼官图》，皆是物也。此盖同祖述古典。参看论《墨子》处自明。或以《吕览》载之，疑为秦法，误矣。

《孟春纪》 下标目凡四：曰《本生》，言养生之理。曰《重己》，言人当顺性之情，使之不顺者为欲，故必节之。曰《贵公》，曰《去私》，义如其题。盖天下之本在身，春为生长之始，故《孟春》《仲春》《季春》三纪之下，皆论立身行己之道，而《孟春纪》先上本之于性命之精焉。（诸《览》《论》《纪》下之分目，虽后人所为，亦便识别，故今皆仍之；而又说明其一线相承之义，以见此书编次之整齐焉。）

《仲春纪》 纪下亦标四目：曰《贵生》，义与《庄子·让王》篇同。又云："全生为上，亏生次之，死次之，迫生为下。"此言生活贵有意义，尊生者非苟全其生命之谓，其说极精。后世神仙家言之自托于道家者，乃徒欲修炼服饵，以求长生，其说不攻而自破矣。曰《情欲》，言欲有情、情有节，圣人修节以止欲，故不过行其情。此"情"字当作"诚"字解，今所谓真理也。不主绝欲而务有节，实儒家精义。曰《当染》，前半与《墨子·所染》篇同，而后文议论处异。又云："古之善为君者，劳于任人，而佚于官事。"盖因私人交友之道，而及人君用人之方也。曰《功名》，言立功名必以其道，不可强为。

《季春纪》 下标四目：曰《尽数》，言自然之力，莫不为利，莫不为害，贵能察其宜以便生，则年寿得长。又云："长也者，非短而续之也，毕其数也。"此可见求长生之谬矣。曰《先己》，亦言贵生之理。反其道而身善，治其身而天下治，是为无为。可见所谓无为者，乃因任自然，而不以私意妄为之谓，非谓无所事事也。曰《论》人，前半言无为之理，后半言观人之法。曰《圜道》，言天道圜，地道方，各有分职；主执圜，臣处方，贵各当其职。《仲春》《季春》二纪，因修己之道，旁及观人、用人之术，而极之于君臣分职之理。

《孟夏纪》 下标四目：曰《劝学》，曰《尊师》，义如其题。（《尊师》篇可考古者弟子事师之理）曰《诬徒》，言教学当反诸人情，（即人性之本然）极精。曰《用众》，言取人之长，以补己之短。其曰："吾未知亡国之主，不可以为贤主也。其所生长者不可耳。"即今教育当重环境之说也。孟夏为长大之始；人之于学，亦所以广大其身，（《礼记·文王世子》："况于其君以善其身乎？"《郑注》："于读为迂。迂犹广也，大也。"）故论为学之事。

《仲夏纪》 下标四目：曰《大乐》，言乐之所由生，并驳非乐，论颇精。曰《侈乐》，言乐贵合度，不贵侈大，侈则失乐之情。（此篇有同《礼记·乐记》处）曰《适音》，言大小清浊之节，盖即所谓度量也。曰《古乐》，述乐之史。

《季夏纪》 下标四目：一曰《音律》，言十二律相生及十二月行政。曰《音初》，言东西南北之音所自始。（末节同《乐记》）曰《制乐》，言治厚则乐厚，治薄则乐薄。下引汤、文、宋景公之事，无甚深义。曰《明礼》，言乱国之主不知乐，多侈陈灾祥之言。“乐盈而进”，故于夏长之时论之。《仲夏纪》论乐之原理颇精；《季夏纪》所论，或为专门之言，或杂怪迂浅薄之论。

《孟秋纪》 下标四目：曰《荡兵》，推论兵之原理。谓有义兵而无偃兵，极精。曰《振乱》，曰《禁塞》，皆辟非攻之论，亦精。曰《怀宠》，此篇论所谓义兵者，即儒家所谓仁义之师。按儒家崇尚德化，而不言去兵。儒家经世之道，备于《春秋》；而《孟子》曰“《春秋》无义战”，则“义战”二字，乃儒家用兵标准也。《吕览》多儒家言，此篇所述，盖亦儒义。（予别有论）

《仲秋纪》 下标四目：曰《论威》，言立威之道。其言曰：“死生荣辱之道一，则三军之士，可使一心；三军一心，则令无敌。士民未合，而威已谕，敌已服，此之谓至威。”又曰：“兵欲急疾捷先，并气专精，心无有虑，一诸武而已。”皆兵家极精之论。曰《简选》，言简选不可专恃，然因此遂谓市人可胜教卒则非。曰《决胜》，言“民无常勇，亦无常怯。有气则实，实则勇；无气则虚，虚则怯”“兵有本干，必义，必智，必勇”“兵贵因，因敌之险，以为己用；因敌之谋，以为己事”“兵贵不可胜，不可胜在己，可胜在彼；必在己，不必在彼”者，亦兵家极精之论也。曰《爱士》，言行德爱人，则民亲其上；民亲其上，则乐为君死。

《季秋纪》 下标四目：曰《顺民》，曰《知士》，义如其题。曰《审己》，言凡物之然也必有故；不知其故，虽当，与不知同，其卒必困。（此言作事当通其原理，不可恃偶合。）曰《精通》，言精神相通之理。圣人所以行德乎己，而四荒咸饬其仁。秋主则杀，故论用兵之事。《顺民》《知士》，乃用兵之本；《审己》则慎战之理；《精通》亦不战屈人之意也。

《孟冬纪》 下标四目：曰《节丧》，曰《安死》，皆言厚葬之祸，可考古代厚葬及发墓者情形。曰《异宝》，言古人非无宝也，所宝者异耳，以破世俗之惑。曰《异用》，言人之所以用物者不同，为治乱、存亡、死生所由判。意承上篇。（盖人之愚，皆由为物所惑；不为物所惑，而且能用物，则所为皆成矣。）此亦哲学家极精之论。

《仲冬纪》 下标四目：曰《至忠》，言忠言逆耳，非明主莫能听。曰《忠廉》，言忠廉之士难得。曰《当务》，言辩而不当论，（同伦）信而不当理，勇而不当义，法而不当务；大乱天下，必此四者。即《孟子》"非礼之礼，非义之义，大人弗为"之说，亦所以恶"执中而无权"也。曰《长见》，言知愚之异，在所见之短长。审今可以知古，审古亦可以知后。故为后人所非之事不当作，因知而推之于行也。

《季冬纪》 下标四目：曰《士节》，言定天下国家，必由节士，不可不务求。曰《介立》，言贵富有人易，贫贱有人难。晋文公贫贱时能有介之推，而贵富时不能有，所以不王。曰《诚廉》，言诚廉之士，视诚廉重乎其身，出乎本性。曰《不侵》，言尊富贵大，不足以来士，必知之然后可。冬主闭藏，故言丧葬之理。（墨家固主节葬，儒家、道家亦戒厚葬。然此特道术之士然，至于习俗，盖皆主厚葬；秦始皇等，特其尤甚者耳。故戒厚葬之谈，实其时当务之急也。）人能多所蓄藏则必智，而智莫大于知人。故诸篇多论求智之事，及知人之方焉。

《序意》 此篇为全书自序。《十二纪》本列《六览》《八论》之后；此书在《十二纪》之后，亦即在全书之末；今本升《纪》于《览》《论》之前，故序亦在《纪》与《览》《论》之间也。《序语》似专指《十二纪》者，以其已非完篇也。（见前）

《有始览》 首节言天地开辟。中与《淮南·地形训》同。末言"天地万物，大同众异"。与《庄子·天下》篇引惠施之说同。可见此为古代哲学家之公言，非庄、列、惠施等二三人之私论也。下标七目：曰《应同》，言祯祥感应之理。曰《去尤》，言心有尤则听必悖，故必去之，然后能听言。曰《听言》，言听言者必先习其心于学问。曰《谨听》，戒人自以为智。曰《务本》，言人臣当反身自省，不可徒取禄。曰《谕大》，言小之安必恃大，大之安必恃小，小大贵贱交相恃；然意偏于务大，则因人之蔽于小而不知大者多，故以是戒之也。古人论政，原诸天道；而一国之政，君若臣实共司之。此篇因论天地开辟之宇宙论，而及于君若臣所以自处之道，及其所当务也。（此篇从天地开辟说起，亦可见《八览》当列全书之首。）

《孝行览》　言为天下国家必务本，本莫贵于孝，多同《孝经》及《礼记·祭义》。下标七目：曰《本味》，言功名之本在得贤。曰《首时》，言成功在于得时。曰《义赏》，言一事之成，皆有其外缘使之。赏罚之柄，上之所以使下也。赏罚所使然，久则成习，而安之若性；故赏罚之所加，不可不慎也。曰《长攻》，言治乱存亡，安危强弱，亦有外缘。汤、武非遇桀、纣不王，桀、纣非遇汤、武不亡。曰《慎人》，承上篇，言功名之成，虽由于天，然因是而不慎人事则不可。亦及不得时则不可强为之义。曰《遇合》，言外缘之相值，由于适然。曰《必己》，承上篇，言外物不可必，故君子必其在己，不必其在人者；多同《庄子·山木》。其言修德不必获报，无论如何，无必免患之法，可破修德获报之说。此览承上览，言治国之本，及总论成败之道。

《慎大览》　言强大当慎、居安思危之义。下标七目：曰《下贤》，言人主当下贤。曰《报更》，举报恩之事，言人主当博求士。曰《顺说》，言说术。曰《不广》，言智者之举事必因时。曰《贵因》，言创者难为功，因者易为力之理。曰《察今》，言先王之法不足法，当法其所以为法；因言察己可以知人，察今可以知古；法随时变之理。极精。此览亦承上览。《孝行览》论成功之术，盖就国家开创时立言；此览则就国家既成立后言之，皆守成之道也。

《先识览》　言国之兴亡，有道者必先知之。故有道者之言，不可不重。下标七目：曰《观世》，言有道之士少，不可不求。曰《知接》，言知者所接远，愚者所接近。所接近者，告之以远亦不喻。戒人不可自以为智。曰《悔过》，此篇承上篇，上篇言耳目有所不接，此篇言心智亦有所不至。因引秦穆公事，遂以悔过题篇，实非本意也。（此可见各纪、各览、各论中之分篇，多后人所为。）曰《乐成》，言民可与乐成，难与虑始；汹汹之论，不可不察。曰《察微》，言治乱存亡，始于至微；能察之，则大事不过。曰《去宥》，“宥”同“囿”。曰《正名》，言名实之间，不可不察。此览亦承前言之。《孝行》《慎大》二览，皆就行事立言；此览则就知识立言也。

《审分览》 言君臣异职，人主不可下同群臣之事。下标七目：曰《君守》，言人君所处之分，以无为为尚。曰《任数》，言御下之术，当修其数；耳目智巧不足恃。曰《勿躬》，言人君不可躬亲事务。曰《知度》，言治要存乎除奸；除奸之要，存乎治官；治官之要，存乎治道；治道之要，存乎知性命。可见政治学与哲学一贯之旨。曰《慎势》，言以大畜小，以重使轻，此势不可失。曰《不二》，戒听众议以治国。此篇有脱文。曰《执一》，言天下之本在国，国之本在家，家之本在身；闻为身，不闻为国。亦道家养生之旨也。此览言臣主之分，而仍归本于性命之情，可见形名度数，皆原于道。

《审应览》 言人主应物，不可不审。其道在因人之言，以责其实，而不为先。下标七目：曰《重言》，言人主之言不可不慎。曰《精喻》，言慎密之道。曰《离谓》，言名实不副，为乱国之道。曰《淫辞》，言名实不副者，上不可无以察之。曰《不屈》，言察士应物，其辞难穷；然不必为福。曰《应言》，盖即举察士应物之辞。曰《具备》，言立功名者自有其具；说与治之务莫若诚。此览言人君听说之道，多难名、法家之言，以其能变乱是非也；而归结于臣主之务，莫若以诚，可谓得为治之要矣。

《离俗览》 言世以高行为贵，然以理义论，则神农、黄帝，犹有可非，微独舜、禹。盖极言理论与实际，不能相合，戒作极端之论也。下标七目：曰《高义》，言君子之所谓穷通与俗异，故不苟受赏逃罪；人之度量，相越甚远，不可不熟论。言以求众人之道驭非常之人，则必失也。曰《上德》，言用人者不可徒恃罚；曰《用民》，言用民者亦不可徒恃威。其理甚精，足箴法家过任威刑之失。曰《适威》，言立法必为民所能行。《管子》所谓“下令于流水之原”也。曰《为欲》，言民之可用，因其有欲；治乱强弱，由其使民之术不同。甚精。曰《贵信》，言信立则虚言可以赏，六合之内，皆为己府，而不患赏之不继矣。甚精。曰《举难》，戒求全。此篇承前览，前览言听言之术，此览则言用人之术也。

《恃君览》 言人之生恃乎群；群之所以不涣，恃乎群中之人，皆以群为有利；群之能利其群之人，以君道立也。此等原君之论，法家常主张之。然又曰:“君道以利立，故废其不然而立其行道者。德衰世乱，然后天子利天下。”则又儒家“汤、武革命，应天顺人”之说矣。固知九流之学，流异原同也。下标七目：曰《长利》，言天下之士，必虑长利。利倍于今，而不便于后，弗为也；安虽长久，以私其子孙，弗为也。又谓贤者不欲其子孙恃险久存，以行无道，亦廓然大公之论。曰《知分》，言达乎生死之分，则利害存亡弗能惑。理颇近庄、列。曰《召类》，言祸福自来，众人不知，则以为命，其实皆有以召之。按上篇言理，偏重自然；故以此篇继之，以见事虽有非人力所能为者，然人事仍不可失也。曰《达郁》，言人身精气郁则病；一国亦然，郁则万恶并起。理极精。曰《行论》。言人主之行与布衣异，势不便，时不利，则当事仇以求存。何者？执民之命，不得以快志为事也。可破宋以后气矜之隆，不论利害之失。曰《骄恣》，言亡国之主之失。曰《观表》，言人心难测，圣人过人以先知。先知必审征表。众人以为神，以为幸，而不知其为数之所不得不然也。此览推论国家、社会所以成立之原，由于众以为利，因博论利害之理，及人所以知利害之术；并及立君所以利民，戒人主不可以国自私，真廓然大公之论。

《开春论》 言贤主不必苦心焦思，在能任贤。下标五目：曰《察贤》，义如其题。曰《期贤》，言世主多暗；人君有明德，则士必归之。曰《审为》，言身重于天下；今人多趋利而忘其身。盖因下篇言爱类，故先及此也。曰《爱类》，言仁者必爱其类。贤人往来王公之朝，非求自利，欲以利民。故人主能务民，则天下归之。

曰《贵卒》，言智者之异于人，以其能应变于仓促之间。此论承前论：前论言人主利民之道，此论言贤人皆以利民为务，因及人君用人之方。

《慎行论》 言计利者未必利，唯虑义则利。下标五目：曰《无义》，极言义之利。曰《疑似》，言知必求其审：故疑似之务，不可不察。曰《壹行》，言人之行义，当昭然与天下以共见，使人信之。如陵上巨木，人以为期，易知故也。乘船者为其能浮而不能沉：贤士君子，为其能行义而不能行邪僻也。曰《求人》，上篇言壹行在己，故言求人以该其义也。曰《察传》，言得言不可不察。数传而白为黑，黑为白矣。故闻言必熟论，必验之以理。如“夔一足”“穿井得一人”等，皆可以理决其无者也。此论实为破除迷信之根。此论承前二论：前二论皆言利，恐人误见小利，故此论极言以义为利之旨；利之为利易见，义之为利难知，故极言知之贵审；既知义则必行之，故又极言行之贵壹也。

《贵直论》 言直臣之可贵。下标五目：曰《直谏》，言非贤人不肯犯危谏诤，故人主当容察之。曰《知化》，言恶直言者，至其后闻之则已晚。曰《过理》，言亡国之主，皆由所乐之不当。曰《雍塞》，言亡国之主，不可与直言。曰《原乱》，举祸乱因壅塞而生者以为戒。前论言知贵审而行贵壹，知及行必藉人以自辅，故此论承之，极言直臣之可贵也。

《不苟论》 言贤主必好贤。下标五目：曰《赞能》，言进贤之功。曰《自知》。言人主欲自知，则必得直士。曰《当赏》，言赏罚爵禄，人臣之所以知主；所加当，则人为之用。曰《博志》，言有所务，必去其害之者；贤者之无功，不肖者害之也。曰《贵当》，言治国之本在身，治身之本，在得其性。所谓性者，则自然之道也。此论亦承前论，前论言直臣之可贵，此论则言人主当用贤去不肖。人主之于贤臣，固不徒贵知之，必贵能用之也。而以用人之本，归结君心，则《孟子》所谓“唯大人为能格君心之非”“一正君而国定”者也。

《似顺论》 言事有貌相似而实相反者，因言循环之道。下标五目：曰《别类》，言剖析疑似之事，因推论智识有限，故圣人不恃智而因任自然。极精。曰《有度》，言必通乎性命之情，则执一而万物治。所谓性命之情者，即今所谓真理也。曰《分职》，言君当守无为之道，使众为之。曰《处分》，言物各异能，合众异正所以为同，故贵因材授任；然立法则必为人之所共能。曰《慎小》，义如其题。此篇承前，前论以知人、用人归束于君，故此篇又总论君道也。

《士容论》 言诚则人应之，无待于言，言亦不足谕人。下标五目：曰《务大》，言务大则小自该。戒人臣欲贵其身，而不知贵其主于天下。（与《谕大》篇有重复处）曰《上农》，言导民莫先于农。农则朴，朴则易用；农则重，重则少私义；少私义则公法立，可以战守。（义与《商君书》同。下言男女分职之理，义颇合于《孟子》；言制民之产之法，又与儒家言大同。亦可见九流之学之本无不合也。）曰《任地》，曰《辨土》，曰《审时》，皆农家专门之言，不易解。（与《亢仓子》同。《亢仓子》伪书盖取诸此。）此论亦承前。前五论皆言人君之道，此论则言臣民之务也。

尸子

此书虽阙佚特甚，然确为先秦古籍，殊为可宝。按《汉志》：杂家，“尸子二十篇。名佼，鲁人。秦相商君师之。鞅死，佼逃入蜀。”《史记·孟荀列传》：“楚有尸子。”《集解》：“刘向《别录》曰：楚有尸子，疑谓其在蜀。今按《尸子书》，晋人也，名佼。秦相卫鞅客也。商君被刑，佼恐并诛，乃逃亡入蜀。自为造此二十篇书，凡六万余言。”《索隐》谓：“尸子名佼，晋人，事具《别录》。”按裴骃、司马贞及见《别录》及《尸子全书》，所知较详，说当不误。“晋”“鲁”形近，今《汉志》作鲁人，盖伪字也。其书二十篇，《隋/唐志》皆同。宋时遂残缺。王应麟《汉志考证》，李淑《邯郸书目》存四卷。馆阁书目只存二篇，合为一卷，其本又不传于后。清时所行，凡有三本：一为震泽任氏本，一为元和惠氏本，一为阳湖孙氏本。汪继培以三本参校，以《群书治要》所载为上卷，诸书称引与之同者，分注于下；其不载《治要》、散见诸书者为下卷；引用违错及各本误收者，别为存疑附于后。实最善之本也。今所传刘向校上《荀子》语，谓尸子著书，“非先王之法，不循孔氏之术”；刘勰谓其“兼总杂术，术通而文钝”。据今所辑存者，十之七八皆儒家言，刘向《校序》本伪物，不足信。此书盖亦如《吕览》，兼总各家而偏于儒。其文极朴茂，非刘勰所解耳。今虽阙佚已甚，然单词碎义，足以取证经子者，实属指不胜屈。今姑举其最要者数条。如《分》篇：“天地生万物，圣人裁之。裁物以制分，便事以立官。”“君臣，父子，上下，长幼，贵贱，亲疏，皆得其分曰治。爱得分曰仁，施得分曰义，虑得分曰智，动得分曰适，言得分曰信；皆得其分，而后为成人。”“明王之治民也，事少而功立，身逸而国治，言寡而令行。事少而功多，守要也；身逸而国治，用贤也；言寡而令行，正名也。”“君民者苟能正名，愚智尽情。执一以静，令名自正，令事自定。赏罚随名，民莫不敬。”《发蒙》篇：“天下之可治，分成也；是非之可辨，名定也。过其实，罪也；弗及，愚也。是故情尽而不伪，质素而无巧。”“故陈绳则木之枉者有罪，措准则地之险者有罪，审名分则群臣之不审者有罪。”“是故曰：审一之经，百事乃成；审一之纪，百事乃理。名实判为两，合为一。是非随名实，赏罚随是非。是则有赏，非则有罚。人君之所独断也。”“明君之立也正，其貌庄，其心虚，其视不躁，其听不淫，审分应辞，以立于廷，则隐匿疏远，虽有非焉，必不多矣。”“明君不用长耳目，不行间谍，不强闻见；形至而观，声至而听，事至而应。近者不过，则远者治矣；明者不失，则微者敬矣。”实足以通儒、道、名、法四家之邮。又如《分》篇：“夫弩机损若黍则不钩，益若□则不发。言者百事之机也，圣王正言于朝，而四方治矣。”实《易·系辞传》“言行者君子之枢机”一节绝好注脚。又如《仁义》篇：“治水潦者禹也，播五种者后稷也，听狱折衷者皋陶；舜无为也，而天下以为父母，爱天下莫甚焉。”亦足与《论语》“无为而治者，其舜也欤”相补足。此外典制故实，足资考证者尚多，不及备举也。

鹖冠子

此书历代著录，篇数颇有异同。《汉志》：道家，“《鹖冠子》一篇。楚人，居深山，以鹖为冠。”《隋/唐志》皆三卷。《四库》所著录，为宋《陆佃注本》，卷数同。《提要》云：“此本凡十九篇。《佃序》谓韩愈读此称十六篇，未睹其全。佃北宋人，其时《韩文》初出，当得其真。今本《韩文》乃亦作十九篇，殆后来反据此书，以改《韩集》。此注则当日已不甚显，唯陈振孙《书录解题》载其名。晁公武《读书志》则但称有八卷一本，前三卷全同《墨子》，后两卷多引汉以后事；公武削去前后五卷，得十九篇。殆由未见《佃注》，故不知所注之本，先为十九篇欤。”按《汉志》只一篇，韩愈时增至十六，陆佃注时，又增至十九；则后人时有增加，已绝非《汉志》之旧。然今所传十九篇，皆词古义茂，绝非汉以后人所能为；盖虽非《汉志》之旧，又确为古书也。第七、第八、第九、第十四、第十五诸篇，皆称庞子问于鹖冠子，第十六篇称赵卓（悼之借字）襄王问于庞暖，第十九篇称赵武灵王问于庞暖；则庞子即庞暖，鹖冠子者，庞暖之师也。全书宗旨，原本道德，以为一切治法，皆当随顺自然。所言多明堂阴阳之遗。儒道名法之书，皆资参证，实为子部瑰宝。

《博选》第一　此篇言君道以得人为本，得人以博选为本。

《著希》第二　此篇言贤者处乱世必自隐，戒人君不可不察。

《夜行》第三　此篇言天文地理等，皆有可验。“有所以然者：（然，成也。）随而不见其后，迎而不见其首；成功遂事，莫知其状。故圣人贵夜行。”夜者，暗昧之意。第十九篇“《阴经》之法，夜行之道”，同义。《管子·幼官》篇，“若因夜虚守静”之夜，亦当如此解。

《天则》第四　此篇言“天之不违，以不离一；天若离一，反还为物。”“人有分于处，处有分于地，地有分于天，天有分于时，时有分于数，数有分于度，度有分于一。”“列地而守之，分民而部之；寒者得衣，饥者得食，冤者得理，劳者得息；圣人之所期也。”“同而后可以见天，异而后可以见人，变而后可以见时，化而后可以见道。”盖言天地万物，同出一原；然既为万物，则各有其所当处之分；各当其分，斯为至治。物所当处之分，出于自然；能知其所当处之分，而使之各当其分，斯为圣人。合天然与人治为一贯，乃哲学中最古之义也。

《环流》第五　此篇言“有一而有气，有气而有意，有意而有图，有图而有名，有名而有形”“物无非类，动静无非气”“物极则反，命曰环流”，盖古哲学中宇宙论。又云：“一之法立，而万物皆来属”“言者，万物之宗也；是者，法之所与亲也；非者，法之所与离也。是与法亲，故强；非与法离，故亡。”亦人事当遵循自然之意。又云：“命者自然者也；命无所不在，无所不施，无所不及”“命之所立，贤不必得，不肖不必失”，则定命机械之论也。

《道端》第六　此篇原本自然，述治世之法，与第八篇皆多明堂阴阳之言。

《近迭》第七　此篇言当恃人事，不当恃天然之福，而人道则以兵为先。颇合生存竞争之义。然云：“兵者，礼义忠信也。行枉则禁，反正则舍。是故不杀降人，王道所高；得地失信，圣王弗贵。”则仍仁义之师，异夫专以杀戮为威者矣。

《度量》第八　此篇言度量法令，皆原于道。

《王𫓧》第九　“王𫓧”二字，义见首篇；此篇中亦自释之。此篇先述治道，亦法自然之意。后述治法，与《管子》大同。

《泰鸿》第十　此篇言“天地人事，三者复一”。多明堂阴阳家言。

《泰录》第十一　此篇亦言宇宙自然之道。又曰：“神圣之人，后天地生，然知天地之始；先天地亡，然知天地之终。”“知先灵、王百神者，上德，执大道；凡此者，物之长也。及至乎祖籍之世，代继之君，身虽不贤，然南面称寡，犹不果亡者，其能受教乎有道之士者也。不然，而能守宗庙、存国家者，未之有也。”按《学记》一篇，多言人君之学。《汉志》以道家为君人南面之术，观乎此篇，则可以知古代为人君者之学矣。

《世兵》第十二　此篇大致论用兵之事。

《备知》第十三　此篇先言浑朴之可尚，有意为之则已薄，与

《老子》颇相近。继言功名之成，出于时命，非人力所可强为。因言“费仲、恶来，知心而不知事；比干、子胥，知事而不知心。圣人者，必两备而后能究一世。”盖其所谓备知者也。

《兵政》第十四 此篇言兵必合于道，而后能胜。

《学问》第十五 此篇载庞子问“圣人学问服师也，亦有终始乎？抑其拾诵记辞，阖棺而止乎？”鶡冠子答以“始于初问，终于九道”。盖学问必全体通贯，而后可谓之有成。此即《大学》“物有本末，事有终始”，《论语》“一以贯之”，“有始有卒，其唯圣人”之义也。

《世贤》第十六 此篇借医为喻，言治于未乱之旨。

《天权》第十七 此篇先论自然之道，而推之于用兵。亦多阴阳家言。

《能天》第十八 此篇言安危存亡，皆有自然之理。又曰：“道者通物者也，圣者序物者也。”又曰：“圣人取之于势，而弗索于察。势者，其专而在己；察者，其散而之物者也。”与第四篇义同。

《武灵王》第十九 此篇亦论兵事。

淮南子

《汉志》：杂家，“《淮南》内二十一篇，外三十三篇”。《淮南王传》：“招致宾客方术之士数千人，作为内书二十一篇，外书甚众。又有《中》篇八卷，言神仙黄白之术，亦二十余万言。”今所传《淮南王书》，凡二十一篇。其为内篇，似无疑义。然《高诱序》谓：“与苏飞、李尚、左吴、田由、雷被、毛被、伍被、晋昌等八人，及诸儒大山、小山之徒，共讲论道德，总统仁义，而著此书。其旨近《老子》，淡泊无为，蹈虚守静，出入经道。言其大也，则焘天载地；说其细也，则沦于无垠。及古今治乱存亡祸福，世间诡异瑰奇之事，其义也著，其文也富。物事之类，无所不载；然其大较，归之于道。号曰《鸿烈》，鸿，大也；烈，明也；以为大明道之言也。故夫学者不论《淮南》，则不知大道之深也。是以先贤通儒，述作之士，莫不援采，以验经传。刘向校定撰具，名之《淮南》。又有十九篇，谓之外篇。”述外篇篇数，与《汉志》不合。《汉志·天文》有《淮南杂子星》十九卷，卷数与诱所述外篇篇数却符。然舍《汉志》外三十三篇不言，顾以其为《杂子星》者当外篇，于理终有可疑。按《汉志》，《易》家有《淮南王道训》二篇。《注》曰：“淮南王安，聘明《易》者九人，号九师法。”今《淮南·要略》，为全书自序。其言曰：“言道而不言事，则无以与世浮沉；言事而不言道，则无以与化游息。”又曰：“今专言道，则无不在焉。然而能得本知末者，其唯圣人也。今学者无圣人之才，而不为详说，则终身颠顿乎混溟之中，而不知觉寤乎昭明之术矣。”可见淮南此书，实以道与事相对举。今《要略》两称“著二十篇”云云，盖以本篇为全书自叙，故不数之；若更去其首篇道训，则所余者适十九篇矣。《高注》久非故物，此序词意错乱，必为后人窜改无疑。颇疑《高序》实以十九篇与《原道训》分论。“言其大也，则焘天载地；说其细也，则沦于无垠”等，为论《原道训》之语。“及古今治乱存亡祸福，世间诡异瑰奇之事，其义也著，其文也富，物事之类，无所不载”等，为论其余十九篇之语。本无《外》篇之名，后人既混其论两者之语而一之，乃妄臆“其余十九篇”不在本书之内，遂又加入“谓之外篇”四字也。《汉志》言安聘明《易》者九人，《高叙》所举大山、小山，或亦如《书》之大、小夏侯，《诗》之大、小毛公，一家之学，可作一人论；则合诸苏飞、李尚等，适得九人矣。得毋今书首篇之《原道训》，即《汉志》所谓《道训》者，《汉志》虽采此篇入《易》家，而于杂家仍未省；又或《汉志》本作二十篇，而为后人所改邪？书阙有间，更无坚证，诚未敢自信。然窃有冀焉者：九流之学，同本于古代之哲学；而古代之哲学，又本于古代之宗教。故其流虽异，其源则同。前已言之。儒家哲学，盖备于《易》，《易》亦以古代哲学为本。其杂有术数之谈，固无足怪。然遂以此为《易》义则非也。今所谓《汉易》者，大抵术数之谈耳。西汉今文之学，长于大义；东汉古文之学，则详于训诂名物之间。今施、孟、梁丘之《易》皆亡，今文家所传《易》之大义，已不可见。《淮南王书》引《易》之处最多，（见《缪称》《齐俗》《泛论》《人间》《泰族》诸篇）皆包举大义，无杂术数之谈者。得毋今文《易》义转有存于此书中者邪?《淮南》虽号杂家，然道家言实最多；其意亦主于道，故有谓此书实可称道家言者。予则谓儒、道二家哲学之说，本无大异同。自《易》之大义亡，而儒家之哲学，不可得见。魏晋以后，神仙家又窃儒、道二家公有之说，而自附于道。于是儒家哲学之说，与道家相类者，儒家遂不敢自有，悉举而归诸道家；稍一援引，即指为援儒入道矣。其实九流之学，流异原同。凡今所指为道家言者，十九固儒家所有之义也。魏晋间人谈玄者率以《易》《老》并称，即其一证。其时言《易》者皆弃数而言理，果使汉人言《易》，悉皆数术之谈，当时之人，岂《易》创通其理，与《老》相比。其时今文《易》说未亡，（施、孟、梁丘之《易》，皆亡于东、西晋间。）其理固与《老子》相通也。河洛《图》《书》之存于道家，亦其一证。宋人好以《图》《书》言《易》，清儒极攻之。然所能言者，《图》《书》在儒家无授受之迹耳；如何与《易》说不合，不能言也。（方东澍说。方氏攻汉学，多过当误会之语，然此说则平情也。）西谚云："算账只怕数目字。"《图》《书》皆言数之物，果其与《易》无涉，何以能推之而皆合，且又可以之演范乎？然则此物亦儒家所固有，而后为神仙家所窃者耳。明乎此，则知古代儒、道二家之哲学，存于神仙家。（即后世之所谓道家）书中者必甚多。果能就后世所谓道家之书，广为搜罗，精加别择，或能辑出今文《易》说，使千载湮沉之学，涣然复明；（即道家之说，亦必有为今日所不知者。）而古代哲学，亦因之而益彰者也。意见所及，辄引其端，愿承学之士共详之。

此书今所传者，凡二十一篇。《汉书》所谓外篇及中篇者，盖久亡佚矣。《汉志》于内外篇皆仅称《淮南》；今题作《淮南子》，"子"字盖后人加之。（今所谓某某子，"子"字为后人所加者甚多。）《隋书》及《新/旧唐志》皆作二十一卷，许慎、高诱两注并列。《旧唐志》又有《淮南鸿烈音》二卷，何诱撰；《新唐志》亦题高诱。《宋志》于《许注》仍云二十一卷，《高注》则云十三卷。晁公武《读书志》，据《崇文总目》，云亡三篇。李淑《邯郸图志》，则云亡二篇。而洪迈《容斋随笔》，称所存者二十一卷，与今本同。盖其书自宋以后，有佚脱之本，而仍有完本。高似孙《子略》云二十篇者，以《要略》为淮南自叙，除去计之；《四库》亦以为非完本，非也。（《提要》又云："白居易《六帖》引乌鹊填河事，云出《淮南子》。今文无之，则尚有脱文。"按此必不出内篇，《四库》此言亦误也。）《音》二卷，实出何诱；《新唐志》并题高诱者误。今本篇数仍完，而注则许、高二家，删合为一矣。（以上并据庄逵吉《叙》）向所行者为庄逵吉校本。原出钱坫所校《道藏本》。近人刘文典，撰《淮南鸿烈集解》，用力至勤，法亦严密，读胡适《序》可见。实佳者也。

《原道训》 此篇言道之体用，皆世所谓道家言也。极精。（《淮南书》中，世所谓道家言，予疑其实多与儒家言合。今从众所称名，仍称为道家言。）廿一篇唯《要略》下无"训"字，姚范云：疑"训"字乃高诱自名其注解，非《淮南》篇名所有。

《俶真训》 此篇为古代哲学中之宇宙论，因推论及于事物变化无极，生死无异，极精。

《天文训》 言天文、律历、度量衡等事。亦推论及于哲学。

《墬形训》 此篇颇似荒怪。然古实有此说，特今尚未能大通耳。凡古书言地理之荒怪，有可信，有不可信者。为后人窜造最多者，为《山海经》《穆天子传》等书。如此篇及《楚辞》等，则其较可信者也。

《时则训》 前述十二月行令，与《月令》同。下多五位六合，篇末明言为明堂之制，可见以《月令》为秦制者非矣。

《览冥训》 此篇大旨言物类之相感应，非人所能知，故得失亦无从定。圣人之所以不恃智而贵无为者以此，亦哲学中之精论。

《精神训》 此篇大旨言我本自然之物，故当随顺自然；所以不能随顺自然者，以嗜欲害之也，故当去嗜欲。又言天下之不足欲，死生之无异，以见嗜欲之不足慕。极精。末节辟儒家之言礼乐，不能使人无欲，而徒事强制，亦有精义。

《本经训》 此篇言仁义礼乐之不足行，世所谓道家言也。

《主术训》 此言人主所执之术。首言无为，道家言也。次言任人、任法、势治、名实，法家言也。末言制民之产，同《王制》，又有同《公羊》《礼记》《孟子》处，则儒家言也。

《缪称训》 此篇首言道灭而德用，德衰而仁义生，世所谓道家言也。下言治贵立诚，则世所谓儒家言也。

《齐俗训》 此篇言礼俗皆非本性，不得执成法以非俗，亦不得以高行为俗。颇精。

《道应训》 此篇解故事而以老子之言结之，颇似韩非之《喻老》。又引《庄子》《管子》《慎子》各一条。

《泛论训》 此篇论变法，与商君之言同，盖法家言也。其论因迷信而设教一节，极有见。又言圣人处刚柔之间，贵权寡欲，则世所谓道家言。

《诠言训》 此篇言无欲则无缪举，故治天下之本在身，身之本在心，爱身者可以托天下。又言无为之旨。又言合道术者，但能无害，不必能求利。亦养生之论也。

《兵略训》 此篇先论兵之原理。次及用兵之利，用兵之术。兵家极精之言。

《说山训》《说林训》此两篇以极简之言，说明一理，与他篇之议论纵横者，文体颇异，而味弥永。

《人间训》 此篇极言祸福倚伏之义，多引故事以明之。

《修务训》 此篇首言无为非不事事，下皆劝学之语。又针砭学者眩于名而不知真是非。论亦切至。

第二节 理学之原

理学者，佛学之反动，而亦兼采佛学之长，以调和中国之旧哲学与佛学者也。一种学术，必有其独至之处，亦必有其流弊。流弊不可无以矫之；独至之处，亦不容埋没；故新兴之学术，必能祛旧学术之流弊，而保其所长。谓为代兴之新学术可；谓为改良之旧学术亦无不可也。凡百学术，新旧递嬗之际皆然。佛学与理学，亦何独不然。

又天下无突然而生之事物；新者之兴，必有所资于旧。天下亦无真刍狗可弃之事物；一种学术，一时为人所厌弃，往往隔若干年而又盛行焉。理学之于中国旧哲学则如是。中国旧有之哲学，盖自神教时代，递演递进，至周、秦之际而极盛。两汉、魏、晋，虽间有新思想，然其大体，固不越古代哲学之范围。佛教兴，而中国哲学一时退处于无权；然其中固不乏独至之处。宋学兴，乃即以是为凭藉，以与佛学相抗焉。故不知佛学之大要，不可以言宋学。不知中国古代哲学之大要，亦不可以言宋学也。

哲学有其质，亦有其缘。论其质，则世界哲学，无不从同。以人之所疑者同也。论其缘，则各民族所处之境，不能无异；所处之境异，斯其所以释其疑者，亦自异矣。此世界各国之哲学，所以毕同毕异也。明乎此，乃可据见在哲学之条理，以求中国古代之哲学。

哲学之根本云何？曰：宇宙观、人生观是已。人生而莫不求知；求知，则凡可知之物，莫不欲尽明其底蕴。人生而莫不求善；求善，则我之所执以为我者，必求措诸至当之地而始安。夫宇宙者，万物之总括也。明乎宇宙，则于事物无不明；我者，宇宙中之一物也。明乎宇宙之蕴，则我之所以自处者，不蕲得其道，而自无不得其道矣。此宇宙观与人生观，所以二而实一；而各国哲学，莫不始于宇宙论也。

宇果有际乎？宙果有初乎？此非人之所能知也。顾古之人，不知其不可知也。不知其不可知，而其事又卒不可知，古之人果何以释此疑哉？曰：不知彼者视诸此。由近以推远，即小以见大，此人类求知之恒蹊。哲学之初，亦若是则已矣。

物必有其所由来；欲明其物者，必先知其所由来，此不易之理也。芸芸万物，果孰从而知其所由来哉？古之人则本诸身以为推。见夫生物之生，必由牝牡之合也，则以为一切物亦若是而已矣。所谓“物本乎天，人本乎祖”也（《礼记·郊特牲》）。于是阴阳为万有之本之义立焉。是为哲学之第一步。（古代哲学，殆无不自男女构精，推想而出者。《易》之二画，疑即像男女阳阴。《老子》曰：“大国者下流，天下之交，天下之牝。牝常以静胜，牡以静为下。故大国以下小国，则取小国；小国以下大国，则取大国。故或下以取，或下而取。大国不过欲兼畜人，小国不过欲入事人。夫两者各得所欲，大者宜为下。”尤皆以男女之事为喻也。哲学之初，杂以男女生殖之说，不独中国为然。实由古人所欲推求，首在万物之所由来也。）

顾既求所谓原因，则必得其惟一者。求万物之所由来，而得阴阳二元，非人智之所能甘也。则必进而求之。进而求之，而惟一之境，实非人所能知，则不得不出以假设。以为阴阳以前，实有一为阴阳之所自出者，是为两仪所从生之大极。是为哲学之第二步。

哲学者，所以解释一切现象者也。不能解释一切现象，不足以为哲学。既有哲学，则必对一切现象，力求有以解释之。故哲学以解释事物而兴，亦以解释事物而生变迁。有阴阳二者，足以释天地之相对矣，足以释日月之代明矣；然时则有四，何以释之？于是分阴阳为大少，而有所谓四象。人之前后左右，其方向亦为四，以四象配之足矣。加以身之所处则为五；更加首之所戴则为六；四正加以四隅则为八；八加中央为九；九之周围为十二；又何以说之？于是有以四时分配四方，更加中央为五帝，加昊天上帝为六帝，五帝分主四时化育，而昊天上帝，则无所事事之说出焉。有上帝周行八方，而还息乎中央，所谓大一行九宫之说出焉。九宫之周围为十二，恰与一年十二月之数相当。于是天子之治天下，十二月各有其当行之政；谓其本乎天意也。（五帝六天，说出纬候。谓东方青帝灵威仰，主春生。南方赤帝赤熛怒，主夏长。西方白帝白招拒，主秋成。北方黑帝汁光纪，主冬藏，中央黄帝含枢纽，则寄王四时。以四时化育，亦须土也。更加昊天上帝耀魄宝，则为六帝。昊天上帝，为最尊之天神。余五帝则分主化育之功者也。大一行九宫，说出《乾凿度》。《郑注》曰：“大一者，北辰神名。下行八卦之宫，每四乃还于中央。中央者，北辰之所居，故谓之九宫。天数大分，以阳出，以阴入。阳起于子，阴起于午。是以大一下行九宫，从坎宫始。自此而从于坤宫。自此而从于震宫。自此而从于巽宫。所行半矣，还息于中央之宫。既又自此而从于乾宫。又自此而从于兑宫。又自此而从于艮宫。又自此而从于离宫。行则周矣，上游息于大一之星，而反紫宫。行起从坎宫始，终于离宫也。”案此所谓大一者，即昊天上帝耀瑰宝也。古说天有九野，故地有九州。明堂亦有九室，王者居之，以出政令，盖象昊天上帝也。五官之设，则所以象五方帝也。昊天上帝，无所事事，故古代君德，亦贵无为。无为非无所事事，乃复起之义，其初盖正谓无所事事耳。古代神教，最尊天象，故举四时八方等说，一一以此贯之也。天有九野，见《淮南子·天文训》。）凡此者，皆举错杂之现象，一一以哲学释之，且穿贯诸说为一说者也。此为哲学之第三步。

自物质言之，则因天有四时，而万物皆生于土，乃分物质为五行。五行之生，以微著为次，此所以说万物之生成。（《尚书·洪范正义》：“万物成形，以微著为渐。五行先后，亦以微著为次。水最微为一，火渐著为二，木形实为三，金体固为四，土质大为五也。”）又有相生相胜之说，则所以说万物之迭成迭毁者也。（萧吉《五行大义》：“木生火者，木性温暖，伏其中，钻灼而出。火生土者，火热，故能焚木，木焚而成灰，灰即土也。金居石，依山津润而生。联土成山必生石，故生金。金生水者，少阴之气，温润流泽；销金亦为水。水生木者，水润而能生。”《白虎通·五行》篇：“天地之性：众胜寡，故水胜火也。精胜坚，故火胜金。刚胜柔，故金胜木。专胜散，故木胜土。实胜虚，故土胜水也。”案此篇于万物之成毁，无不以五行生胜释之。其说虽不足信。然在当时，实能遍释一切现象，且颇有条理统系也。）

万物之迭成迭毁，自浅者视之，则以为成者自无而出有，毁者自有而之无而已。稍深思之，则知宇宙间物，只有所谓变化，更无所谓有无。质力不灭之理，固不必待科学为证，即据理推测，亦未尝不可得之也。既知宇宙间只有变化，更无有无，则不得不以万物之原质为一。万物之原质，古人名之曰气。“臭腐化为神奇，神奇化为臭腐”，皆此气之变化也。（《庄子·知北游》：“人之生，气之聚也。聚则为生，生则死。臭腐复化为神奇，神奇复化为臭腐，通天下一气耳。”）于是万物之原因，乃不在其何以有，而在其何以变。（此时已知有无之不可知矣。《列子·汤问》："殷汤问于夏革曰：古初有物乎？夏革曰：古初无物，今安得物？后之人将谓今之无物，可乎？汤曰：然则物无先后乎？夏革曰：物之终始，初无极已，始或为终，终或为始，恶知其纪？然自物之外，自事之先，朕所不知也。"言此义最明。）世界质力之变化，非人之所能知也。即其变而名之，则曰动而已矣。于是世界之真原因，乃成为一种动力。《易·大传》曰："易不可见，则乾坤或几乎息。"（《易》与《春秋》皆首元。元即动力也。《易》曰："大哉乾元！万物资始，乃统天。"《春秋繁露·重政》篇曰："元犹原也。元者，万物之本，在乎天地之前。"《乾凿度》曰："有太易，有太初，有太始，有太素。太易者，未见气也。太初者，气之始也。太始者，形之始也。太素者，质之始也。气形质具而未相离，谓之浑沌。浑沌者，言万物相浑沌而未相离也。"皆以一种动力，为宇宙之原也。）《老子》曰："有物混成，先天地生。寂兮寥兮，独立而不改，周行而不殆，可以为天下母。"又曰："谷神不死，是谓玄牝，玄牝之门，是谓天地根。绵绵若存，用之不勤。"皆指此而言之也。（谷者，空虚之义。神者，动力之谓。不死，言其不息。玄者，深远之义。牝者，物之所由生。玄牝之门，是谓天地根，言天地由此而生也。绵绵若存，言其力之不可见。用之不勤，仍言其不息也。）是为哲学之第四步。

宇宙之间，既无所谓有无，则寻常所谓有无之见破。寻常所谓有无之见破，则所谓无者，其实皆有。其实皆有，而又明见为无，则所谓有无者，非真有无，乃人能认识与不能认识之别耳。同一气也，何以或为人所能认识？或为人所不能认识？以其气有疏密故也。密则为人所能识，疏则非人所能识矣。故曰："精气为物，游魂为变。"（精者，物质凝集紧密之谓。《公羊·庄十年》曰："觕者曰侵，精者曰伐。"《注》："觕，麤也。精，犹密也。"《老子》曰："窈兮冥兮，其中有精，其精甚真。"真阒同训。《管子·内业》曰："凡物之精，此则为生，下为河岳，上为列星。"即"精气为物"之说。又曰："流于天地之间，谓之鬼神。"则"游魂为变"之说也。游训游散，见韩康伯《注》。）古人说死生之故，恒以是言之。（人所识谓之明，所不识谓之幽，有幽明而无死生也。后来言此理者，张横渠最明。）

既以宇宙万物，为一气所成，阴阳二元之说，其自此遂废乎？曰：不然。阴阳之说，与一气之说，相成而不相破者也。自其本质言之曰一气，自其鼓荡言之曰阴阳。盖变动之象，为人所能识者，不外乎相迎相距。一迎一距，以理言，固可谓为同体而异用；以象论，夫固见其判然而不同。既已判然不同，即可立阴阳二名以命之矣。职是故，古人即所谓一气者，而判之为轻清重浊二端。"轻清者上为天，重浊者下为地。"（见《列子·天瑞》篇）物之轻浮而上升者，皆天类也。其重浊而下降者，皆地类也。（《易·文言》曰："本乎天者亲上，本乎地者亲下，则各从其类也。"）天地之气，初非各不相涉，而且彼此相求。春融和，夏炎暑，则曰："天气下降，地气上腾。"秋萧杀，冬闭塞，则曰"天地不通。"（《月令》）自男女雌雄牝牡之相求，以至于日月之运行，寒暑之迭代，无不可以释之。阴阳二元之说，与宇宙原质为一气之说，不惟不相背，且相得益彰，相待而成矣。是为哲学之第五步。

宇宙一切现象，既莫非气之所成；而其所由然，又皆一气之自为鼓荡，而非有物焉以为之主，（《庄子》所谓"吹万不同，使其自已，咸其自取，怒者其谁"也。）则其说，已成今所谓泛神论。泛神论者，世界之本体即神。于其浩无边际，而见其伟大焉。于其更无起讫，而见其不息焉。于其变化无方，而仍有其不易之则，而见其不测与有秩序焉。泛神论之所谓神，较之一神论、多神论之所谓神，固觉其确实而可信；亦正因其确实可信，而弥觉其大也。故中国古籍，于神之一字，皆极其叹美。（《易·大传》曰："神无方而易无体。"又曰："阴阳不测之谓神。"言弥沦乎宇宙之间者，惟有一神，更不能偏指一物以当之也。故曰："鬼神之为德，其盛矣乎！视之而不见，听之而不闻，体物而不可遗。"张横渠说鬼神，亦深得古人之旨。）而如"至诚无息"等之所谓至诚，亦皆所以状世界之本体者也。

通宇宙之间，既除一气之外，更无余物，则人亦自为此气之所成，而为宇宙之一体。宇宙之一体，何以成为人？自宇宙言之谓之命。自人言之谓之性。(《大戴礼记·本命》篇）宇宙间一切，各有其不易之则，人为宇宙之一体，自亦有其当循之道，故人贵尽性。抑人既为宇宙之一体，非尽明乎宇宙之理，固无从知自处之方；苟真明乎自处之方，则于宇宙之理，已无不贯矣。故曰："尽其心者，知其性也；知其性，则知天矣。"(《孟子·尽心》。）又曰："穷理尽性，以至于命。"(《本命》篇）我者，宇宙之一体。万物亦宇宙之一体。万物与我，既同为宇宙之一体，则明乎处我之道者，亦必明乎处物之道。故曰："能尽其性，则能尽人之性；能尽人之性，则能尽物之性；能尽物之性，则可以赞天地之化育；可以赞天地之化育，则可以与天地参。"(《中庸》《荀子·天论》："天有其时，地有其财，人有其治，夫是之谓能参。"亦此义。所谓治，乃尽性后之办法也。）此所谓天人合一。至此，则人与自然，冥合无间，而推论之能事极，而力行之义蕴，亦尽于此矣。此为哲学之第六步。

中国古代之道德伦理，无一不本于法自然者。以全宇宙皆一气所成也，故我与天地万物，可以为一体。（惠施之说，见《庄子·天下》篇。一体，即融合无间之谓。与上文所用一体字异义。上文所用一体，乃《孟子》"子夏，子游，子张，皆有圣人之一体"之一体也。）以全宇宙之动荡不已也，故有自强不息之义。夫合全宇宙而为一动，则虽谓其动即其静可也，故动静交相资。以其变化不居，而仍有其一定之则也，故有变易、不易、易简三义，乃尽《易》之蕴。(《周易正义·八论》引《乾凿度》曰："《易》一名而含三义：所谓易也、变易也、不易也。易者其德也。光明四通，简易立节。天以烂明。日月星辰，布设张列。通精无门，藏神无穴，不烦不扰，澹泊不失。变易者其气也。天地不变，不能通义。易者其位也，天在上。地在下。"郑玄依此作《易赞》及《易论》曰："《易》一名而含三义：易简，一也。变易，二也。不易，三也。"案此《易》之大义也。自然现象从差别中见其平等，亦从平等中见其差别。从平等中见其差别。则所谓易也。从差别中见其平等，则所谓不易也。所谓易简者，谓极错杂之现象，统驭于极简单之原理；莫之为而为，莫之致而至；亘古如斯，从不差忒也。）以时时变动不居也，故贱执一而贵中庸。（以几何学之理譬之，世界犹体，至当不易之道为点。至当不易之道，必有一点，而亦仅有一点，此即《中庸》之所谓中庸也。使世界静止，则此点恒常，择而执之，初非难事。惟世界变易无一息之停，故此点所在，亦无一息而不变动。择而执之，斯为难矣。孔子所以叹“中庸不可能”也。）以万物之动；各有其轨道而不相乱也，故各当其位，为治之至。（《易》之道，莫贵乎当位。《礼运》曰：“物大积焉而不蕴，并行而不缪，细行而不失，深而通，茂而有间，连而不相及也，动而不相害也，此顺之至也。”即所谓各当其位也。大学之道，极于平天下。平天下之义，《荀子·荣辱》篇说之，曰：“农以力尽田；贾以察尽财；工以巧尽械器，士大夫以上，至于公侯，莫不以仁厚知能尽官职；夫是之谓至平。”亦不过各当其位而已。法家之明分职，义亦如此。）以自古迄今，一线相承也，故有正本、慎始、谨小、慎微之义；而“正其义不谋其利，明其道不计其功”，言道德者最重动机焉。以世界本为一体，彼之于此，无一息不相干也，故成己可以成物，正人必先正己；而反求诸己，则一心又为一身之本焉。（宋儒治心之学，古人有先发之者。《庄子·天道》篇曰：“万物无足以挠其心者，故静。心静，天地之鉴也，万物之镜也。夫虚静恬淡，寂寞无为者，天地之平，而道德之至，故帝王圣人休焉。休则虚，虚则实，实者伦矣。虚则静，静则动，动则得矣。”《荀子·天论》曰：“形具而神生，好恶喜怒哀乐臧焉，夫是之谓天性。耳目鼻口形能，各有接而不相能也，夫是之谓天官。心居中虚，以治五官，夫是之谓天君。”《解蔽》曰：“治之要，在于知道。人何以知道？曰心。心何以知道？曰虚壹而静。”皆与宋儒所言，无以异也。）以天尊地卑，各有定位，故有君贵臣贱，重男轻女之义。以孤阳不生，独阴不长，故虽重男抑女，而阴阳仍有平等之义焉。以春夏秋冬，周而复始，认一切现象，皆为循环，故有祸福倚伏，持盈保泰之义；又有“天不变，道亦不变”之说焉。抑且万事万物，皆出阴阳二元，故有彼必有此；既贵仁，又贵义；既重礼，亦重乐；一切承认异己者之并立，而不趋极端焉。此等要义，悉数难终。盖国人今日之思想，溯其原，无不与古代哲学相贯通者。哲学思想之初起，虽由一二哲人；而其昌大，则扩为全社会之思想。（亦可云：此种思想，在此环境中，最为适宜，故全社会人胥具之；而哲人，则其研究之尤透澈者也。）虽屡与异族接触，而其根柢曾未摇动。甚矣，国性之入人深也。

以上所述，为古代普通思想。又有所谓数术家者，则其思想，颇近于唯物派。案《汉志·诸子略》之阴阳家，出于羲、和之官。数术六家，亦云出于明堂羲、和史卜之职。二者盖同出一原，而一陈其事，一言其义也。数术六家，天文、历谱、五行、蓍龟、杂占，皆近迷信。（天文、历谱，本无所谓迷信。然古人于此，恒杂以占验之术。《汉志》谓"天文者，序二十八宿，步五星日月，以纪吉凶之象。"；历谱以"探知五星日月之会，凶厄之患，吉隆之喜"是也。天文家"有图书秘记十七篇"，盖即谶之所本也。）惟形法一家，《汉志》述其学曰："大举九州之执，以立城郭、室舍。形人及六畜骨法之度数，器物之形容，以求其声气、贵贱、吉凶。犹律有长短，而各徵其声，非有鬼神，数自然也。"其思想最于唯物派为近。（此等思想，后世亦非无之，特不盛耳。如王仲任即其一也。细读《论衡》自见。中国各种迷信之术，惟相法较为通人所信。《荀子》已有《非相》篇。其后《论衡》《潜夫论》《申鉴》，于相学皆不全然排斥。亦以相法根据人之形体，究有所依据也。此亦据骨法之度数，以求贵贱吉凶之理。）形法家之所谓数者，盖物质自然必至之符。形法家以为万物之变化，皆可求诸此；而不认有官体所不能感觉之原因，故曰："非有鬼神。"（古人以万有之原质为气，而气又分轻清、重浊二者。轻清者上为天，重浊者下为地。人则兼备此二气，所谓"冲和气者为人"也。物亦然，所谓"万物负阴而抱阳，冲气以为和"也。人之死也，轻清之气归于天，重浊之气归于地。所谓"体魄则降，和气在上"；所谓"骨肉归复于土，魂气则无不之"；所谓"骨肉毙于下，阴为野土，其气发扬于上为昭明，焄蒿凄怆"也。此为普通思想。形法家之所持，为无鬼论。）《汉志》则不以其说为然，故驳之曰："形与气相首尾。亦有有其形而无其气，有其气而无其形者。"《汉志》之所谓形，盖即《易·大传》“精气为物”之物；其所谓气，盖即“游魂为变”之魂，而亦即形法家所谓“鬼神”。《汉志》盖亦如普通之见，以万物之原质（气），时而有形可见，时而无形可见。（精气变为游魂，游魂复为精气，所谓“相首尾”也。）故于形法家之说，加以诘难也。形法家之思想，而实如此，在诸学派中，实最与今所谓科学者相近；而顾与天文、历谱、五行、蓍龟、杂占等迷信之术，同列一略，其故何哉？岂校雠者之无识与？非也。天文、历谱、五行、蓍龟、杂占，亦非必迷信之术。非必迷信之术，而其后卒入于迷信者，盖时势为之也。何也？夫“理事不违”，欲明一理者，不得不遍究万事，其说然矣。然事物之纷纭，卒非人所能尽究。于是不得不即已经研究之事，姑定为一理，而执之以推其余。（宇宙之广大悠久，实非人之所能知。乃有欲即其已知，以推其未知者。《史记》述邹衍之学谓其“先验小物，推而大之，至于无垠。先序今以上，至黄帝，学者所共述。大并世盛衰。因载其机祥制度。推而远之，至天地未生，窈冥不可考而原也。先列中国名山大川，通谷禽兽，水土所殖，物类所珍。因而推之，及海外人之所不能睹。”所用者即此术也。《太玄》为扬雄最得意之作。其书起冬，迄大雪之末，备详一年之变迁。亦以宇宙久大，不可得而知，以为宇宙一期之变迁，必与一年之变迁相类，乃欲据此以测彼耳。邵子之元会运世，亦此思想也。）此盖凡研究学术者所不能免，其法亦不得为误。其所以致误者，则以其所据之事，有确有不确，其所推得之理。遂有正有不正耳。数术六家，盖皆欲即天然之现象，以研究其理者。其所根据之现象，有全然不确者，如蓍龟及杂占是也。有所根据之现象虽确，而其研究所得，则不确者，如天文、历谱、五行、形法诸家是也。接于人之现象、大概可分为自然现象、社会现象二者。欲求宇宙之真理，二者固不可遗其一。中国学问，向来偏于社会现象，而缺于自然现象；其有据自然现象，以研究哲理者，则古代之数术家，其先河也。后世之数术家，其思想亦不外此。（学问不能前无所承。中国研究自然现象者，惟有数术家。故少数喜研究自然现象之人，不期而入于此派。）

以上论中国古代之哲学竟，以下请略论佛教之哲学。

哲学有其质，亦有其缘。以质言，则世界各国，无不从同。以缘言，则各民族因处境之不同，其所从言之者，遂不能无异。前已言之。中国哲学与印度哲学之异同，其理亦不外此。

哲学之演进，有其一定之步骤焉。其始也，必将宇宙全体，分析为若干事物，（浑沦之宇宙，为人所不能认识。人能知其然，不能知所以然也。故认识即是分别。）而于其间立一因果关系；以此事为彼事之原因，此物为彼物之原因。如基督教谓天主造物，七日而成，中国古说谓天神申出万物，地祇提出万物是也。（《说文》。佛教不言时间之长，空间之际。有问及者，斥为戏论。见《金七十论》。佛经推原事物，但曰“无始以来”“法尔而有”而已。）稍进，乃知恒人所谓有无者，实为隐显而非有无。即人能认识与否，而非外物真有所谓有无。乃知一切事物，有则俱有，无则俱无；彼不因此，此亦不出于彼。万有之原因，只可即谓之万有而已。（所谓一切摄一切也。）此则泛神之论所由兴也。夫将宇宙分析，而以此事为彼事之原因，此物为彼物之原因，其说实属不确。迷信此等说者，其所严恭寅畏，不过如此俗之所谓鬼神，如有物焉，临之在上，质之在旁而已。惟录常人然后信之，少有思虑者，即唾弃不屑道已。至于泛神之论，则其理确不可易，而宇宙自然之律，其力之大莫与惊，亦于是乎见之。此则明于哲学之士，所以恒主随顺自然，利用自然，而不主与自然相抗也。中国之哲学，盖循此途辙而演进。印度亦然。其在古代，所谓《优婆尼沙士》者，既以代表宇宙之梵，为最尊之神。（印度最古之经典曰《吠陀》，婆罗门专司之。是为婆罗摩奴之学。其书曰《阿兰若迦》。译言《林中书》。以婆罗门之年老者，恒居林中也。即《林中书》而精撰之，曰《优婆泥沙士》。译言《奥义书》。《奥义书》以梵为宇宙之本体，亦即为我，惟一而无差别。有差别者曰摩耶。摩耶为幻。人能知我与梵一，即得智明。其所以流转生死者，由为无明所迷，不知差别之为幻也。此已启佛教惟识之先路矣。）佛教初兴，所尊崇者，虽为释迦牟尼其人；及其进为大乘，则所尊崇者，实为法而非佛。人能如法修行，即可成佛；（释尊即以法为师而自悟者）见佛固无异见法，见法亦无异见佛；佛之所以威力无边者，实以其法身而非以其报身。（报身，谓佛其人。法身，即自然之寓言。佛说一念皈依，则诸佛菩萨，同时护念，使之去祸得福，犹言人能为善，则自然律中，必有善报，丝毫不得差忒也。其一心信佛，有所观见者，是为佛之应身。谓应于人之念虑而有。以今之学理言之，可谓应于人之心理作用而有，亦即人之心理作用所显现也。是为佛之三身。其说与科学，绝不相背。）然则佛者，法之寓言耳。所谓法者，即宇宙定律之谓也。然则大乘教之所谓佛，即宇宙定律也。故佛教虽似一神教、有神教，而实则泛神论、无神论也。随顺自然之理，佛教中发挥尤切至。佛教贵无为而贱有为，所谓无为，即随顺自然，所谓有为，即与自然相抗之谓也。世间万事，一切无常，是即中国人所谓无一息不变之宇宙定律。知其无常而随顺之，是为圣人。强欲使之有常，则凡夫矣。圣凡之分，即在于此。然则佛非异人；所谓佛土，亦非异地。能明乎宇宙定律而遵守之，则娑婆世界，即是净土；凡夫之身，亦即圣人耳。（此地狱之所以顿超也。）此其随顺自然之义，实与《易》《老》无二致也。此印度哲学与中国同者也。

其与中国异者，则因其处境之不同。盖人之知识，虽曰藉智而得；而智之所指，必有其方；所以定此方向者，则情感也。情之所向，实因其处境而异。中国地居温带；为文明所自起之黄河流域，在世界文明发源地中，又颇近于寒瘠；其民非力作则无以自存。故其所殚心者，在如何合群力作，以维其生；以求养生送死之无憾而已。印度则地处热带，民生较裕。其所殚心者，不在保其身之生存，而在免其心之烦恼。简言之：中国人所蕲得者身之存（至多兼安乐言之），印度人所求免者心之苦也。职是故，中国人观于宇宙而得其变，印度人观于宇宙而得其空。

何谓中国人观于宇宙而得其变，印度人观于宇宙而得其空也？夫宇宙一浑沦之体耳。自其全体而言之，可以谓之至实。若如恒人之见，析宇宙为若干事物；就人所能认识者，则谓之有；所不能认识者，则谓之无；则其所谓有者，亦可谓之至空。（如实则实，分析则空。空者所谓真空，实者所谓妙有也。）何则？苟为实有，应不待因缘而成。然世间一切事物，无不待因缘成者；事物所待之因缘，亦无不待因缘成者。则万事万物，悉非实有可知。我者，事物之一也。一切事物，皆非实有，我安得独有？我且无有，安得与我相对之物？我物俱无，更安有于苦乐？此盖印度人欲求免心之烦恼，乃即世间所谓苦者，而一一穷究其所自来；穷究至极，遂发现此理也。此说也，以理言之，诚亦无以为难。然理论只是理论，终不能改变事实。吾侪所谓我与物者，就当下之感觉言之，固明明可谓之有，有我有物，斯有逆顺；有逆顺，斯有苦乐矣。此盖人人之良知。佛虽有狮子吼之辩，其如此良知何？为佛教者，乃从真空而得妙有，而断之曰，“万法惟识。”盖恒人以物为实，以法为空。自哲学家言之，则物为空而法为实。更进一步，则法物两空，惟识是实。何也？夫恒人之所谓实者，岂非目可见、身可触之物邪？其所谓空者，岂非目不可见、手不可捉之宇宙律邪？曰：然。曰：金石者，至坚之物也。至坚者，不渝之谓也。岂不然邪？曰：然。然自矿物学家、地质学家言之，金石亦何尝不变？彼金石者，固自有其所以成，亦终不能免于毁。其成也，盖循宇宙之定律而成；及其既成，则循宇宙之定律而住；方其住时，已循宇宙之定律而坏；既坏之后，乃成恒人之所谓空；盖一切与他物同。金石且然，岂况生物？然则恒人之所谓实者，实则无一是实；所可称为实者，则此一切事物，循之而成，循之而住，循之而坏，循之而空之宇宙律耳。（实物无一息不变，定律则无时或息。）此佛教中“我空法有”之说，亦即普通哲学家之见也。更进一步，则离宇宙论而入于认识论矣。夫世界万事，一切皆空，惟法是实，是则然矣。然所谓法者，果实有之物邪？抑亦吾人之认识所造邪？今日见为赤者，明日必不能变而为黄；一人以为甘者，众人必不至皆以为苦；似所谓法者，至可信也。然有目疾者，则视一切赤物皆若黄；有胃病者，则尝一切甘物皆若苦；又何以说之？此则恒人所谓物之真相，实非物之真相，而为认识所成，彰彰矣。人之论事，恒以同自证，以多自信。恶知其所谓同，所以多者，悉由人人所造业力相同；故其所见亦同邪？此唯识一宗，所以谓万物悉非实有，悉由人类业力所成，亦由人类业力，持使不坏也。（世界真相，实非人之所知。人之所知，只是感官所得之相。此理，今之哲学家，人人能言之。然则吾曹所知，必有吾曹主观之成分，更无疑矣，设使人类感官，增其一，或阙其一，即其所知，当不复如是。动物有以嗅辨别一切者，有以触辨别一切者，人不能也。然则彼所知之世界，人不知也。人之脑筋，特异于他动物。叔本华曰："惟人能笑，亦惟人能哭。"然则人所知之世界，他动物亦不知也。此特以大概言之。若一一细别，则吾之所知者，人不能知；人之所知者，我亦不知。人人自谓所知与人相同，实则无一真同者也。然则一切皆心造无疑矣。佛说创造此等者为第八识。八识能总持万法而不变坏。法者，人所由以认识世界，康德所谓"先天范畴"也。七识以八识所造之境为缘，恒审思量，执为实有；而所谓我，所谓世界，于是乎成矣。）此其说，实与今之认识论相通。其所异者，则今之认识论，但证明世界真相不可知，一切皆出人之认识而止；而佛教则于此义既明之后，又必有其蕲向之的，修持之法耳。此则以佛教究为教而非徒学故也。

所谓世界，苦邪乐邪？自乐观者言之，则曰乐，以世界本善也。今之所以不善者，乃其未至于善，而非其终不能善。抑且以进化之理言之，世界终当止于至善也。（亚里士多德之说即如此。此西人进化之说所由来也。）自悲观者言之，则世界之为世界，不过如此。今日固不可为善，将来亦未必能善。以其质本恶也。然则欲求去苦得乐，惟有消灭世界耳。此佛教之终极，所以在于涅槃也。夫世界何自始邪？自恒人言之，则曰：盘古一身，化为万有；曰：上帝创造，七日而成耳。自不讲认识论之哲学家言之，则曰不可知耳。自持唯识论者言，则人有识之始，即世界成立之时；世界者，识之所造也。世界既为识所造，欲消灭世界，惟有灭识耳。故佛教假名识所由起曰"无明"。而曰："无明生行，行生识，识生名色，名色生六入，入生触，触生受，受生爱，爱生取，取生有，有生生，生生生老病死苦。"所谓"十二缘生"，亦即所谓"苦集二谛"也。断此二谛，时曰"灭谛"。灭也者，灭此识也。灭识非自杀之谓，自杀只能杀其身，不能断其识也。断其识者，所谓"转识成智"也。识所以可转为智者，以佛教假名一切罪业之本为无明，本来清净之体曰“真如”；“真如无明，同体不离”；（佛家喻之以水与波。在今日，则有一更切而易明之譬，生理、病理是也。病时生理，异乎平时，然非别有一身；去病还健，亦非别易一身也。）“无明可熏真如而为迷，真如亦可还熏无明而成智也。”佛之所谓寂灭者，虽曰转识成智，非谓使识消灭。然所谓世界，即系依识而立；识转为智，即是识灭；识灭，即世界消灭矣。故佛教之究竟，终不离于涅槃也。

夫如是，则佛教与中国哲学之同异，可知已矣。佛家既谓一切迷误，皆起于识，则藉智以探求真理，自然无有是处。佛家所谓智，不徒不能藉智以求，且必断识而后能得，所谓“惟证相应”也。夫如是，则其修持之法，必致漠视事物，而徒致力于一心；而其所谓致力于一心者，又非求以此心，驾驭事物，而在断灭此心之识。此为佛教进步必至之符。（一种学问，不能无所注重。有所注重，即有所偏矣。治理学者，曷尝谓当屏弃事物，专谈心性？然物莫能两大，既以心性为重，终必至于遗弃事物，此势所必至，无可如何者也。佛家六度、万行，曷尝偏于寂灭？然既以心识为主，终亦必偏于治内。亦犹理学未尝教人以空疏，而卒不免于空疏也。）诸宗之所以皆衰，禅宗之所以独盛，盖由于此。又中国人之所求，为处置事物。处置事物，至当不易之道，惟有一点，是为儒家所谓中庸。仁义皆善，过即为恶。（理学家所谓“无善恶，只有过不及；中即善，过不及即恶”也。）佛教既以去苦为的，较之中国，自不能不偏于仁。其所谓“菩萨行”者，即纯然一有人无我之境界。（读《华严经》，最可见之。佛说四圣：曰“佛”，曰“菩萨”，曰“缘觉”，曰“声闻”。缘觉，声闻，因怖畏生死而修道，犹有我之见存，故大乘斥其不足成佛。菩萨则全与恒人相反。恒人念念不离乎我，菩萨念念有人无我。基督所行，方佛斯义。犹有人我之见存，与恒人处于对待之地位，未为尽善也。佛则超乎对待之境之外矣。佛教以超出世界为宗旨，故必至佛而后为究竟。然佛无可学，恒人所能学者，止于菩萨。行菩萨行，所以蕲成佛也。）故可委身以饲饿虎；又可任人节节支解，不生嗔怒。由中国之道言之，则过于仁而适成为不仁矣。

佛教修持之宗旨，可摄以一语，曰：“悲智双修。”所谓悲者，本于佛教之悲观。其视世界，彻始彻终，皆为罪恶，无可改良之理。欲求善美，惟有举此世界而消灭之耳。故其视世界之内，无一人一物而非流转苦海，无一人一物而不可悲可悯也。所谓智者，则为救此世界之法所自出。必深观此世界之究竟，乃能知其致苦之由，乃知所以救之之道。救之之道既得，则一切善巧方便，皆自此出焉。其修持之法，亦可摄以一语，曰：“止观双修。”止非寂然不动之谓，而常在正念之谓，（若以寂然不动为正念，则亦可。所谓“正念者无念”也。）所谓“十二时中，常念于法，不相舍离”也。盖天下之祸，成于著而实起于微。一千九百十四年欧洲之大战，其祸可谓博矣。推厥由来，则曰：由各民族有互相疾恶之心也。由资本家皆思朘人以自肥也。各民族何以有互相疾恶之心？各资本家何故皆思朘人以自肥？其所由来者远矣。不能拔其本、塞其原，而徒欲去其相疾恶之心，与其朘人自肥之念，无益也。然此等原因，极为深远；推得一层，又有一层在其后，则将奈何？曰：原因虽极繁复，而其性质则极简单，一言蔽之，曰：不正之念而已。一人起不正之念，则必传递激动第二人。第二人又激动第三人。如水起微波，渐扩渐大。其极，遂至于怀山襄陵，浩浩滔天。然分析之，原不过一一微波之相激。苟能使千万微波，同时静止，水患固可以立除。即能于千万微波中，静止其一二，其静止之力，亦必足以杀汹涌之势，犹其汹涌之势，足以破静止之局也。要之，止波其本矣，此止之义也。观则所以求智。世界上事，恒人但观其表面，故其论皆似是而非。佛则必须观鉴到底。故世俗所谓大善，自佛观之，悉成罪业。且如爱国、爱世界，岂非世俗以为大善者哉？然爱其国，则必不爱异国，而两国相争，伏尸流血之祸，伏于此矣。贪恋执著，祸之所由起也。爱世界而不知其方，使贪恋执著之情，波及于人人而不可拔，亦为世界造祸也。故恒人之所谓善，佛譬之“以少水沃冰山，暂得融解，还增其厚。”然则人固当常念于法，而何者为法，非观鉴极深，亦何由知之哉？此止观二者，所以如车两轮，如鸟双翼，不可偏废也。

佛教立说之法，亦有与中国人异者。曰：“彻底。”中国人重实务。先圣先贤之说，大抵就事论事之言。诚不敢谓先圣先贤，不知究极之理，然其所传之说，则固以就事论事者为多矣。佛家则不然。每立一说，必审其所“安立”之处。曰“某说在某种标准之下言之，若易一标准，则不如是矣”。曰“某法不过一种方便，若语其究竟，则不如此矣”。此等处，中国多不之及，佛家则极为谨严。故其说路路可通，面面无病。称佛说者，所由以圆字美之也。此实印度人言语之法，与中国不同也。

以上所述，中国古代之哲学，乃理学家之所取材也。佛教之哲学，则或为其所反对，或为其所摄取者也。明乎此，而理学可以进论矣。

第三节 理学源流派别

自宋以来，以理学名家者甚多。一一讲之，势将不可胜讲。诸家有自有发明者，亦有仅守前人成说者。今先略述其源流派别。以下乃就其确有特见者，以次讲之。

宋学先河，当推安定（胡瑗，字翼之，泰州如皋人。世居安定，学者称安定先生）、泰山（孙复，字明复，晋州阳平人。退居泰山，学者称泰山先生）、徂徕（石介，字守道，奉符人。居徂徕山下，鲁人称为徂徕先生）。黄东发谓“本朝理学，虽至伊洛而精，实自三先生始”是也。安定于教育最有功。其在湖学，分经义，治事为两斋，为宋人之学纯于儒之始；亦宋儒喜言经世之学之始。泰山作《春秋尊王发微》，为宋学重纲纪、严名分之始。徂徕作《怪说》《中国论》，以讥斥佛老、时文，则宋学排二氏、黜华采之始也。三先生者，虽未及心性之精微，然其为宋学之先河，则卓然不可诬矣。

三先生同时，名儒甚多。其兼为名臣者：则有若范文正（范仲淹，字希文，苏州吴县人。文正之学，原出戚同文。同文，字同文，楚丘人。文正四子：长纯祐，字天成。次纯仁，字尧夫。

次纯礼，字彝叟。次纯粹，字德孺。尧夫学最著。安定、泰山、徂徕，皆客文正门，尧夫皆从之游。又从南城李觏。觏，字泰伯，学者称盱江先生。横渠少时喜言兵，尝欲结客取洮西。谒文正。文正曰："名教中自有乐地，何事于兵?"授以《中庸》。乃缮然志于道。故横渠之学，实文正启之也）、韩忠献（韩琦，字稚圭，安阳人）、欧阳文忠（欧阳修，字永叔，吉州庐陵人）、富文忠（富弼，字彦国，河南人）、司马文正（司马光，字君实，陕州夏县人），而司马氏最著。传其学者，刘忠定（刘安世，字器之，大名人。忠定学最笃实。尝问涑水："有一言而可终身行之者乎?"曰："其诚乎?"问其目。曰："自不妄语始。"学之七年而后成）、范正献（范祖禹，字淳夫，一字梦得，华阳人。文正子康，字公休，又从正献学）、晁景迂（晁说之，字以道，澶州人。传涑水之数学）也。其穷而在下，或虽仕宦而不以勋业著者：则有齐鲁之士、刘（士建中，字希道，郓州人。与泰山同时。泰山最推重之。徂徕亦服膺焉。刘颜。字子望，彭城人）、闽中之四先生（陈襄，字述古，学者称古灵先生。陈烈，字季慈，学者称季甫先生。郑穆，字闳中。周希孟，字公辟。四先生皆侯官人。少后于安定，而在周、程、张、邵之前。讲学海上，有四先生之目。宋人溯道学渊源不之及。全谢山修《宋元学案》，为立《古灵四先生学案》）、明州之杨、杜（杨适，字安道，慈溪人。杜淳，居慈溪）、永嘉之儒志、经行（王开祖，字景山，学者称儒志先生。丁昌期，学者称经行先生。皆永嘉人）、杭之吴师仁（字坦求，钱塘人），皆与湖学桴鼓相应。而闽中之章、黄（章望之，字表民，浦城人。黄晞，字景微，建安人）亦古灵一辈人。关中之申、侯（侯可，字无可，其先太原人，徙华阴。主华学二十年。为学极重礼乐。申颜，侯氏之友）开横渠之先路。蜀之宇文止止（宇文之邵，字公南，绵竹人），则范正献之前茅也。

宋学之确然自成为一种学问，实由周、程、张、邵（邵雍，字尧夫，范阳人。曾祖家衡漳，先生幼从父迁河南。元祐赐谥康节）。康节之学偏于数。理学家不认为正宗。横渠之学纯矣。然小程谓其"苦心极力之象多，宽裕温和之气少"，后人尊之，亦遂不如濂溪之甚（张载，字子厚，凤翔郿县横渠镇人）。濂溪作《太极图说》及《通书》，实为宋儒言哲学之首出者（周敦颐，字茂叔，道州管道人。知南康军，家庐山莲花峰下，有溪合于湓江，取营道故居濂溪名之）。二程少尝受业于濂溪，长而所学实由自得。然周子以主静立人极，明道易之以主敬，伊川又益之以致知，其学实一脉相承；朱子又谓二程之学，出自濂溪；后人遂尊为理学之正宗焉（程颢，字伯淳，洛阳人。学者称明道先生。弟颐，字正叔。初称广平先生。后居伊阳，更称伊川先生）。

与五子同时者，有范蜀公（范镇，字景仁，华阳人。祖禹其从孙也。蜀公犹子百禄，及从曾孙冲，亦皆理学家）、吕申公（吕公著，字晦叔，东莱人。谥正献）、韩持国（韩维，谥持国，颖昌人）。又有吕汲公（吕大防，字微仲，其先汲郡人，祖葬蓝田，因家焉。谥正愍）、王彦霖（王岩叟，字彦霖，大名清平人）。又有丰相之（丰稷，字相之，鄞县人）、李君行（李潜，字君行，虔州兴国人），虽不足兴于道统，亦五子之后先疏附也。

术数之学，在中国本不盛，故传邵子之学者颇少。伯温（伯温，字子文。南渡后，赵鼎从之学。鼎字元镇，闻喜人）虽号传家学，实浅薄不足观也。张子为豪杰之士，其学又尚实行，故门下多慷慨善言兵。（种师道，字仪叔，洛阳人，为北宋名将。范育，字巽之，邠州三水人。游师雄，字景叔，武功人。皆兴于平洮河之役，争元祐弃熙河。李复，字履中，长安人，喜言兵。张舜民，字芸叟，邠州人，亦慷慨喜言事。）而三吕（吕大忠，字晋伯，大防兄。大钧，字和叔；大临，字与叔，皆大防弟）尤为礼学大宗。（三吕皆并游张、程之门，然于张较厚。和叔知则行之，无所疑畏，论者方之季路。尝撰《乡约》。又好讲井田、兵制，撰成图籍，皆可施行。丧祭一本古礼。推之冠、昏、饮酒、相见、庆吊，皆不混习俗。横渠谓“秦俗之变，和叔有力焉”。小程子尝谓与叔守横渠说甚固。横渠无说处皆相从，有说处便不肯回。可见三吕皆笃于张氏矣。）二程之门，最著称者为游（游酢，字定夫，建州建阳人。学者称廌山先生）、杨（杨时，字中立，南剑将乐人）、尹（尹焞，字彦明，一字德充，洛阳人。学者称和靖先生)、谢(谢良佐，字显道，寿春上蔡人)。游氏书不传，弟子亦不著。谢氏之门，最著者为朱汉上(朱震，字子发，荆门军人)。然汉上易学，实由自得，不出师门也。尹氏最后起，守师说亦最醇(谢氏以觉言仁，实启象山之学。游、杨二家，晚亦好佛)，其传亦不广。惟龟山最老寿，遂为洛学大宗。

龟山之学，传之罗豫章(罗从彦，字仲素，南剑人。学者称豫章先生)。延平(李侗，字愿中，南剑人)、韦斋(朱松，字乔年，婺源人。朱子之父。为尤溪县尉，因家焉。学者称韦斋先生)，皆师豫章。而胡文定(胡安国，字康侯，崇安人)与游、杨、谢三先生，义兼师友。其子五峰(宏，字仁仲。其兄宁，字和仲，学者称茅堂先生。茅堂治《春秋》。文定作《春秋传》，修纂检讨，皆出其手)、致堂(寅，字明仲。实文定兄子。其母不欲举，文定夫人子之)，皆学于豫章。籍溪(宪，字原仲，文定从父兄子。居籍溪，学者称籍溪先生)、邦衡(胡铨，字邦衡，庐陵人。从乡先生萧子荆学《春秋》，卒业于文定)，则学于文定。朱子初师屏山(刘子翚，字彦冲，崇安人。韐子，子羽弟也)、籍溪、白水(刘勉之，字致中，崇安人。以女妻朱子。白水师元城及龟山)，而卒业于延平(朱熹，字元晦，一字仲晦，初居崇安五夫，筑书院于武夷之五曲，榜曰紫阳，识乡关也。后筑室建阳庐峰之巅，曰云谷。其草堂曰晦庵。自号云谷老人，亦曰晦庵，曰晦翁。晚更居考亭。筑精舍曰沧洲。号沧洲病叟。赵汝愚窜永州，将谏。门人谏。筮之遇遯之同人。乃取稿焚之。自号曰遯翁。)、南轩(张栻，字敬夫，一字乐斋，号南轩，广汉人。迁于衡阳。浚子)之学，出于五峰。吕成公亦尝师籍溪。又事汪玉山。(吕祖谦，字伯恭，公著后也。祖好问，始居婺州。北宋理学，吕氏最盛，韩氏次之，详见《宋元学案》。汪应辰，字圣锡，信州玉山人。)玉山者，横浦(张九成，字子韶，钱塘人。自号横浦居士。又号无垢居士)弟子；横浦亦龟山弟子，故南渡后三先生之学，实皆出于龟山者也。

乾淳三先生，吕张皆早世，惟朱子年最高，讲学亦最久，故其流传最远。南轩之学，盛于湖湘，流衍于蜀，阅数传而渐微。

吕氏同气，子约（成公弟，名祖俭。学于成公。谥忠）、泰然（成公从弟，名祖泰。居宜兴。赵汝愚之罢，子约论救，安置韶州。后移筠州，卒。泰然诣登闻鼓院上书，请诛侂胄。配钦州，卒），皆以忠节著。浙学好言文献，皆可谓吕氏之遗风。然如永嘉、永康，偏于功利，殊失吕氏之旨。（永嘉之学，始于薛季宣。季宣，字士龙，永嘉人。师事袁道洁。道洁师事二程，季宣加以典章制度，欲见之事功。陈傅良、叶适继之，而其学始大。傅良，字君举，瑞安人。适，字正则，永嘉人。永康之眉目为陈亮。字同甫，永康人，学者称瑞安先生。）王伯厚（王应麟，字伯厚，庆元鄞县人，学者称厚斋先生）长于经制，全谢山以为吕学大宗，实则其学问宗旨，亦与朱氏为近也。

朱门之著者：有蔡西山父子（蔡元定，字季通，建之建阳人。居西山。子沈，字仲默），其律历象数之学，足补师门之阙。勉斋（黄干，字直卿，闽县人）以爱婿为上座，实能总持朱子之学。勉斋殁而后异说兴，犹孔门七十子丧而大义乖矣。勉斋之学，一传而为金华（何基，字子恭，金华人，居金华山，学者称金华先生），再传而为鲁斋（王柏，字会之，金华人）、白云（许谦，字益之，金华人。学者称白云先生）、仁山（金履祥，字吉父，兰溪人，居仁山下，学者称仁山先生）、双峰（饶鲁，字伯舆，一字仲元，余干人，筑石洞书院，前有两峰，因号双峰），皆卓有声光。辅汉卿（辅广，字汉卿，号潜庵，崇德人）学于朱子，兼受学于成公。其传为魏鹤山（魏了翁，字华父，邛州蒲江人，筑室白鹤山下，学者称鹤山先生）。詹元善（詹体仁，字元善，浦城人）亦学于朱子，其传为真西山（真德秀，字景元，后更曰希元，建之浦城人），皆宋末名儒。詹氏再传，辅氏四传而得黄东发（黄震，字东发，慈溪人。学者称于越先生。东发学于余端臣及王埜。埜学于詹元善。端臣学于韩性。性，字明善，私谥曰庄节先生。性之学，出自其父翼甫。翼甫，字灼斋。会稽人。辅汉卿之弟子也），则体大思精，又非其师所能逮矣。此朱学之在南者也。其衍于北者，始于赵江汉（赵复，字仁甫，德安人。学者称江汉先生。元屠德安，姚枢在军前，以归。教授于燕。北方始知有程朱之学）。姚枢（字公茂，柳城人。后徙洛阳。枢从子燧，字端甫，学于许衡）、许衡（字仲平，河内人，学者称鲁斋先生）、郝经（字伯常，泽州陵川人）、刘因（字梦吉。雄州容城人。学者称静修先生），皆出其门。朱学自宋理宗时，得朝廷表彰；元延祐科举，又用其法，遂如日中天矣。

洛学明道、伊川，性质本有区别。学于其门者，亦因性之所近，所得各有不同。故龟山之后为朱，而上蔡、信伯，遂启象山之绪。（朱子谓上蔡“说仁说觉，分明是禅”。又谓“今人说道。爱从高妙处说，自上蔡已如此。”又云：“上蔡之说，一转而为张子韶。子韶一转而为陆子静。”案上蔡近乎刚，龟山近乎柔。朱子谓“上蔡之言，多踔厉风发；龟山之言，多优柔平缓”是也。王蘋，字信伯。世居福之福清，父徙吴。师伊川。龟山最称许之。全谢山曰：“象山之学，本无所承。东发以为遥出上蔡，予以为兼出信伯。”案信伯尝奏高宗：“尧，舜，禹，汤，文，武之道，若合符节。非传圣人之道，传其心也。非传圣人之心，传己之心也。己之心，无异圣人之心，万善皆备。欲传尧、舜以来之道，扩充此心焉耳。”可见其学之一斑。）金溪之学，梭山启之，复斋昌之，象山成之，与朱学双峰并峙。（象山兄弟六人：长九思，字子强。次九叙，字子仪。次九皋，字子昭，号庸斋。次九韶，字子美，讲学梭山，号梭山居士。次九龄，字子寿，学者称复斋先生。次九渊，字子静，号存斋，结庐象山，学者称象山先生。）传陆学者，为明州四先生（舒沈，字元质，一字元宾，奉化人。沈焕，字叔晦，定海人。袁燮，字和叔，鄞县人。杨简，字敬仲，慈溪人，筑室德润湖上，更其名曰慈湖）。袁、杨仕宦高，其名较显。袁言有矩矱，杨则颇入于禅。攻象山者，每以为口实焉。朱子门下，辟陆氏最力者为陈安卿（陈淳，字安卿，龙溪人），至草庐而和会朱、陆（吴澄，字幼清，学者称草庐先生，抚州崇仁人。继草庐而和会朱、陆者，又有郑师山。名玉，字子美，徽州歙县人。尝构师山书院，以处学者，故称师山先生。论者谓师山多右朱，草庐多右陆）。陆氏门下，至安仁三汤，而息庵、存斋，皆入于朱，惟晦静仍守陆学。（汤干，字升伯。学者称息庵先生。安仁人。弟巾，字仲能，学者称晦静先生。中，字季庸，学者称存斋先生。）传之从子东涧（汤汉，字伯纪）及径阪（徐霖，字景说，衢之西安人。谢叠山其门人也。叠山名枋得，字君直，弋阳人）。径阪之后，陆学浸衰。静明（陈苑，字立大，江西上饶人。学者称静明先生）、宝峰（赵偕，字子永，宋宗室与筹后。慈溪人。隐大宝山麓，学者称宝峰先生）得其遗书而再振之。元代科举用朱，朱学几于一统。至明，王阳明出，乃表彰陆氏焉。

元代理学，不过衍紫阳之绪余，明人则多能自树立者，而阳明其尤也。明初学者，笃守宋儒矩矱。方正学（方孝孺，字希直，台之宁海人。自名其读书之堂曰正学。正学大节凛然。论者谓其“持守之严，刚大之气，与紫阳相伯仲”焉）、曹月川（曹端，字正夫，号月川，河南渑池人，刘蕺山云：方正学后，斯道之绝而复续，实赖曹月川。即薛敬轩，亦闻其风而兴起者）、吴康斋（吴与弼，字子傅，号康斋，抚州崇仁人。刻苦奋厉，辞官躬耕。或讥其所学未见精微。然其克己安贫，操持不懈，凛乎其不可犯，要不易及也）、薛敬轩（薛瑄，字德温，号敬轩，山西河津人。其学兢兢于言行间检点，悃愊无华，可谓恪守宋人矩矱。然有未见性之讥），皆其卓卓者。河东之学，传诸泾野（吕柟，字仲木，号泾野，陕之高阳人。泾野讲学，所至甚广，讲席几与阳明中分。一时笃行之士，多出其门）、三原（王恕，字宗贯，号介庵，晚又号石渠，陕之三原人），仍重礼乐，笃躬行，存关学之面目，与师门少异其趣。康斋之学，传诸白沙，主张“静中养出端倪”，则于师门大变手眼矣。（陈献章，字公甫，号石斋。新会白沙里人。谥文恭。康斋弟子：又有胡居仁，字叔心，饶州余干人。学者称敬斋先生。娄谅，字元贞，号一斋，广信上饶人。一斋以收放心为居敬之门，以“何思何虑，勿忘勿助”为居敬要指。敬斋辟之，谓其陷入异教。）论者谓“有明之学，至白沙而后精，至阳明而后大”，白沙实阳明之前驱也。

有明之学，自当以阳明（王守仁，字伯安，余姚人）为大宗。理学名家，非衍阳明之绪余，即与阳明相出入者也。阳明之学，盖承朱学之敝而起。其学实近法象山，远承明道，特较象山、明道，尤精且大耳。传阳明之学者，当分浙中、江右、泰州三大派：浙中之学，以龙溪、绪山为眉目。（浙中王门，实以徐曰仁为称首。曰仁名爱，号横山，余姚人。阳明之内兄弟也。受业最早。及门有未信者，曰仁辄为之骑邮，门人益亲。阳明称为吾之颜渊。早卒。龙溪、绪山，讲学最久，遂为王门之翘楚。龙溪王氏，名畿，字汝中，山阴人。绪山钱氏，名德洪，字洪甫，余姚人。）江右则东廓（邹守益，字谦之，江西安福人）、念庵（罗洪先，字达夫，江西吉水人）、两峰（刘文敏，字宜充，安福人）、双江（聂敬，字文蔚，江西永丰人）及再传塘南（王时槐，字子植，安福人。师两峰）、思默（万廷言，字以忠，江西南昌人。师念庵），皆有发明。泰州多豪杰之士，其流弊亦最甚。末年得刘蕺山（刘宗周，字起东，号念台，山阴人）提唱慎独，又王学之一转手也。与王学同时角立者，有止修、甘泉二家。（李材，字孟诚，号见罗，江西丰城人。以止修二字为学鹄。湛若水，字元照，号甘泉，广东增城人。师白沙。）其继起而矫正其末流之弊者，则东林中之高、顾也。（高攀龙，字存之，别号景逸。顾宪成，字叔时，别号泾阳，皆常州无锡人。泾阳契阳明，而深辟无善无恶之论。）

明末大儒：梨洲（黄宗羲，字大冲，余姚人）、夏峰（孙奇逢，字启泰，号钟元，北直容城人）、二曲（李中孚，盩厔人。家在二曲间。学者称二曲先生）皆承王学；而亭林（顾炎武，初名绛，字宁人，昆山人）、船山（王夫之，字而农，号薑斋，衡阳人）、蒿庵（张尔岐，字稷若，济阳人）、杨园（张履祥，字考夫，号念芝，居桐乡之杨园，学者称杨园先生。杨园尝师蕺山，然学宗程、朱）、桴亭（陆世仪，字道威，太仓人），则皆宗朱。其后清献起于南（陆陇其，字稼书，平湖人。辟陆、王最力），清恪起于北（张伯行，字孝先，号敬庵，仪封人），而学风乃渐变。汤文正（汤斌，字孔伯，号荆岘，晚号潜庵，睢州人）尝师夏峰，后亦折入程、朱，但不辟陆、王耳。清代名臣，负理学重名者颇多，皆宗朱；然实多曲学阿世之流，心学承晚明之猖狂，弥以不振；盖至是而宋明之哲学，垂垂尽矣。

第 3 堂课

国学演讲录

章太炎

第一节　小学略说

小学二字，说解歧异。汉儒指文字之学为小学。《汉书·艺文志》：“古者八岁入小学。”《周官·保氏》：“掌养国子，教之六书、九数。六书者，象形、象事、象意、象声、转注、假借也。”而宋人往往以洒扫、应对、进退为小学。段玉裁深通音训，幼时读朱子《小学》，其文集中尝言：“小学宜举全体，文字仅其一端。洒扫、应对、进退，未尝不可谓之小学。”案《大戴礼·保傅篇》：“古者八岁出就外舍，学小艺焉，履小节焉；束发而就大学，学大艺焉，履大节焉。”小艺指文字而言，小节指洒扫、应对、进退而言；大艺即《诗》《书》《礼》《乐》，大节乃大学之道也。由是言之，小学固宜该小艺、小节而称之。

保氏所教六书，即文字之学。九数则《汉书·律历志》所云：“数者，一十百千万是也。”学习书数，宜于髫龀；至于射御，非体力稍强不能习。故《内则》言：“十岁学书计，成童学射御。”《汉书·食货志》言：“八岁入小学，学六甲、五方、书计之事。”《内则》亦言六岁教之数与方名，郑注以东西释方名，盖即地理学与文字学矣。而苏林之注《汉书》，谓方名者四方之名，此殊不足为训。童蒙稚呆，岂有不教本国文字，而反先学外国文字哉？故师古以臣瓒之说为是也。

汉人所谓六艺，与《周礼·保氏》不同。汉儒以六经为六艺，《保氏》以礼、乐、射、御、书、数为六艺。六经者，大艺也；礼、乐、射、御、书、数者，小艺也。语似分歧，实无二致。古人先识文字，后究大学之道。后代则垂髫而讽六经；篆籀古文，反以当时罕习，致白首而不能通。盖字体递变，后人于真楷中认点画，自不暇再修旧文也。

是正文字之小学，括形声义三者而其义始全。古代撰次文字之书，于周为《史籀篇》，秦汉为《仓颉篇》，后复有《急就章》

出。童蒙所课，弗外乎此。周兴嗣之《千字文》《隋书·经籍志》入小学类。古人对于文字，形声义三者，同一重视。宋人读音尚正，义亦不敢妄谈。明以后则不然。清初讲小学者，止知形而不知声义，偏而不全，不过为篆刻用耳。迨乾嘉诸儒，始究心音读训诂，但又误以《说文》《尔雅》为一类。段氏玉裁诋《汉志》入《尔雅》于《孝经》类，入《仓颉篇》于小学类，谓分类不当。殊不知字书有字必录，周秦之《史》《仓》，后来之《说文》，无一不然。至《尔雅》乃运用文字之学。《尔雅》功用在解释经典，经典所无之字，《尔雅》自亦不具。是故字书为体，《尔雅》为用。譬之算术，凡可计数，无一不包。测无步历，特运用之一途耳。清人混称天算，其误与混《尔雅》字书为一者相同。《尔雅》之后，有《方言》，有《广雅》，皆为训诂之书，文字亦多不具。故求文字之义，乃当参《尔雅》、《方言》；论音读，更须参韵书，如此，文字之学乃备。

乾嘉以后，人人知习小学，识字胜于明人。或谓讲《说文》即讲篆文，此实谬误。王壬秋主讲四川尊经书院，学生持《说文》指字叩音，王谓尔曹喻义已足，何必读音？王氏不明反语，故为是言。依是言之，《说文》一书，止可以教聋哑学生耳。

今人喜据钟鼎驳《说文》。此风起于同、光间，至今约六七十年。夫《说文》所录，古文三百余。古文原不止此，今洛阳出土之三体石经，古文多出《说文》之外。于是诡谲者流，以为求古文于《说文》，不如求之钟鼎。然钟鼎刻文，究为何体，始终不能确知。《积古斋钟鼎款识》释文，探究来历，不知所出，于是诿之曰昔人。自清递推而上，至宋之欧阳修《集古录》。欧得铜器，不识其文，询之杨南仲、章友直。（杨工篆书，嘉祐石经为杨之手笔；章则当时书学博士也。）杨、章止识《说文》之古文，其他固不识也，欧强之使识，乃不得不妄称以应之。《集古录》成，宋人踵起者多，要皆以意测度，难妄断之讥。须知文字之学，口耳相受，不可间断。设数百年来，字无人识，后人断无能识之理。譬如“天地玄黄”，非经先生口授，何能明其音读？先生受之于师，师又受之于师，如此数千年，口耳相受，故能认识。或有难识之字，字书具在。但明反切，即知其音。若未注反切，如何能识之哉？今之学外国文者，必先认识字母，再求拼音，断无不教而识之理。宋人妄指某形为某字者，不几如不识字母而诵外国文乎？

宋人、清人，讲释钟鼎，病根相同，病态不同。宋人之病，在望气而知，如观油画，但求形似，不问笔画。清人知其不然，乃皮傅六书，曲为分剖，此则倒果为因，可谓巨谬。夫古人先识字形，继求字义，后乃据六书以分析之，非先以六书分析，再识字形也。未识字形，先以六书分析，则一字为甲为乙，何所施而不可？不但形声、会意之字，可以随意妄断，即象形之字，亦不妨指鹿为马。盖象形之字，并不纤悉工似，不过粗具轮廓，或举其一端而已。如字略象人形之侧，其他固不及也。若本不认识，强指为象别形，何不可哉？倒果为因，则甲以为乙，乙以为丙，聚讼纷纷，所得皆妄。如只摹其笔意，赏其姿态，而阙其所不知，一如欧人观华剧然，但赏音调，不问字句，此中亦自有乐地，何必为扣槃、扪烛之举哉！

宋人持望气而知之态度以讲钟鼎，清人则强以六书分析之。然则以钟鼎而驳《说文》，其失不止偏闰夺正而已。尝谓钟鼎款识，不得阑入小学；若与法帖图象，并列艺苑，斯为得耳。“四库书”列入艺术一类，甚见精卓。其可勉强归入小学类者，惟有研究汉碑之书，如洪氏《隶释》《隶续》之类而已。文字之学，宜该形声义三者。专讲《说文》，尚嫌取形遗声；又何况邈不可知之钟鼎款识哉！盖文字之赖以传者，全在于形。论其根本，实先有义，后有声，然后有形，缘吾人先有意想，后有语言，最后乃有笔画也。（文字为语言代表，语言为意想之代表。）故不求声义而专讲字形，以资篆刻则可，谓通小学则不可。三者兼明，庶得谓之通小学耳。《说文》以形为主，《尔雅》《方言》以义为主，《广韵》之类以声为主。今人与唐宋人读音不同，又不得不分别古今。治小学者，既知今音，又宜明了古音。大徐《说文》，常言某字非声，此不明五代音与古音不同故也。欲治小学，不可不知声音通转之理。段注《说文》，每字下有古音在第几部字样，此即示人以古今音读之不同。音理通，而义之转变乃明。大徐《说文》，每字下注明孙愐反切，此唐宋音，而非汉人声读。但由此以窥古音，亦初学之阶梯也。要之，形为字之官体，声义为字之精神，必三者具而文字之学始具。

许君之言曰："惟初太极，道立于一。"一之为字，属指事。盖人类思想，由简单以至繁复，苦结绳之不足致治，乃有点画以作识记，则六书次第，以指事居首为最合，指事之次为象形。《说文》之界说曰："指事者，视而可识，察而见意，丄丅是也。""象形者，画成其物，随体诘屈，⊙D是也。"此皆独体之文，继后有形声、会意，则孳乳而为合体之字。故形声之界说曰；"以事为名，取譬相成，江河是也。"会意之界说曰："比类合谊，以见指，信是也。"指事、象形在前，形声、会意在后，四者具而犹恐不足，则益之以转注，广之以假借，如是，则书契之道毕，宪象之理彰。

指事之异于象形者，形象一物，事晐众物。以为丄丅例，丄丅所晐者多，而日月则仅表一物。丄丅字，视之察之，可知其在上在下。此指事之最易明白者，故许君举以为例。

指事之字，除丄丅外，计数之字，自一至十，古人皆以为指事。但六字从入从八，已属会意。四字象形，尚非指事，惟籀文作亖，确系指事。按：莽布六七八九作丅丌丌丌，或为最初之古文，极合于"察而见意"之例。若七九两篆，殊不能"察而见意"也。

六书中之指事，后人多不了然。段氏《说文注》言指事者极少。王箓友《释例》《句读》，凡属指事之字，悉以为会意。要知两意相合，方得谓之会意。若一字而增损点画，于增损中见意义者，胥指事也。指事有独体、合体之别，丄丅一二，独体指事也，合体指事，例如下列诸字：

本，以木下一表根。末，以木上一表颠。不，象形兼指事，一以表天，下为鸟形，鸟飞上翔，不下来也，至，一以表地，上为鸟形，鸟飞从高，下至地也。此皆无形可象，故以一表之。又有屈曲其形以见意者，为大象人形，侧其左曰夨，侧其右曰夭，交其两足则为交，曲其右足则为尣。夨夭交尣均从大而略变者也，均指事也。更如屈木之颠曰𥝌，木之曲头，止不能上也。木中加一曰朱，赤心木也。赤心不可象，以一识之也。牟，牛鸣也，从牛，乙象其声气从口出。芈，羊鸣也，从羊，象气上出。系豕足曰豖，绊马足曰馽。凡此皆不别造字，即于木、牛、羊、豕、马本字之上，加以标帜者也。

指事有减省笔画以见意者。如夕，暮也，从月半见。歺，伐骨之残也，从半冎；冎，义为剔肉置骨，冎而得半，其残可知。𣎵，木之余，断木之首以见意。非有相背之象。飞，上象鸟首，下为双翅，张其翅，以表飞翔之状，而迅疾之卂，从飞而羽不见，疾飞则羽毛不能详审，故略去羽毛。今山水家画远鸟多作十字形，意亦同也。以上皆损笔见意之指事。又有以相反为指事者。如反正为乏，正乏即算术之正负，乏即负耳。反人为匕，相与比叙也。倒人为𠤎，变也，人死则化矣。反永为𠂢，永为水长，𠂢为分支，分支则水流长矣。之象草出于地；倒之为帀，周也，川楚间有阴沉木者，山崩木倒，枝叶入地而仍生，岭南榕树亦反倒入地而生，此皆可见蒙密周匝之意。推予谓之予；倒予谓之幻，以骗术诈惑人而取其财，斯为幻矣。止象人足，反止为𡳾，蹈也。此皆以相反见意也。故指事有三例：一增一省一相反。今粤人减有字二画为有，音如毛，意为无有，此俗字之属于指事者也。

指事不兼会意，而会意有兼指事。盖虽为会意，仍有指事之意在。北从二人相背，𦣞从二臣相违，相背相违，亦有指事之意。两或颠倒而成𧬺，悖也；两止相背而成癶，足刺癶也：亦兼指事之意。指事之例甚广，而段氏乃以为指事甚少，此亦未之思耳。但段氏犹知指事、会意，不容厕杂；而王篆友则直以指事为会意矣。要知会意之会，乃会合之会，非领会之会也。

造字之朔，象形居先，而指事更在象形之前。盖指事亦象形之类，惟象空阔之形，不若象形之表示个体耳。许君举日月二文为象形例，⊙象日中有黑子，D象日形之半，此乃独体象形，几豕彑易木屮之类均是。至合体象形：果，⊕象果实，下从木；朵，乃象跗萼，下从木；田象阡陌之状，而小篆作𤰮；裘，古文作求，小篆加衣为裘，中象毛皮之形，皆合体象形也。母从女加--为两乳形；兒从儿，象小儿头囟未合，亦合体象形也。自独体象形衍而为合体象形，亦有不得不然之势。否则无女之--，无儿之囟，孰从而识其为母为兒乎？

象形之字，《说文》所录甚多，然犹不止此数，如钟鼎之8，即为《说文》所未录者。（钟鼎文字，原不可妄说，但连环之8，可由上下文义而知其决然为环，经昔人谨慎考定，当可置信。）

造字之初，不过指事、象形两例。指事尚有状词、动词之别，而象形多为名词。综《说文》所录，象形、指事，不过二三百字。虽先民言语简单，恐亦非此二三百字所能达意。于是有以声为训之法，如：马兼武义；火兼毁义；水有平准之义，而以水代准（古音水准相近）；齐有集中之义，斋戒之斋，即假齐以行。夫书契之作，所以济结绳之穷。若一字数义，仍不能收分理别异之功，同一马也，或作马义，或作武义；同一水也，或作水义，或作准义：依是则饰伪萌生，治丝而益棼矣。于是形声、会意之作乃起。

形声之声，有与字义无关者，如江之工、河之可，不过取工、可二音，与江、河相近。此乃纯粹形声，与字义毫无关系者也。劦部之恊勰協，皆有同心合力之意，则声而兼义矣。盖形声之字，大都以形为主，而声为客。而亦有以声为主者，《说文》中此类甚多，如某字从某，某亦声，此种字皆形声而兼会意者也。王荆公《字说》，凡形声悉认为会意，遂成古今之大谬。故理董文字，切不可迂曲诠释。一涉迂曲，未有不认形声为会意者。初造文字时，决不尔也。

许君举武、信为会意之例。夫人言为信，惟信乃得谓之人言，否则与鸡鸣犬吠何异？此易明者。止戈为武，解之者率本楚庄王禁暴戢兵之意，谓止人之戈。但《大雅》："履帝武敏。"《传》曰："武，迹也。"则足迹亦谓之武。按《牧誓》："不愆于六步、七步。""不愆于四伐、五伐。"步伐整齐，则军令森严，此则谓之武耳。余意止者步省，戈者伐省，取步伐之义，似较优长。但楚庄之说，亦不可废。若解止戈为不用干戈，则未免为不抵抗主义之信徒矣。

会意之字，《说文》所录甚少，五百四十部以形声字为最多。《说文》而后，字书所收，字日以多，自《玉篇》《类篇》以至

《正字通》、《康熙字典》，无不后来居上。《类篇》所收，有五万字。至《康熙字典》则俗体寖多于前矣。

后人造形声之字，尚无大谬，造会意则不免贻笑，若造象形、指事，必为通人所嗤。如“丢”，去上加一，示一去不返，即觉伧俗可笑。今人造它、她二字，以它为泛指一切，她则专指女人。实则自称曰我，称第三者曰他，区别已明，何必为此骈枝？依是而言，将书俄属男，写娥属女，而泛指之我，当别造一字以代之。若“我师败绩”“伐我北鄙”等语，我悉改书为，不将笑绝冠缨耶？

转注之说，解者纷繁。或谓同部之字，笔画增损，而互为训释，斯为转注。实则未见其然。《说文》所载各字，皆隶属部首。亦有从部首省者：犛部有氂、有斄，氂与斄，非纯从犛，从犛省也；爨部有在釁、有釁，但取爨之头而不全从爨也；画部有晝，㝱部有寐，有寤，有寱，晝为画省，寤、寐、寱，皆非全部从㝱。且氂，犛，牛尾也；斄，强曲毛也，与犛牛非同意相受。釁所以支鬲；釁，血祭：亦非同意。画，介也；晝，日之出入，与夜为介：意亦相歧。寐，卧也，虽与㝱义较近，而寤则寐觉而有言，适与相反。谓生关系则可，谓同意相受则不可。不特此也，《说文》之字，固以部首为统属，亦有特别之字虽同在一部而不从部首者。乌部有焉、有舄，与部首全不相关，意亦不复相近；犛、爨、画、㝱四部，尚可强谓与考老同例，此则截然不相关矣。准此，应言建类一首，同意不相受。而江声、曾国藩辈，坚主同部之说，何耶？

或谓建类一首者，头必相同，如禽头与兕头同是也。余谓以此说“一首”犹可，顾“同意相受”之义犹未明。且《说文》所载，虎足与人足同，燕尾与鱼尾同。如言禽头与兕头同为建类一首，则此复应言建类一尾或建类一足矣。况禽头与兕头同在《说文》象形中，字本无多，仅为象形之一种。故知此说琐屑，亦无当也。

戴东原谓：《说文》：“考，老也。”“老，考也。”转相训释，即所谓“同意相受”。“建类一首”者，谓义必同耳。《尔雅》：

“初、哉、首、基、肇、祖、元、胎，俶、落、权舆，始也。”此转注之例也。余谓此说太泛，亦未全合。《尔雅》十二字，虽均有始义，然造字之时，初为裁衣之始；哉（即才字）为草木之初。始义虽同，所指各异。首为生人之初，基为筑室初。虽后世混用，造字时亦各有各义，决不可混用也。若《尔雅》所释，同一训者，皆可谓同意相受，无乃太广泛矣乎？

于是许瀚出而补戴之阙，谓：戴氏言同训即转注，固当；然就文字而论，必也二义相同，又复同部，方得谓之转注，此说较戴氏为精，然意犹未足。何以故？因五百四十部非必不可增损故，如乌舄焉三字，立乌部以统之，若归入鸟部，说从鸟省，亦何不可？况《说文》有瓠部，瓠部有瓢字，瓢从瓠省，实则瓠从瓜，瓢亦从瓜，均可归入瓜部，不必更立一部也。且古籀篆字形不同，有篆可入此部，而古籀可入彼部者，是究应入何部乎？鴟，小篆从隹；雕，籀文从鸟：应入鸟部乎？隹部乎？未易决也。转注通古籀篆而为言，非专指小篆。六书之名，先于《说文》，贯通古籀篆三，如同部云云，但依《说文》而言，则与古籀违戾。故许氏之说，虽精于戴，亦未可从也。

刘台拱不以小学名，而文集中《论六书》一文，识见甚卓。谓所谓转注者，不但义同，音亦相近。此语较戴氏为有范围。转注云者，当兼声讲，不仅以形义言。所谓“同意相受”者，义相近也。所谓“建类一首”者，同一语原之谓也。同一语原，出生二字，考与老，二字同训，声复叠韵。古来语言不齐，因地转变，此方称老，彼处曰考；此方造老，彼处造考，故有考老二文。造字之初，本各地同时并举，太史采集异文，各地兼收，欲通四方之语，故立转注一项。是可知转注之义，实与方言有关。《说文》同部之字，固有转注；异部之字，亦有转注，不得以同部为限也。

《说文》于义同、音同、部首同者，必联绵属缀，此许君之微意也。余著《国故论衡》，曾举四十余字作证。今略言之，艸部：蓋，葍也，葍，蓋也；蓨，苗也；苗，蓨也。交互为训，绵联相属，即示转注之意。所以分二字者，许君之书，非由己创，亦参考古书而成。蕾、藟、蘱、苗，《尔雅》已分，故《说文》依之也。又如袒、裼、裸、裎：袒，许书作“但”；裼，古音如鬄。但、裼古双声，皆在透母。裸，但也；裎，但也。裎今舌上音，古人作舌头音，读如听，亦在透母。裸在今来母，于古亦双声。此皆各地读音不同，故生异文。由今论之，古人之文，转今为简。亦有繁于今者。《孟子》：“虽祖裼裸裎于我侧，尔焉能浼我哉?”实则但言“袒于我”可矣。又古人自称曰我、曰吾、曰卬、曰言，我、吾、卬、言，初造字时，实不相关，语言转变，遂皆成我义。仾卬之卬，言语之言，岂为自称而造?因各地读音转变而假用耳。又，古人对人称尔，称女，称戎，称若，称而，《说文》尔作尒，既造尒为对人之称，其余皆因读音转变而孳生之字。女即借用男女之女，戎即借用戎狄之戎，若即借用择菜之若，而即借用须髯之而。古无弹舌音，女戎若而，皆入泥母。以今音准之，你音未变，戎读为奴、为侬，而读为奈，皆入泥母。今苏沪江浙一带，或称奈，或称你，或称奴，或称侬，则古今音无甚异也。又汪、潢、湖、汙四字，音转义同。小池为汙，《左传》：“周氏之汪。”汪训池，亦称为潢，今匣母，转而为汙潢。《汉书》：“盗弄陛下之兵于潢池中耳。”《左传》亦称潢汙行潦。汪今影母，音变为湖。汙湖阴声，无鼻音；汪潢阳声，有鼻音。阴阳对转，乃言语转变之枢纽。言与我，吾与卬，亦阴阳对转也。语言不同，一字变成多字。古来列国分立，字由各地自造，音亦彼此互异，前已言之。今南方一县之隔，音声即异，况古代分裂时哉！然音虽不同，而有通转之理。《周礼·大行人》：“属瞽史谕书名，听声音。”瞽不能书，审音则准。史者史官，职主记载。“谕书名”者，汙潢彼此不同，谕以通彼此之意也。“听声音”者，听其异而知其同也。汪汙潢湖，声虽不同，而有转变之理，说明其理，在先解声音耳。如此，则四方之语可晓；否则，逾一地、越一国，非徒音不相同，字亦不能识矣。六书之有转注，义即在此。不然，袒裼裸裎、汪汙潢湖，彼此焉能通晓?下三字与上一字，音既相同，义亦不异。此所谓“建类一首、同意相受”也。古者方国不同，意犹相通。造字之初，非一人一地所专，各地各造，仓颉采而为之总裁。后之史籀、李斯，亦汇集各处之字，成其《史籀篇》、《仓颉篇》。秦以后字书亦然，非仓颉、史籀、李斯之外，别无造字之人也。庶事日繁，文字遂多。《说文》之后，《玉篇》收二万字，《类篇》收五万字，皆各人各造而编书者汇集之。后人如此，古人亦然。许书九千字，岂叔重一人所造？亦采前人已造者耳。荀子云：“好书者众矣，而仓颉独传者，一也。”斯明证矣。是故，转注在文字中乃重要之关键。使全国语言彼此相喻，不统一而自统一，转注之功也。今人称欧洲语同出罗马，而各国音亦小异。此亦有转注之理在。有转注尚有不相喻处，故孔子曰：“吾犹及史之阙文也……今亡矣夫！”盖当时列国赴告，均用己国通用之字，彼此未能全喻，史官或有不识之字，则阙以存疑。周全盛时，虽诸侯分立，中央政府犹有史官可以通喻；及衰，列国依然自造文字，而史官不能喻。其初不喻者阙之，其后则指不识以为识。“今无矣夫”者，伤之也。华夏一统，中国语言，彼此犹有不同，幸有字书可以检查。是故，不但许君有功，即野王、温公辈，亦未始无功。又字有义有音，义为训诂，音为反切。韵书最古者推《广韵》，则陆法言辈亦何尝无功哉！古有谕书名、听音声之事，其书不传，后人采取其意而为音韵之书。为统一文字计，转注决不可少，音韵亦不得不讲也。

假借之与转注，正如算术中之正负数。有转注，文字乃多；有假借，文字乃少。一义可造多字，字即多，转注之谓也；本无其字，依声托事，如令、长是，假借之类也。令之本义为号令，发号令者谓之令，古之令尹、后之县令，皆称为令，此由本义而引申者。长本长短之长，引申而为长幼之长。成人较小孩为长，故可引申，再引申而为官长之长，以长者在幼者之上，亦犹官长在人民之上也。所谓假借，引申之谓耳。惑者不察，妄谓同声通用为假借。夫同声通用，别字之异名耳。例如前后之前，许书作歬，今乃作前。前，剪刀之剪也。汉以后，凡歬均作前。三体石经犹不作前。夫妄写别字，汉以后往往有之，则汉以前亦安见其必无？周公、孔子，偶或误书，后人尊而为之讳言，于是美其名曰假借。实则别字自别字，假借自假借，乌可混为一谈？六书中之假借，乃引申之义。如同声通用曰假借，则造拼音字足矣。夫中国语之特质为单音，外国语之特质为复音。如中土造拼音字，则此名与彼名同为一音，不易分辨，故拼音之字不适于华夏。仓颉为黄帝史官，黄帝恐亦如刘裕一流，难免不写别字耳。是故同声通用，非《说文》所谓假借。《说文》所谓假借，乃引申之义，非别字之谓也。否则，许君何不谓"本有其字，写成别字，假借是也"乎？"本无其字"者，有号令之令，无县令之令；有长短之长，无令长之长：故曰无也。造一令字，包命令、县令二义。造一长字，包长短、长幼、官长三义，此之谓假借。

外此，假借复有一例。唐、虞、夏、商、周五字，除夏与本义犹相近外，唐为大义，非地名；虞为驺虞义，非地名；商为商量义、周为周密义，均非地名。此亦本无其字，依声托事也。如别造一字，唐旁加邑为鄌，虞、商、周亦各加邑其旁，亦何不可？今则不然，但作唐、虞、商、周，非依声托事而何？此与令长意别，无引申之义，仅借作符号而已。

外此，复有一例。如重言之联语，双声之联语，叠韵之联语。凡与本义不相关者，皆是也。《尔雅》："懋懋、慔慔，勉也。""佌佌、琐琐，小也。""悠悠、洋洋，思也。""烝烝、遂遂，作也。"此重言之联语有此义无此字，亦本无其字，依声托事之假借也。参差（双声之联语，参与不齐无关）、辗转（双声而兼叠韵。辗，《说文》作级。级与知恋反之转不相关），诪张（双声，诪或作侜，与幻义不相关），皆以双声为形容也。消摇（消者消耗、摇者摇动，皆无自在义）、须臾（须，颊毛也。臾，曳也。皆无顷刻义），皆以叠韵为形容也。有看似有义，实则无义者。如抢攘，《说文》无抢，作枪；攘作嚣：二字合而形容乱义。要之，联词或一有义，或均无义，皆本无其字，依声托事也，皆假借也。是故不但令长可为假借之例，唐、虞、商、周，懋懋、慔慔，参差、抢攘，均可作假借之例。由此可知假借之例有三：一引申、二符号、三重言双声叠韵之形容，皆本无其字，依声托事也。乌得以同声通用当之哉！（同声通用，治小学者亦不得不讲。惟同声通用乃小学之用，非六书造字之旨耳。）

引申、符号、形容，有此三者，文字可不必尽造，此文字之所以简而其用普也。要之，《说文》只九千字，《仓颉篇》殆不过三千字，周秦间文化已启，何以三千字已足？盖虽字仅三千，其用则不仅三千。一字包多义，斯不啻增加三四倍矣。

以故，转注、假借，就字关联而言；指事、象形、会意、形声，就字个体而言。虽一讲个体，一讲关联，要皆与造字有关。如戴氏所言，则与造字无关，乌得厕六书之列哉？余作此说，则六书事事不可少；而于造字原则，件件皆当，似较前人为胜。

造字之始于仓颉，一见于《世本》，再见于《荀子》，三见于《韩非子》，而《说文序》推至伏羲画卦者，盖初文之作，不无与卦画有关，如☵即坎卦是已。若汉人书坤作巛，《经典释文》亦然；宋人妄说坤为六断，实则坤与川古音相近，巛巛相衍，义或近是。《尔雅·释水》："水中可居者曰州。"大地抟抟，水绕其旁，胥谓之州。故邹衍有大九州之说。释典有海中可居者四大洲之言。州者之巛重也。气字作≋，与☱卦近似。天本积气，义亦相合。此☰卦与初文皆有关系。言造字而推至画卦，义盖在是。

《序》又言："见鸟兽蹄迒之迹，知分理之可相别异，初造书契。"此义汉儒未有所阐。案《抱朴子》：八卦象鹰隼之翮。其言当有所受。《易·系》言："古者庖牺氏之王天下也，仰则观象于天，俯则观法于地，观鸟兽之文与地之宜。"所谓鸟兽之文者，鹰隼之翮当居其一。鹰翮左右各三。象其全则为☰，去其身则为☷，此推至八卦之又一说也。

造字之后，经五帝三王之世，改易殊体，则文以寖多，字乃渐备。初文局于象形、指事，不给于用。《尧典》一篇，即非初文所可写定。自仓颉至史籀作大篆时，历年二千。其间字体，必甚复杂。史籀所以作大籀者，欲收整齐画一之功也。故为之厘订结体，增益点画，以期不致淆乱。今观籀文，笔画繁重，结体方正：本作山旁者，重之而作屾旁；本作巛旁者，重之而作巛巛旁。较钟鼎所作踦斜不整者，为有别矣。此史籀之苦心也。惜书成未尽颁行，即遇犬戎之祸。王畿之外，未收推行之效。故汉代发见之孔子壁中经，仍为古文。魏初邯郸淳亦以相传之古文书三体石经。（北宋苏望得三体石经，刻之于洛阳，见洪氏《隶续》，民十一洛阳出土石经存二千余字。）至周代所遗之钟鼎，无论属于西周或属于东周，亦大抵古文多而籀文少。此因周宣初元至幽王十一年，相去仅五十余年。史籀成书，仅行关中，未曾推行关外故也。秦兼天下，李斯奏同文字，罢其不与秦文合者，作《仓颉》等三篇。取史籀大篆，或颇省改，后世谓之小篆。今观《说文》所录重文，古文有三百余字，而籀文不及二百。此因小篆本合籀文。籀文繁重，李斯略为改省。大篆小篆，犹世言大写小写矣。

秦时发卒兴戍，官狱繁多，程邈作隶，以趣约易。施用日广，于是古文几绝。秦隶今不可见，顾蔼吉《隶辨》言秦隶之遗于今者，若秦量、秦权、秦诏版等。文虽无多，尚可见其大意。大概比篆书略加省改，而笔意仍为篆书。即西汉之吉金石刻，虽为隶体，亦多用篆笔书写，与后世之挑剔作势者不同。东汉时，相传有王次仲者，造作八分，于是隶法渐变，即今日所称之汉隶也。今所见之汉碑，多起于东汉中叶以后。东汉初年之《三公山碑》，尚带篆意；《石门颂》亦然；裴岑《纪功碑》虽隶而仍兼篆笔，盖为秦隶之遗。桓、灵时之碑刻，多作八分，蔡邕之熹平石经亦八分也。八分与隶书之别，在一有挑剔，一无挑剔，譬之颜、欧作楷，笔势稍异耳。《说文序》又言："汉兴有草书。"卫恒言："草书不知作者姓名。"今案：草书之传世者，以史游《急就篇》为最先，而赵壹亦谓起秦之末。但《论语》有"裨谌草创"之语；《屈原传》亦有"屈平属草稿未定"语。此所谓草，是否属稿之际，作字草率牵连，或未定之稿曰草稿，均不可知。东周乙亥鼎文，阮元以为草篆，后人颇以为非。余谓凡笔画本不相连，而忽牵连以书者，即可认为草书之起源。如二十并作廿，四十并作卌是矣。又古文⿱止心或作⺌，⿱止心从止从心，可以六书解说。⺌为尚之上半，应作⿱止心，而今作⺌，不能以六书解，或古人之所谓草乎？要之，此所谓草，与汉后从隶变者不同，必从大篆来也。

《说文序》言秦烧灭经书，古文由此绝。绝者不通行之谓，非真绝也。秦石刻之乁字，即古文及字，又秦碑戎字，亦系古文（小篆作或）。而廿字秦碑中亦有之。盖秦时通行篆隶，古文易乱，不过施诸碑版，一如今世通行行楷，而篆盖墓碑，多镂刻篆文耳。

秦汉之际，识古文者犹多。鲁恭王坏孔子宅，得《尚书》《礼记》《春秋》《论语》《孝经》数十篇。《史记·儒林传》：孔氏有古文《尚书》，孔安国以今文读之，因以起其家。汉初传《尚书》者有伏生二十九篇，而孔壁所得多十六篇。夫汉景末年，去焚书时已七十年，若非时人多识古文，何能籀读知其多十六篇哉？可见汉初犹多识古文也。《礼经》五十六篇，亦壁中经，中有十七篇与高堂生所传相应；余三十九篇，两汉尚未亡佚。观郑康成注，常引逸《礼》，康成当有所受。知汉时识古文者多矣。又，《论语》亦壁中经，本系古文，而《鲁论》《齐论》，均自古文出，虽文字略异，而大旨相同。试问当时何以能识？无非景、武之间，仍有识古文者，孔安国得问之耳。又，北平侯张苍献《春秋左氏传》。张之献书，当在高后、文帝时，张以之传贾谊，贾作训诂，以授赵人贯公。贾由大中大夫出为太傅，在都不过一年，期时张为达官，传授之际，盖略诏大意而已，岂真以一十九万字，手指口授，字字课贾生哉！则贾之素识古文可知。又《封禅书》言：武帝有古铜器，李少君识之，谓齐桓公十年陈于伯寝。案之果然。《太史公自序》："年十岁则诵古文。"凡此种种，均可见古文传授，秦以后未尝断绝。至汉景、武间，识古文者犹多也。且也，《老》《庄》《荀子》，无今古文之别，其书简帛者，为古文无疑。（作《吕览》时，尚无小篆。）秦焚书时，当亦藏之屋壁。迨发壁后，人多能读。不识古文，焉能为此？河间献王得古文先秦旧书《孟子》、《老子》之属。《孟子》亦为古文书之，余可知矣。今人多以汉高、项王为不识字。其实不读书则有之，不识字则未然。项籍少时，学书不成，项梁教之兵法；沛公壮试为吏，皆非目不识丁者所能为。张良受太公兵法于黄石公；萧何引《逸周书》以对高祖；楚元王与申公受诗于浮丘伯；张耳、陈余雅好儒术；贾山之祖贾祛，故魏王时博士弟子，山受学于祛，涉猎书记，凡此皆能识古文之人。汉文时，得魏文侯乐人窦公，年百八十，其书即《周礼·大司乐》章。窦公目盲，其书盖未盲时所受，定系古文。然一献而人能识之，可证当时识者尚多。至东汉许君之时，识古文者渐少。

盖汉以经术取士，经典一立学官，人人沿习时制，其书皆变古而为隶矣。若伏生之二十九篇，当初本为古文，其后辗转移写，遂成隶书。高堂生传《礼》，最初为篆为隶，盖不可知。《诗》则成诵于口，与焚书无关，故他书字形或有谬，而齐、鲁、毛、韩四家，并无因字体相近而致误者。《易》以卜筮独存，民间所传，自田何以至施、孟、梁丘，皆渐由古文而转变为隶，《左传》本系古文，当时学者鲜见，《公羊》初凭口受，至胡毋生始著竹帛，为隶书无疑。大抵当时利禄之途已开，士人识隶已足，无须进研古、籀。许君去汉武时已三百余年，历年既久，识古文者自渐寥落。而一二古文大师，得壁中经后，师弟相传，辗转录副以藏。以不立学官，故在民间自相传授，寖成专家。此三体石经之古文所由来也。夫认识文字，端在师弟相传。《说文》所录古文，不过三百余字，今三体石经尚有异体。缘壁经古文，结体凌乱，有不能以六书解者，许君不愿穿凿，因即屏去不录，如《穆天子传》八骏之名，今亦不能尽识也。

汉时通行载籍，沿用隶书，取其便于诵习，而授受弟子，则参用古文。《后汉书·贾逵传》：章帝令逵自选诸生高才者二十人，教以《左氏》，人与简纸经传各一通。盖简载古文，而纸则隶写。至郑康成犹然，康成《戒子书》云："所好群经率多腐败，不得于礼堂写定，传与其人。"所谓腐败者，古文本也。

马、郑《尚书》，字遵汉隶；而三体石经之古文，则邯郸淳自有所受。若今世所行之伪古文《尚书》，《正义》言为郑冲所作，由魏至晋，正三体石经成立之时，郑冲即依石经增改数篇，以传弟子。东晋元帝时，梅赜献之于朝。人见马、郑本皆隶书而此多古字，遽信以为真古文孔《传》，遂开数千年聚讼之端。今日本所谓足利本隶古定《尚书》，宋薛季宣《书古文训》，字形瑰怪，大体与石经相应。敦煌石室所出《经典释文》残卷，亦与之相应。郭忠恕《汗简》，征引古文七十一家，中有古《尚书》，亦与足利本及《书古文训》相应。盖此二书乃东晋时之《尚书》，虽非孔壁之旧，而多存古字，亦足宝矣。

唐人不识古文，所作篆书，劣等字匠。唐高宗时之《碧落碑》，有真古文，亦有自造之字。北宋以还，钟鼎渐渐发现。宋人释钟鼎文者，大都如望气而知。清人则附会六书，强为解释。夫以钟鼎为古物，以资欣赏，无所不可；若欲以钟鼎刻镂，校订字书，则适得其反耳。至如今人哗传之龟甲文字，器无征信，语多矫诬。皇古占卜，蓍龟而外，不见其他。《淮南子》云："牛蹄彘颅，亦骨也，而世弗灼；必问吉凶于龟者，以其历岁久矣。"可见古人稽疑，灵龟而外，不事骨卜。今乃兽骨龟厌，纷然杂陈，稽之典籍，何足信赖？要知骨卜一事，古惟夷貊用之，中土无有也。《庄子》言宋元君得大龟，七十二钻而无遗策。唐李华有《废卜论》，可见龟卜之法，唐代犹存。开元时孟诜作《食疗本草》，宋苏颂《图经》及《日华本草》，皆言已卜之龟，必有钻孔，名之曰漏天机。虽绝小之龟，亦可以钻十孔。钻孔多则谓之败龟板也。夫灼龟之典，载于《周礼》。凿孔以灼，因以观兆。无孔则空气不通，不能施燋，无以观兆。今所得者，累然成贯，而为孔甚少，不可灼卜。或者方士之流，伪作欺人。一如《河图》《洛书》之傅合《周易》乎？其文字约略与金文相似。盖造之者亦抚摹钟鼎而异其钩画耳。夫钟鼎文字，尚有半数可认，亦如二王之草书笺帖，十有六七可识。余则难以尽知，不妨阙疑存信。若彼龟甲文者，果可信耶？否耶？

贵州有《红崖碑》，摩崖巨刻，足壮观瞻。惟文字为苗为华，讫不可知。邹汉勋强为训释，真可谓器真而解之者妄。又如古人刀布，不可识者甚多，周景王大钱，上勒[illegible]、匕二文，解之者或谓宝货，或以为燕货。钱文类此者多，学者只可存而不论。大抵钟鼎文之可识者，十可七八，刀布则十得五六，至于龟甲，则矫诬之器、荒忽之文而已。

古昔器物，近代出土愈多，而作伪者则异其心理。大抵轻而易举者，为数必众。钟鼎重器，铸造非易，故伪者尚少；刀布之类，聚铜熔淬，亦非巨资不办。至于龟甲，则刚玉刻画，顷刻可成。出土日众，亦奚怪哉！

是故，居今而研文字，当以召陵正书为归；外此则求古文于三体石经，亦属信而有征。至于籀文，则有石鼓文在。如是而一轨于正，庶不至误入歧途矣。

语言不凭虚而起，文字附语言而作。象形象声，神旨攸寄；表德表业，因喻兼综。是则研讨文字，莫先审音。字音有韵有纽：发声曰纽，收声曰韵。兹先述韵学大概。韵分古音、今音，可区别为五期，悉以经籍韵文为准。自《尧典》《皋陶谟》，以至周秦汉初为一期；汉武以后至三国为一期；两晋南北朝又为一期；隋唐至宋亦为一期；元后至清更成一期。泛论古音，大概六朝以前多为古音。今兹所谓古音，则指两汉以前。泛论今音，可举元明清三代，今则以隋为今音。此何以故？因今之韵书俱以《广韵》为准，而言古音则当以《诗经》用韵为准故。

《广韵》之先为《切韵》。隋开皇初，陆法言与刘臻等八人共论音韵，略记纲纪，后定为《切韵》五卷。唐孙愐勒为《唐韵》，至宋陈彭年等又增修为《广韵》。古今音之源流分合，悉具于是。

泛论古音有吴才老之《韵补》，虽界限凌乱，而能由《广韵》以推《诗经》用韵分部，实由此起。至今音则每杂有方音。《广韵》二百六韵，即以平声五十七韵加入声三十四韵，亦有九十一韵。以音理论，口齿中能发者不过二十余韵，何以《广韵》多至此数？此因《广韵》虽以长安音为主，亦兼各处方音，且又以古今沿革分韵故也。

汉人用韵甚简，而六朝渐繁。即汉前人用韵亦比汉朝为繁。如孔子赞《易》，老子著《道德经》，皆协韵成文。至汉人之诗，用韵尚谨严，赋已不甚谨严；若焦氏《易林》，用韵亦复随意；他若《太史公自序》之叙目，及《汉书》之述赞，用韵更不严矣。宋郑庠分古音为六部，后人言郑之分部止合于汉人用韵，且亦仅合于《易林》、述赞之类，不合于赋，更不合于诗。

顾亭林之《唐韵正》《古音表》析为十部，律以汉诗用韵，未尽密合。江慎修改为十三部，虽较为繁密，仍嫌不足。戴东原《声类表》分平声十六韵，入声九韵。平声阴阳各半，而闭口韵有阳无阴，入声仅系假设，所以实得十有六韵。古音至戴氏渐臻完密。段懋堂《音韵表》分十七部，孔巽轩《诗声类》分十八部，王怀祖分二十一部，与郑氏之说相较，相差甚远。然王氏之二十一部，尚有可增可减之处。

自唐以来，以今音读古之辞赋，一有不谐，便谓叶韵。陆德明见《诗》“燕燕于飞”以南与音、心为韵，以为古人韵缓，不烦改字。要知音、心属侵，南属覃，晋人尚不分部，陆氏生于陈时，已不甚明古音，自叶韵之说出，而古人正音渐晦。借叶之一字，以该千百字之变，天下岂有此易简之理哉！清高宗作诗，至无韵可押，强以其字作他音协之。自古至今，他人断无敢如此妄作者。明陈第言，凡今所称协韵，皆即古之本音，非随意改读，辗转迁就，如母必读米，马必读姥，京必读疆，福必读偪之类。历考诸篇，悉截然不紊。且不独《诗经》为然，周秦人之韵文，无不皆然。且童谣及梦中歌谣，断不至有意为叶韵之事。若《左》昭二十五年传载《鸲鹆歌》，野读墅，马读姥；哀十七年传，卫侯梦浑良夫被发之呼，瓜音为姑是也。自此说出，而韵学大明。清人皆信古本音之说，惟张成孙不信之，谓古人与我相隔二千年，不能起而与之对语，吾人何由知其本音正读如此乎？然以反切定韵，最为有据。如等字一多肯切、一多改切，莽字一模朗切、一莫补切。等本与待相通借，多改切之等即出于待；莫补切之莽，古书中不乏其例，《离骚》莽与序、暮为韵，又莽何罗即马何罗（汉武帝时，马何罗与弟马通谋反伏诛。通之后为马援，援女为明德皇后，恶其先人叛逆，耻与同宗，改称之曰莽），马，汉音读姥，莽、马同声，此古本音之极有凭证者也。

《集韵》所收古音，比《广韵》为多。《经典释文》所无之字音，《集韵》时有之。如天，一音他前切，一音铁因切。马，一音莫下切，一音满补切。下，一音胡雅切，一音后五切。在唐以前之韵书都无此音。意者丁度等撰《集韵》时，已于《诗经》《楚辞》中悟得此理，故本音之说，虽发自陈第，而《广韵》《集韵》已作骅骝之开道。是故求古韵，须知其音读原本如此，非随意改读，牵强迁就。《易》《诗》《老子》《楚辞》如此，后汉六朝之韵文亦如此。

唐杜、韩之诗，有意摹古，未必悉合《唐韵》。杜诗于入声韵每随意用之。韩则有意用古。其用韵或别有所本，亦未可知。古代韵书今仅存一《广韵》矣。魏晋六朝之韵书，如李登《声类》、吕静《韵集》，悉不可见。意者唐人摹古拟古诸作，乃就古人所用之韵而仿为之，必非《唐韵》亦如此也。自天宝以后，声音略有变动。白乐天用当时方音入诗，如《琵琶行》以住、部、妒、污、数、度、故、妇为韵，上去不分，非古非今。此音晚唐长安之音，妇、亩、富等字，皆转入语、麌、姥、御、遇、暮诸韵，观慧琳《一切经音义》可知。

唐韵分合，晚唐人已不甚知，宋人更不知之。宋人作诗，入声随意混用，词则常以方音协之。北宋人词，侵、覃与真、寒不混，而南宋人词则混用不分矣。须知侵、覃闭口音，以半摩字收之，真、寒不闭口，以半那字收之。今交、广人尚能分别。此其故，当系金元入据中原之后，胡人发音不准，华人渐与同化，而交、广僻在岭南，尚能保存古音。今江河之域，三山二音不分，两广人闻之，必嗤为讹音，而在唐时或已有此等读法。是故唐人有嘲人语不正诗，以其因、阴混用，不分闭口不闭口也。

日人读我国之音，有吴音、汉音之别。吴音指金陵音，汉音指长安音。听其所读汉音，实与山西西部、陕西东部略近。吾人今读江与阳通，江西人读江为龚，发声时口腔弯窿，与东音相近。阳韵日本汉音读阳若遥，章读如宵，张读如敲，正与山、陕人方音相似，此盖唐人音读本如此也。

欲明音韵，今音当以《广韵》为主；古韵以《诗经》为主，其次则《易》赞、《楚辞》以及周秦人之韵文。顾亭林初欲明古音以读《诗经》，其结果反以《诗经》明古音。诗即歌曲，被之管弦，用韵自不能不正，故最为可据。陈第《毛诗考》未分部，顾氏分十部，仍以《广韵》之目为韵标。因《广韵》虽系一时之音，尚有酌古准今之功。有今韵合而古韵分者，《广韵》亦分之；有今韵分而古韵合者，《广韵》亦分之。如支脂之为一类，唐后不分，而六朝人分之。东冬钟江为一类，江韵古音与东冬钟相同，所以归为一类。然冬韵古音，昔人皆认为与东相近。孔巽轩则以为冬古音与东钟大殊，而与侵最近；严铁桥更谓冬即侵也，不应分为二类。要之，冬侵相近，其说是也。至于取《广韵》部目以标古韵，本无不合。亦有人不喜用《广韵》部目者，如张成孙《说文谐声谱》，以《诗》中先出之字建首是也。要知用一字标韵，原不过取其声势大概如此，今不用《广韵》标目而用他字，其所以为愈者何在？阮芸台元不知韵学，以为张氏之书，一扫千古之障，其实韵目只取其收声耳。戴东原深知此理，故《声类表》取喉音字标目，如东以翁、阳以央，则颇合音理矣。是故废《广韵》之谱而自立韵标，只有戴法可取。

戴氏不但明韵学，且明于音理。欲明韵学，当以《诗经》之用韵仔细比勘，视其今古分合之理。欲明音理，当知分韵虽如此之多，而彼此有衔接关系。古人用韵，并非各部绝不相通，于相通处可悟其衔接。吾人若细以口齿辨之，识其衔接之故，则可悟阴阳对转之理、弇侈旁通之法矣。对转之理，戴氏发明之，孔氏完成之。

前之顾氏，后之段氏，皆长于韵学，短于音理。江氏颇知音理，戴氏最深，孔氏继之。段氏于《诗经》、楚《骚》、周秦汉魏韵文中，发现支脂之三韵，古人分别甚严，而仍不识其所以分别之理，晚年询之江有诰，有得闻其故死而无憾之言。江虽于音理较深，亦未能阐明其故。盖音理之微，本非仓卒所能豁然贯通也。如不知音理而妄谈韵学，则必如苗仙麓之读《关雎》鸠、洲、仇入《广韵》萧、豪韵矣。顾亭林音理不深，但不肯矫揉造作，是以不如苗病之多。如歌麻二字，古人读麻长音，读歌短音，当时争论甚多，顾不能决，此即不明音理故也。居今日而欲明音韵之学，已入门者，宜求音理；未入门者，先讲韵学。韵学之道，一从《诗经》入手，一从《广韵》入手。多识古韵，自能明其分合之故。至求音理，则非下痛切工夫不可。

今人字母之称，实不通之论也。西域文字以数十字辗转相拼，连读二音为一音，拼书二字为一字，故有字母之制。我国只有《说文》部首，可以称为字母，《唐韵》言纽以双声叠韵，此以二音譬况一音，与梵书之以十四字母贯一切音者大异。唐末五代时，神珙、守温辈依附《华严》《涅槃》作三十六字母。至宋沈括、郑樵诸人，始盛道之。然在唐宋以前，反语久已盛行。南北朝人好为体语，即以双声字相调侃。《洛阳伽蓝记》载李元谦过郭文远宅，见其门阀华美，乃曰："是谁第宅?"郭婢春风出曰："郭冠军家。"元谦曰："彼婢双声。"春风曰："奴慢骂。"元谦服婢之能。盖双声之理从古已具也。

今之三十六字母排次亦不整齐，如喉音、牙音均可归喉，半齿、弹舌应归舌头，故当改为：

喉音	（深） （浅）	影 见	晓 溪	匣 群	喻 疑
舌音	（舌头） （舌上）	端 透 知	定 彻	泥 来 澄	日 娘
齿音	（正齿） （齿头）	照 精	穿床 清从	审 心	禅 邪
唇音	（重） （轻）	帮 非	滂 敷	并 奉	明 微

疑应读如皑而齐齿呼之，泥应读你平声，从音广东呼之最清。非、敷二纽，今人不易分别。江慎修言，非发声宜微开唇缝轻呼之，敷送气重呼之，使敷音为奉之清，则二母辨矣。如芳字为敷纽，敷方切。方字为非纽，府良切。微音惟江浙人呼之最为分明，粤人读入明纽，北音读入喻纽。知、彻、澄，南音往往混入照、穿、床，闽人读知如低，则舌上归于舌头矣。钱竹汀言古音无舌头舌上之分，知、彻、澄三纽，古音与端、透、定无异，则闽语尚得古音之遗。又轻唇之字，古读重唇。非、敷、奉古读入帮、滂、明，直至唐人犹然。钱氏发明此理，引证甚多。《广韵》每卷后附类隔更音和切。类隔者，谓切语上字与所切之字非同母同位

同等也；音和则皆同。钱氏谓类隔之说不可信，今音舌上，古音皆舌头；今音轻唇，古音皆重唇也。且不独知、彻、澄古读入端、透、定，即娘、日二纽，古并归泥。泥今音读你之平声，尼读入娘母，而古读则尼与泥无异。仲尼之母祷于尼丘，生而首上圩顶，因名曰丘，字曰仲尼。《尔雅·释丘》："水潦所止：泥丘。"《说文》："屔，反顶受水丘也。从泥省，泥亦声。"汉碑仲尼有作仲泥者，《颜氏家训》言"仲尼居"三字，《三苍》尼旁益丘，可见古音尼、泥同读。娘，金人读之似良，混入来纽。而来、日古亦读入泥纽。如：戎陵今读日纽，古音如农。若，古读女六切。如，古读奴。尔，古读你。《诗·民劳》："戎虽小子。"《笺》云："戎犹汝也。"今江浙滨海之人。尚谓汝为戎。古人称人之词曰乃尔、戎、若，皆一声之转。仍，今在日纽，古人读仍与乃通。《尔雅》"仍孙"，《汉书·惠帝纪》"内外公孙、耳孙"，师古曰："仍、耳声相近，盖一号也。"仍从乃得声。则仍、耳古皆在泥纽矣。由是言之，知、彻、澄古归入端、透、定。非、敷、奉、微，古读如帮、滂、并、明。娘、日并归泥。是三十六纽减去其九，仅存二十有七耳。陈兰甫据《广韵》切语上字，以为喻、照、穿、床、审五纽，俱应分而为二。因加于、庄、初、神、山五纽，而明、微则不别，合成四十纽。但齿音加四而唇吻不能尽宣。喻分为于，同为撮口，纽音亦无大殊。陈说似未当也。然如江慎修视若神圣，以为不可增减，亦嫌未谛。如收声之纽多浊音、无清音，泥、娘、来、日皆是。然粘本读泥纽，今读娘纽而入清音，则多一纽矣。来纽浊音，今有拎字，则为来纽清音，则又多一纽。声音之道，本由简而繁，古人只能发浊音，而今人能发清音，则声纽自有可增者在。

清浊之分，本不甚难。坚清乾浊，见清健浊，洁清竭浊，检清俭浊，今人习言之阴阳平，即平声之清浊也。上去入亦皆可分清浊，惟黄河流域只能分平声清浊，上去入多发浊音，故有阴阳上去入之说，大约起于金元之间。南方上去入亦能各分清浊。上声较难，惟浙西人能分别较然。故言音韵者，常有五声、七声之辨，兹重定声纽清浊发送收列表于下：

影	晓	匣	喻	见	溪	群	疑	端
清	清	浊	浊	清	清	浊	浊	清
发声	送气	送气	收声	发声	送气	送气	收声	发声

透	定	泥	来	知	彻	澄	娘	日
清	浊	浊	浊	清	清	浊	浊	浊
送气	送气	收声	收声之余	发声	送气	送气	收声	收声之余

照	穿	床	审	禅	精	清	从	心
清	清	浊	清	浊	清	清	浊	清
发声	送气	送气	发声	送气	发声	送气	送气	发声

邪	帮	滂	并	明	非	敷	奉	微
浊	清	清	浊	浊	清	清	浊	浊
送气	发声	送气	送气	收声	发声	送气	送气	收声

音呼分等，有开合之分，《切韵指掌图》首列为图。图为宋人所作，世称司马温公所撰，似未必是。开合之音，各有洪细。开口洪音为开口，细音为齐齿。合口洪音为合口，细音为撮口。可举例以明之，如见纽见为齐齿，干为开口，观为合口，卷为撮口。音呼应以四等为则，今之讲等韵者，每谓开合各有四等，此则虚列等位，唇吻所不能宣，吾人所未敢深信也。

古人分韵，初无一定规则，有合撮为一类、开齐为一类者，有开齐合撮同归一类者，亦有开齐分为二类者。此在《广韵》中可细自求之。古韵歌与羁、姑与居同部，今韵歌、支、模、鱼各为一韵。论古韵昔人意见各有不同，段懋堂以为真与谆、侯与幽均宜异部，戴东原则以为可不分。实则分之固善，合之亦无不可。侯、幽二韵，《诗经》本不同用，真、谆之应分合，一时亦难论定。盖以开齐合撮分韵，古人亦未斛若画一也。

孙愐撰《唐韵》，已在天宝之末。其先唐玄宗自作《韵英》，分四百余韵，颁行学官。后其书不传。唐人据《韵英》而言者亦甚少。大概严格分别，或须四百余韵，或竟不止此数。据音理而论，确宜如此。今《广韵》二百六韵，多有不合音理者。然部居分合之故，作者未能详言，吾人亦不能专以分等之说细为推求。其大要则不可不知。

四声之说，起于齐、梁。而双声、叠韵，由来已久。至反切始于何时，载籍皆无确证。古人有读如、读若之例，即直音也。直音之道，有时而穷。盖九州风土，刚柔有殊，轻重清浊，发音不齐。更有字止一音，别无他读，非由面授，莫能矢口。于是反切之法，应运而起。《颜氏家训》以为反语始于孙叔然作《尔雅音义》，说殊未谛。盖《汉书音义》已载服虔、应劭反切。不过释经用反语，或始于叔然耳。反语之行，大约去孙不远。《家训》言汉末人独知反语，魏世大行。高贵乡公不解反语，以为怪异。王肃《周易音》据《经典释文》所录，用反语者十余条。肃与孙炎说经互相攻驳。假令叔然首创反语，肃肯承用之乎？服、应与郑康成同时，应行辈略后。康成注经只用读若之例，则反语尚未大行。顾亭林谓经传中早有反语，如不律为笔，蔽膝为韠，终葵为椎，蒺藜为茨。然此可谓反语之萌芽，不可谓其时已有反切之法。否则许氏撰《说文》，何不采用之乎？《说文》成于汉安帝时，服、应在灵帝时，去许已六七十年，此六七十年中，不知何人首创反语，可谓一大发明。今《说文》所录九千余字，吾人得以尽识，无非赖反切之流传耳。

远西文字表韵常用喉音，我国则不然。因当时创造之人未立一定规律，所以反切第二字随意用之。今欲明反切之道，须知上一字当与所切之字同纽，即所谓双声也；下一字当与所切之字同韵，即所谓叠韵也。定清浊在上一字，分等呼在下一字。如：东，德红切，东德双声，东红叠韵，东德均为清音，东红均为合口呼。学者能于三十六字纽发声不误，开齐合撮分别较然，则于音韵之道思过半矣。

学者有志治经，不可不明故训，则《尔雅》尚已。《尔雅》一书，《汉志》入《孝经》类，今入小学类。张晏曰："尔，近也；

雅，正也。”《论语》：“子所雅言。”孔安国亦训雅言为正言。《尔雅》者，厘正故训，纲维群籍之书也，昔人谓为周公所作，魏张揖上《广雅》表言：周公著《尔雅》一篇，“今俗所传三篇，或言仲尼所增，或言子夏所益，或言叔孙通所补，或言沛郡梁文所考。”朱文公不信《尔雅》，以为后人掇拾诸家传注而成。但《尔雅》之名见于《大戴礼·小辩篇》：“鲁哀欲学小辩，孔子曰：小辩破言，小言破义，尔雅以观于古，足以辩言矣。夫弈固十棋之变，由不可既也，而况天下之言乎?”（哀公所欲学之小辩，恐即后来坚白同异之类。哀公与墨子相接，《墨子》经、说，即坚白同异之滥觞。《庄子·骈拇篇》：“骈于辩者，累瓦结绳，窜句游心于坚白同异之间，而敝跬誉无用之言。非乎？而杨墨是已。”是杨朱亦持小辩。杨墨去鲁哀不及百年，则春秋之末已有存雄无术之风，殆与晋人之好清谈无异。）张揖又言：叔孙通撰置礼记，言不违古。则叔孙通自深于雅训。赵邠卿《孟子题辞》言：“孝文皇帝欲广游学之路，《论语》《孝经》《孟子》《尔雅》皆置博士。”可见《尔雅》一书，在汉初早已传布。朱文公谓为掇拾传注而成，则试问鲁哀公时已有传注否乎？伏生在文帝时始作《尚书大传》，《大传》亦非训诂之书，《诗》齐鲁韩三家，初只鲁《诗》有申公训故。申公与楚元王同受《诗》于浮丘伯，是与叔孙通同时之人。张揖既称叔孙通补益《尔雅》，则掇拾之说何由成立哉！

谓《尔雅》成书之后代有增益，其义尚允。此如医家方书，葛洪撰《肘后方》，陶宏景广之为《百一方》。又如萧何定律，本于《法经》。陈群言李悝作《法经》六篇，萧何定加三篇。假令汉律而在，其科条名例，学者初不能辩其孰为悝作，孰为萧益。又如《九章算术》，周公所制，今所见者为张苍所删补，人亦孰从而分别此为原文，彼为后出乎？读《尔雅》者当作如是观。

《尔雅》中诠诂《诗经》者，容有后人增补。即如“郁陶，喜也”，乃释《孟子》。“卷施拔心不死”，则见于《离骚》。又如《释地》《释山》《释丘》《释水》诸篇，多杂后人之文。《释地》中九州与《禹贡》所记不同。其“从《释地》以下至九河，皆禹所名也”二语，或为周公故训耳。

以《尔雅》释经，最是《诗》《书》。毛《传》用《尔雅》者十得七八。《汉志》言：《尚书》古文，读应《尔雅》，则解诂《尚书》亦非用《尔雅》不可。然毛《传》有与《尔雅》立异处，如“履帝武敏。”武，迹也。敏，拇也。三家《诗》多从《尔雅》，毛则训敏为疾，意谓敏训拇，则必改为“履帝敏武”，于义方顺。又如，“籧篨戚施”，《尔雅》以籧篨为口柔，戚施为面柔，夸毗为体柔；毛《传》则谓籧篨不能俯者，戚施不能仰者。此据《晋语》籧篨不可使俯、戚施不可使仰为训。义本不同，未可强合，而郑《笺》则曰：“籧篨口柔，常观人颜色而为之辞，故不能俯也；戚施面柔，下人以色，故不能仰也。”强为傅合，遂致两伤。《经义述闻》云：岂有卫宣一人而兼此二疾者乎？然王氏父子亦未多见病人，固有鸡胸龟背之人，既不能俯、亦不能仰者。谓为身兼二疾，亦无不可。毛《传》又有改《尔雅》而义反弗如者，如《尔雅》：“式微式微，微乎微者也。”毛训式为用，用微于义难通。又《尔雅》：“岂弟，发也。”《载驱》：“齐子岂弟”，毛训乐易，则与前章“齐子发夕”不相应矣。

古文《尚书》，读应《尔雅》。自史迁、马、郑以及伪孔，俱依《尔雅》作训。或以为依《尔雅》释《尚书》，当可然理解，而至今仍有不可解者，何也？此以《尔雅》一字数训，解者拘泥一训，遂致扞格难通也。如康有五训：安也、虚也、苛也、蛊也，又五达谓之康。《诗·宾之初筵》：“酌彼康爵。”郑《笺》云：“康，虚也。”《书·无逸》：“文王卑服，即康功田功”，伪孔训为安人之功。不知此康字当取五达之训。康功田功即路功田功也。《西伯戡黎》：“故天弃我，不与康食。”伪孔训为不有安食于天下。义虽可通，而一人不能安食，亦不至为天所弃。如解为糟糠之糠，则于义较长。故依《尔雅》解《尚书》当可十得七八，要在引用得当耳。然世之依《尔雅》作训者，多取《释诂》、《释言》、《释训》三篇，其余十六篇不甚置意，遂至五达之康一训，熟视无睹，迂回难通，职是故耳。

《经义述闻·春秋名字解诂》郑公孙侨字子产，既举《尔雅·释乐》之训，大管谓之簥，大簥谓之产；复言侨与产皆长大之意。

实则侨借为篱而已。《离骚》:“吾令蹇修以为理。”理即行理之理,使也。蹇修,王逸以为伏羲氏之臣,然《汉书·古今人表》中无蹇修之名,此殆王逸臆度之言。按:《尔雅·释乐》,徒鼓钟谓之修;徒鼓磬谓之蹇。以蹇修为理者,彼此不能相见,乃以钟鼓致意耳。司马相如以琴心挑之,即此意也。是知《尔雅》所释者广,故书雅训悉具于是,学者欲明训诂,不能不以《尔雅》为宗。《尔雅》所不具者,有《方言》《广雅》诸书足以补阙。《方言》成于西汉,故训尚多。《广雅》三国时人所作,多后起之训,不足以释经。《诗·商颂》“受小球大球”“受小共大共”。毛《传》以球为玉,以共为法,深合古训。《经义述闻》以为解球为玉,与共殊义,应依《广雅》作训,拱、球,法也。改字解经,尊信《广雅》太过矣。要知训诂之道,须谨守家法,亦应兼顾事实。按《吕氏春秋》:夏之将亡,太史终古抱其图法奔商,汤之所受小共大共,即夏太史终古所抱之图法也。《书序》:“汤伐三朡,俘厥宝玉,谊伯、仲伯作典宝。”即汤所受之大球小球也。古人视玉最重,玉者,所以班瑞于群后。《周礼·大宗伯》:“以玉作六瑞,以等邦国。王执镇圭、公执桓圭、侯执信圭、伯执躬圭、子执谷璧、男执蒲璧。”一如后世之玺印,所以别天子、诸侯之等级也。汤受法受玉,而后可以发施政令,为下国缀旒。依《广雅》作训,于义未安。

宋人释经,不信《尔雅》,岂知古书训诂不可逞臆妄造。此如迻译西土文字,必依据原文,不差累黍,遇有未莹,则必勤检辞书,求其详审。若凿空悬解,望文生训,鲜不为通人所笑。《尔雅》:“绳绳,戒也。”《诗·螽斯》:“宜尔子孙绳绳兮。”毛《传》:“绳绳,戒慎也。”朱文公以为绳有继续之义,即解为不绝貌。《尔雅》:“缉熙,光也。”毛《传》:“缉熙,光明也。”(“缉熙”《诗经》凡四见。)朱以缉之缉,因解为继续也。按:《敬之篇》“学有缉熙于光明”者,即言光明更光明。于与乎通,与微乎微之语意相同。又《书·盘庚》:“今汝。”《说文》:“拒善自用之意也。”马、郑、王肃所解略同,蔡、沈乃解为聒聒多言。实则古训并无多言之意。是故,吾人释经,应有一定规则,解诂字义,先求

《尔雅》、《方言》有无此训。一如引律断狱，不能于刑律之外强科人罪。故说经而不守雅训，凿空悬解，谓之门外汉。

古人训诂之书，自《尔雅》而下，《方言》《说文》《广雅》以及毛《传》，汉儒训诂，可称完备。而今之讲汉学者，时复不满旧注，争欲补苴罅漏，则以一字数训，昔人运用尚有遗憾之故。此如士卒精良，而运筹者或千虑一失，后起之人，苟能调遣得法，即可制胜。又如用药，药性温凉，全载《本草》，用药者不能越《本草》之外，其成功与否，悉视运用如何而已。

训诂之学，善用之如李光弼入郭子仪军，壁垒一新；不善用之，如逢蒙学射，尽羿之道，于是杀羿。总之诠释旧文，不宜离已有之训诂，而臆造新解。至运用之方，全在于我。清儒之能昌明汉学、卓越前代者，不外乎此。

第二节　经学略说

经之训常，乃后起之义。《韩非·内外储》首冠经名，其意殆如后之目录，并无常义。今人书册用纸，贯之以线。古代无纸，以青丝绳贯竹简为之。用绳贯穿，故谓之经。经者，今所谓线装书矣。《仪礼·聘礼》："百名以上书于策，不及百名书于方。"《礼记·中庸》云："文武之政，布在方策。"盖字少者书于方，字多者编简而书之。方不贯以绳，而简则贯以绳。以其用绳故曰编，以其用竹故曰篇。方，版牍也。古者师徒讲习，亦用方誊写。《尔雅》："大版谓之业。"故曰肄业、受业矣。《管子》云："修业不息版。"修业云者，修习其版上之所书也。竹简繁重，非别版书写，不易肄习。二尺四寸之简（《后汉书·周磐传》：编二尺四寸简写《尧典》），据刘向校古文《尚书》，每简或二十五字，或二十二字，知一字约占简一寸。二十五自乘为六百二十五。令简策纵横皆二十四寸，仅得六百二十五字。《尚书》每篇字数无几，多者不及千余。《周礼》六篇，每篇少则二三千，多至五千。《仪礼·乡射》

有六千字，《大射仪》有六千八百字。如横布《大射》《乡射》之简于地，占地须二丈四尺，合之今尺，一丈六尺，倘师徒十余人对面讲诵，便非一室所能容。由是可知讲授时决不用原书，必也移书于版，然后便捷。故称肄业、受业，而不曰肄策、受策也。帛，绢也，古时少用。《汉书·艺文志》六艺略、诸子略、诗赋略、兵书略，每书皆云篇；数术、方技，则皆称卷。数术、方技，乃秦汉时书，古代所无。六艺、诸子、诗赋、兵书，汉人亦有作。所以不称卷者，以刘向叙录，皆用竹简杀青缮写，数术、方技，或不用竹简也。惟图不称篇而称卷，盖帛书矣（《孙子兵法》皆附图）。由今观之，篇繁重而卷简便，然古代质厚，用简者多。《庄子》云："惠施多方，其书五车。"五车之书，如为帛书，乃可称多；如非帛书，而为竹简，则亦未可云多。秦皇衡石程书，一日须尽一石。如为简书，则一石之数太多，非一人一日之力所能尽。（古一石当今三十斤，如为帛书，准之于今，当亦有一二百本。）古称奏牍，牍即方版，故一日一石不为多耳。

周代《诗》《书》《礼》《乐》皆官书。《春秋》史官所掌，《易》藏太卜，亦官书。官书用二尺四寸之简书之。郑康成谓六经二尺四寸，《孝经》半之，《论语》又半之是也。《汉书》称律曰"三尺法"，又曰"二尺四寸之律"。律亦经类，故亦用二尺四寸之简。惟六经为周之官书，汉律乃汉之官书耳。寻常之书，非经又非律者，《论衡》谓之短书。此所谓短，非理之短，乃策之短也。西汉用竹简者尚多，东汉以后即不用。《后汉书》称董卓移都之乱，缣帛图书，大则连为帷盖，小乃制为縢囊，可知东汉官书已非竹简本矣。帛书可卷可舒，较之竹简，自然轻易，然犹不及今之用纸。纸之起源，人皆谓始于蔡伦，然《汉书·外戚传》已称赫蹄，则西汉时已有纸，但不通用耳。正惟古人之不用纸，作书不易；北地少竹，得之甚难；代以缣帛，价值又贵，故非熟读强记不为功也。竹简书之以漆，刘向校书可证；方版亦然。至于缣帛，则不可漆书，必当用墨。《庄子》云：宋元君将画图，众史舐笔和墨。则此所谓图，当是缣素。又《仪礼》铭旌用帛。《论语》子张书绅。绅以帛为之，皆非用帛不能书。惟经典皆用漆书简，学生讲习，则用版以求方便耳。以上论经之形式及质料。

《庄子·天下篇》：“《诗》以道志，《书》以道事，《礼》以道行，《乐》以道和，《易》以道阴阳，《春秋》以道名分。”列举六经，而不称之曰“经”。然则六经之名，孰定之耶？曰：孔子耳。孔子之前，《诗》《书》《礼》《乐》已备。学校教授，即此四种。孔子教人，亦曰：“兴于《诗》，立于《礼》，成于《乐》。”又曰：“《诗》《书》执礼，皆雅言也。”可见《诗》《书》《礼》《乐》，乃周代通行之课本。至于《春秋》，国史秘密，非可公布，《易》为卜筮之书，事异恒常，非当务之急，故均不以教人。自孔子赞《周易》、修《春秋》，然后《易》与《春秋》同列六经。以是知六经之名，定于孔子也。

五礼著吉、凶、宾、军、嘉之称，今《仪礼》十七篇，只有吉、凶、宾、嘉，而不及军礼。不但十七篇无军礼，即《汉书》所谓五十六篇《古经》者亦无之。《艺文志》以《司马法》二百余篇入《礼》类（今残本不多），此军礼之遗，而不在六经之内。孔子曰：“军旅之事，未之学也。”盖孔子不喜言兵，故无取焉。又古律亦官书，汉以来有《汉律》。汉以前据《周礼》所称，五刑有二千五百条，《吕刑》则云三千条。当时必著简册，然孔子不编入六经，至今无只字之遗。盖律者，在官之人所当共知，不必以之教士。若谓古人尚德不尚刑，语涉迂阔，无有是处。且《周礼·地官》之属，州长、党正，有读法之举，是百姓均须知律。孔子不以入六经者，当以刑律代有改变，不可为典要故尔。

六经今存五经，《乐经》汉时已亡。其实，六经须作六类经书解，非六部之经书也。礼，今存《周礼》《仪礼》。或谓《周礼》与《礼》不同，名曰《周官》，疑非礼类。然《孝经》称“安上治民莫善于礼”，《左传》亦云“礼，经国家、定社稷、序人民、利后嗣”。由《孝经》《左传》之言观之，则《周官》之设官分职、体国经野，正是礼类。安得谓与礼不同哉？春秋时人引《逸周书》皆称《周书》，《艺文志》称《逸周书》乃孔子所删百篇之余。因为孔子所删，故不入六经。又《连山》《归藏》，汉时尚存（桓谭《新论》云：或藏兰台），与《周易》本为同类。以孔子不赞，故亦不入六经。实则《逸周书》与《书》为一类，三易同为一类，均宜称之曰经也。

今所传之十三经，其中《礼记》《左传》《公羊》《谷梁》，均传记也。《论语》、《孝经》，《艺文志》以《诗》《书》《易》《礼》《春秋》同入六艺，实亦传记耳。《孟子》应入子部，《尔雅》乃当时释经之书，亦不与经同。严格论之，六经无十三部也。

史部本与六经同类。《艺文志》春秋家列《战国策》《太史公书》。太史公亦自言继续《春秋》。后人以史部太多，故别为一类。荀勖《中经簿》始立经、史、子、集四部，区经、史为二，后世仍之。然乙部有《皇览》。《皇览》者，当时之类书也，与史部不类。王俭仿《七略》作《七志》（《七略》本仅六种：一、六艺；二、诸子；三、诗赋；四、兵书；五、数术；六、方技），增图谱一门，称六艺略曰经典志，中分六艺、小学、史记、杂传四门，有心复古，颇见卓识。又有《汉志》不收而今亦归入经部者，纬书是也。纬书对经书而称，后人虽不信，犹不得不以入经部。独王俭以数术略改为阴阳志，而收入纬书，以纬书与阴阳家、形法家同列，不入经典，亦王氏之卓识也。自《隋书·经籍志》后，人皆依荀勖四部之目，以史多于经，为便宜计，不得不尔。明知纬书非经之比，无可奈何，亦录入经部，此皆权宜之计也。

兵书在《汉志》本与诸子分列。《孙子兵法》入兵书，不入诸子。《七志》亦分兵书曰军书，而阮孝绪《七录》（依王俭为七部不分经、史、子、集）以子书、兵书合曰子兵，未免谬误。盖当代之兵书，应秘而不宣，古代之兵书，可人人省览。《孙子》十三篇，空论行军之理，与当时号令编制之法绝异，不似今参谋部之书，禁人窥览者也。是故当代之兵书，不得与子部并录。

向、歆校书之时，史部书少，故可归入《春秋》。其后史部渐多，非别立一类不可，亦犹《汉志》别立诗赋一类，不归入《诗经》类耳。后人侈言复古，如章实斋《校雠通义》，独断断于此，亦徒为高论而已。顾源流不得不明，纬与经本应分类，史与经本不应分，此乃治经之枢纽，不可不知者也。

汉人治经，有古文、今文二派。伏生时纬书未出，尚无怪诞之言。至东汉时，则今文家多附会纬书者矣。古文家言历史而不信纬书，史部入经，乃古文家之主张；纬书入经，则今文家之主张也。

古文家间引纬书，则非纯古文学，郑康成一流是也。王肃以贾、马之学，反对康成。贾虽不信纬书，然亦有附会处（《后汉书》可证），马则绝不附会矣。（马书今存者少。）

至三国时人治经，则与汉人途径相反。东汉今文说盛行之时，说经多采纬书，谓孔子为玄圣之子，称其述作曰为汉制法。今观孔林中所存汉碑，《史晨》《乙瑛》《韩敕》，皆录当时奏议文告，并用纬书之说。及黄初元年，封孔羡为宗圣侯，立碑庙堂，陈思王撰文，录文帝诏书，其中无一语引纬书者。非惟不引纬书，即今文家，亦所不采。以此知东汉与魏，治经之法，截然不同。今人皆谓汉代经学最盛，三国已衰，然魏文廓清谶纬之功，岂可少哉！文帝虽好为文，似词章家一流，所作《典论》《隋志》归入儒家。纬书非儒家言，乃阴阴家言，故文帝诏书未引一语。岂可仅以词章家目之！

自汉武立五经博士，至东汉有十四博士。（五经本仅五博士，后分派众多故有十四博士。）《易》则施、孟、梁丘、京，《书》则欧阳、大小夏侯，《诗》则齐、鲁、韩，《礼》则大小戴，《春秋》则严、颜（皆《公羊》家），皆今文家也。孔安国之古文《尚书》，后世不传。汉末，马、郑之书，不立学官。《毛诗》亦未立学官。古文《礼》传之者少。《春秋》则《左氏》亦未立学官。至三国时，古文《尚书》《毛诗》《左氏春秋》，皆立学官，此魏文帝之卓见也。汉熹平石经，隶书一字，是乃今文。魏正始时立三体石经，则用古文。当时古文《礼》不传，《尚书》《春秋》皆用古文。《易》用费氏，以费《易》为古文也。（传费《易》者，汉末最盛，皆未入学官。马、郑、荀爽、刘表、王弼皆费氏《易》。）《周礼》则本为古文。三国之学官，与汉末不同如此。故曰魏文廓清之功不可少也。

清人治经，以汉学为名。其实汉学有古文、今文之别。信今文则非，守古文即是。三国时渐知尊信古文。故魏、晋两代，说经之作，虽精到不及汉儒，论其大体，实后胜于前。故汉学二字，不足为治经之正轨。昔高邮王氏，称其父熟于汉学之门径，而不囿于汉学之藩篱。此但就训诂言耳。其实，论事迹、论义理，均当如是。魏、晋人说经之作，岂可废哉！以上论经典源流及古今文大概。

欲明今古文之分，须先明经典之来源。所谓孔子删《诗》《书》，定《礼》《乐》，赞《周易》，修《春秋》者，《汉书·艺文志》云：礼、乐，周衰俱坏，乐尤微眇，又为郑、卫所乱，故无遗法。又云：及周之衰，诸侯将逾法度，恶其害己，皆灭去其籍，自孔子时而不具。是孔子时《礼》《乐》已阙，惟《诗》《书》被删则俱有明证。《左传》：韩宣子适鲁，观书于太史氏，见《易象》与鲁《春秋》，曰：周礼尽在鲁矣。可见别国所传《易象》，与鲁不尽同。孔子所赞，盖鲁之《周易》也。《春秋》本鲁国之史，当时各国皆有春秋，而皆以副本藏于王室。故太史公谓孔子西观周室，论史记旧闻而修《春秋》，盖六经之来历如此。

《礼记·礼器》云："经礼三百、曲礼三千。"郑康成注：经礼谓《周礼》，曲礼即《仪礼》。《中庸》云："礼仪三百，威仪三千。"孔颖达疏：礼仪三百即《周礼》，威仪三千即《仪礼》。今《仪礼》十七篇，约五万六千字，均分之，每篇得三千三百字。汉时，高堂生传《士礼》十七篇，合淹中所得，凡五十六篇，较今《仪礼》三倍。若以平均三千三百字一篇计之，则五十六篇当有十七万字，恐孔子时经不过如此。以字数之多，故当时儒者不能尽学，孟子所谓"诸侯之礼，吾未之学也"。至于《周礼》是否经孔子论定，无明文可见。孟子谓"诸侯恶其害己也，而皆去其籍"，是七国时《周礼》已不常见，故孟子论封建与《周礼》不同。

太史公谓古诗三千余篇，孔子删为三百篇。或谓孔子前本仅三百篇，孔子自言"诗三百"是也。然《周礼》言九德、六诗之歌。九德者，《左传》所谓水、火、金、木、土、谷、正德、利用、厚生。九功之德皆可歌者，谓之九歌。六诗者，一曰风、二曰赋、三曰比、四曰兴、五曰雅、六曰颂。今《诗》但存风、雅、颂，而无赋、比、兴。盖不歌而诵谓之赋，例如后之《离骚》，篇幅冗长，宜于诵而不宜于歌，故孔子不取耳。九德、六诗合十五种，今《诗》仅存三种，已有三百篇之多，则十五种当有一千五百篇。《风》《雅》《颂》之逸篇为春秋时人所引者已不少，可见未删之前，太史公三千篇之说为不诬也。孔子所以删九德之歌者，盖水、火、金、木、土、谷，皆咏物之作，与道性情之旨不合，故删之也。季札观周乐，不及赋、比、兴，赋本不可歌，比、兴被删之故，则今不可知。墨子言诵诗三百、弦诗三百、歌诗三百、舞诗三百。夫可弦必可歌，舞虽有节奏，恐未必可歌，诵则不歌也。由此可知，诗不仅三百，依墨子之言，亦有千二百矣。要之诗不但取其意义，又必取其音节，故可存者少耳。

《书》之篇数，据扬子《法言》称：昔之说《书》者序以百。《艺文志》亦云凡百篇。百篇者，孔子所删定者也。其后，伏生传二十九篇（据《书序》则分为三十四篇）。壁中得四十八篇。由今观之，书在孔子删定之前已有亡佚者。楚灵王之左史，通《三坟》《五典》《八索》《九丘》。今《三坟》不传，《五典》仅存其二。楚灵王时，孔子年已二十余，至删书时而仅著《尧典》《舜典》二篇，盖其余本已佚矣。若依百篇计之，虞、夏、商、周凡四代，如商、周各四十篇，虞、夏亦当有二十篇。今夏书最少，《禹贡》犹不能谓为夏书。真为夏书者，仅《甘誓》《五子之歌》《胤征》三篇而已。《胤征》之后，《左传》载魏绛述后羿、寒浞事，伍员述少康中兴事，皆《尚书》所无。魏绛在孔子前，而伍员与孔子同时，二子何以知之？必当时别有记载，而本文则已亡也。此亦未删而已佚之证也。至如周代封国必有命（如近代之册命），封康叔有《康诰》，而封伯禽、封唐叔，左氏皆载其篇名，《书序》则不录。且鲁为孔子父母之邦，无不知其封诰之理。所以不录者，殆以周封诸侯甚多，不得篇篇而登之，亦惟择其要者耳。否则，将如私家谱牒所录诰命，人且厌观之矣。《康诰》事涉重要，故录之，其余则不录，此删书之意也。

《逸周书》者，《艺文志》言，孔子所论百篇之余。今《逸周书》有目者七十一篇。由此可知，孔子于书，删去不少。虽自有深意，然删去之书，今仍在者，亦不妨视为经书。今观《逸周书》

与《尚书》性质相同，价值亦略相等。正史之外，犹存别史（《史》《汉》无别史，《后汉书》外有袁宏《后汉记》，其中所载事实、奏议，有与《后汉书》不同者，可备参考。《三国志》外有鱼豢之《魏略》、王沈之《魏书》，不可谓只《三国志》可信，余即不可信也），安得皇古之书，可信如《逸周书》者，顾不重视乎？《诗》既删为三百篇，而删去之诗，如“巧笑倩兮、美目盼兮，素以为绚兮”一章，子夏犹以问孔子，孔子亦有“启予”之言。由此可见，逸诗仍有价值。逸书亦犹是矣。盖古书过多，或残缺，或不足重，人之目力有限，不能尽读，于是不得不删繁就简。故孔子删《诗》、《书》，使人易于持诵，删余之书，仍自有其价值在也。崔东壁辈，以为经书以外均不足采，不知太史公三代本纪，固以《尚书》为本，《周本纪》即采《逸周书》《克殷解》《度邑解》，此其卓识过人，洵非其余诸儒所能及。

六经自秦火之后，《易》为卜筮，传者不绝。汉初北平侯张苍，献《春秋左氏传》，经传俱全。《诗》由口授，非秦火所能焚，汉初有齐、鲁、毛、韩四家。惟毛有六笙诗。（自秦焚书，至汉高祖破秦子婴，历时七年，人人熟习之歌，自当不亡。）礼则《仪礼》不易诵习，故高堂生仅传十七篇。（高堂生必读熟方能传也。）《周礼》在孟子时已不传，而荀子则多引之（荀子学博远过孟子，故能引之），然全书不可见。至汉河间献王乃得全书，犹缺《冬官》一篇，以《考工记》补之。《尚书》本百篇，伏生壁藏之，乱后求得二十九篇，至鲁恭王坏孔子宅，又得五十八篇，孔安国传之，谓之古文。此秦火后六经重出之大概也。

经今古文之别有二：一、文字之不同；二、典章制度与事实之不同。何谓文字之不同？譬如《尚书》，古文篇数多，今文篇数少，今古文所同有者，文字又各殊异，其后愈说愈歧。此非伏生之过，由欧阳、大小夏侯三家立于学官，博士抱残守缺，强不知以为知，故愈说而愈歧也。《古文尚书》孔安国传之太史公，太史公以之参考他书，以故，不但文字不同，事实亦不同矣。（今文家不肯参考他书，古文家不然，太史公采《逸周书》可证也。）何谓典章制度之不同？如《周礼》本无今文，一代典章制度，于是大备。可见七国以来传说之语，都可不信。如封建一事，《周礼》谓公五百里、侯四百里、伯三百里、子二百里、男百里。而孟子乃谓公侯皆方百里、伯七十里、子男五十里，与《周礼》不合。此当依《周礼》，不当依孟子，以孟子所称乃传闻之辞也。汉初人不知《周礼》，文帝时命博士撰《王制》，即用孟子之说，以未见《周礼》故。此典章制度之不同也。何谓事实之不同？如《春秋左传》为古文，《谷梁》《公羊》为今文。《谷梁》称申公所传，《公羊》称胡毋生所传。二家皆师弟问答之语。《公羊》至胡毋生始著竹帛，《谷梁》则著录不知在何时。今三传不但经文有异，即事实亦不同，例亦不同。刘歆以为左氏亲见夫子，好恶与圣人同；而公羊、谷梁在七十子之后。传闻之与亲见之，其详略不同。以故，若论事实，自当信《左氏》，不当信《公》《谷》也。《诗》无所谓今古文，口授至汉，书于竹帛，皆用当时习用之隶书。《毛诗》所以称古文者，以其所言事实与《左传》相应，典章制度与《周礼》相应故尔。《礼》，高堂生所传十七篇为今文；孔壁所得五十六篇为古文。古文、今文大义无殊，惟十七篇缺天子、诸侯之礼。于是，后苍推士礼致于天子。（五十六篇中有天子、诸侯之礼。）后人不得不讲《礼记》，即以此故。以十七篇未备，故须《礼记》补之。《礼记》中本有《仪礼》正篇，如《奔丧》，小戴所有；《投壶》，大小戴俱有。大小戴皆传自后苍，皆知十七篇不足，故采《投壶》、《奔丧》二篇。二家之书，所以称《礼记》者，以其为七十子后学者所记，故谓之《礼记》。记，百三十一篇：大戴八十二篇，小戴四十九篇。今大戴存三十九篇，小戴四十九篇具在，合之得八十八篇。此八十八篇中，有并非采自百三十一篇之记者，如大戴有《孔子三朝记》七篇，《孔子三朝记》应入《论语》家（《艺文志》如此），《三朝记》之外，《孔子闲居》《仲尼燕居》《哀公问》等，不在《三朝记》中，则应入《家语》一类。要之，乃《论语》家言，非《礼》家言也。大戴采《曾子》十篇，《曾子》本儒家书。又《中庸》《缁衣》《表记》《坊记》四篇，在小戴记，皆子思作。子思书，《艺文志》录入儒家。若然，《孔子三朝记》以及曾子、子思所著，录入大小戴者，近三十篇。加以《月令》

本属《吕氏春秋》（汉人称为《明堂月令》），亦不在百三十一篇中。又，《王制》一篇，汉文帝时博士所作。则八十八篇应去三十余篇，所余不及百三十一篇之半，恐犹有采他书者在。如言《礼记》不足据，则其中有百三十一篇之文在；如云可据，则其中有后人所作在。故《礼记》最难辨别，其中所记，是否为古代典章制度，乃成疑窦。若但据《礼记》以求之，未为得也。《易》未遭秦火，汉兴，田何数传至施、孟、梁丘三家。或脱去《无咎》《悔亡》，惟费氏不脱，与古文同。故后汉马融、荀爽、郑玄、刘表皆信费《易》。《易》专言理，惟变所适，不可为典要，故不可据以说《礼》。然汉人说《易》，往往与礼制相牵。如《五经异义》以“时乘六龙”谓天子驾六，此大谬也。又施、孟、梁丘之说，今无只字之存。施、孟与梁丘共事田生，孟喜自云：田生且死时，枕喜膝，独传喜；而梁丘曰：田生绝于雠手中，时喜归东海，安得此事！是当时已起争端。今孟喜之《易》，尚存一鳞一爪。臆造之说，未足信赖。焦延寿自称尝从孟喜问《易》，传之京房，喜死，房以延寿《易》即孟氏学，而孟喜之徒不肯，曰：“非也。”然则焦氏、京氏之《易》，都为难信。虞氏四世传孟氏《易》，孟不可信，则虞说亦难信。此数家外，荀氏、郑氏传世最多，然《汉书》谓费本无书，以《彖》《象》《文言》释经，而荀氏据爻象承应阴阳变化之义解说经意，是否为费之正传，亦不可知。郑《易》较为简单，恐亦非费氏正传。今学《易》者多依王弼之注，弼本费《易》，以文字论，费《易》无脱文，当为可信。余谓论《易》，只可如此而已。

此外，《古论语》不可见，今所传者，古、齐、鲁杂糅。《孝经》但存今文。关于典章制度、事实之不同者，须依古文为准。至寻常修身之语，今古文无大差别，则《论语》《孝经》之类，不必问其为古文或今文也。

十四博士皆今文，三国时始信古文。古文所以引起许多纠纷者，孔壁所得五十八篇之书，亡于汉末，西晋郑冲伪造二十五篇，今之孔氏《尚书》，即郑冲伪造之本。其中马、郑所本有者，未加窜改；所无者，即出郑冲伪造。又分虞书为《尧典》《舜典》二篇，分《皋陶谟》为《益稷》。《大禹谟》《五子之歌》《胤征》已亡，则补作三篇。既是伪作，不足置信。至汉人传《易》，是否《易》之正本不可知，后则王弼一家为费氏书。宋陈希夷辈造先天八卦、河洛诸图，传之邵康节，此乃荒谬之说。东序河图，既无人见，孔子亦叹河不出图，则后世何由知其象也。先天八卦，以《说卦》方位本离南坎北者改为乾南坤北，则与观象、观法而造八卦之说不相应，此与《尚书》伪古文同不足信。（伪古文参考阎氏《古文尚书疏证》，河洛参考胡氏《易图明辨》。）至今日治《书》而信伪古文；言《易》而又河洛、先天，则所谓门外汉矣。然汉人以误传之说（今文家）亦甚多。清儒用功较深，亦未入说经正轨，凡以其参杂今古文故也。近孙诒让专讲《周礼》，为纯古文家。惜此等著述，至清末方见萌芽，如群经皆如此疏释，斯可谓入正轨矣。

经之由来及今古文之大概既明，须进而分讲各经之源流。今先讲《易经》。

初造文字，取法兽蹄鸟迹；画卦亦然。《易·系辞》云："古者庖牺氏之王天下也，仰则观象于天，俯则观法于地，观鸟兽之文与地之宜，近取诸身，远取诸物，于是始作八卦。"今观乾、坤二卦：乾作☰，坤作☷。《抱朴子》云："八卦出于鹰隼之所被，六甲出于灵龟之所负。"盖鸟舒六翮，即成☰象，但取其翮而遗其身，即成☷象。于是或分或合，错而综之，则成八卦。此所以言观鸟兽之文也。抱朴之说，必有所受，然今无可考，施、孟、马、郑、荀爽皆未言之。

重卦出于何人，说者纷如。王弼以为伏羲，郑玄以为神农，孙盛以为夏禹，而太史公则以为文王。伏羲之说，由于《周礼》，太卜掌三易之法：一曰《连山》，二曰《归藏》，三曰《周易》。三易均六十四卦，杜子春谓《连山》，伏羲；《归藏》，黄帝。王弼据之，故云重卦出于伏羲。然伏羲作《连山》，黄帝作《归藏》，语无凭证，故郑玄不从之也。神农之说，由于《系辞》称"神农氏作，斫木为耜，揉木为耒，盖取诸《益》；日中为市，交易而退，盖取诸《噬嗑》"二语。以神农氏已有《益》《噬嗑》，故知重卦出于神农。然《系辞》所谓“盖取”，皆想象之辞，乌可据为实事？夏禹之说，从郑玄之义蜕化而来。郑玄《易赞》及《易论》云：夏曰《连山》，殷曰《归藏》，周曰《周易》。孙盛取之，以为夏有《连山》，即兼山之艮，可见重卦始于夏禹。至文王之说，则太史公因“作《易》者其有忧患乎”一语而为是言。要之，上列诸说，虽不可确知其是非，以余观之，则重卦必不在夏禹之后，短中取长，则孙盛之说为可信耳。

至卦辞、爻辞之作，当是皆出文王。《系辞》云：“《易》之兴也，当文王与纣之事耶？”又云：“作《易》者，其有忧患乎？”太史公据此，谓“西伯拘而演《周易》”。故卦辞、爻辞并是文王被囚而作，或以为周公作爻辞，其说无据。如据韩宣子聘于鲁，见《易象》而称周公之德，以此知《易象》系于周公，故谓周公作爻辞。然韩宣子并及鲁之《春秋》，《春秋》岂周公作耶？如据“王用亨于歧山”及“箕子之明夷”及“东邻杀牛不如西邻之禴祭”诸文，以为岐山之王当是文王。文王被囚之时，犹未受命称王。箕子之被囚奴，在武王观兵之后，文王不宜预言明夷，东邻指纣，西邻指文王。纣尚南面，文王不宜自称己德，以此知爻辞非文王作，而为周公作。然《禹贡》“异岍及岐”，是岐为名山，远在夏后之世。古帝王必祭山川，安知文王以前，竟无王者享于岐山乎？箕子二字，本又读为荄滋。（赵宾说。）且箕子被囚，在观兵以后，亦无实据。《彖》传“内文明而外柔顺，以蒙大难，文王以之；内难而能正其志，箕子以之”，并未明言箕子之被囚奴，且不必被囚然后谓之明夷也。东邻、西邻，不过随意称说，安见东邻之必为纣、西邻之必为文王哉？据此三条，固不能谓爻辞必周公作矣。且《系辞》明言“殷之末世，周之盛德”，而不及周公之时。孔颖达乃谓文王被囚，固为忧患；周公流言，亦属忧患。此附会之语矣。余谓：据《左传》，纣囚文王七年，七年之时甚久，封辞、爻辞，不过五千余字，以七年之久，作五千余字，亦未为多，故应依太史公说，谓为文王作，则与《系辞》相应。

文王作《易》之时，在官卜筮之书有《连山》《归藏》，文王之《易》与之等列，未必视为独重。且《周易》亦不止一部。

《艺文志》六艺略首列《周易》十二篇；数术略蓍龟家又有《周易》三十八卷。且《左传》所载筮辞，不与《周易》同者甚多。成季将生，筮得大有之乾曰："同复于父，敬如君所。"秦缪伐晋，筮遇蛊，曰："千乘三去，三去之余，获其雄狐。"皆今《周易》所无，解之者疑为《连山》《归藏》。然《左传》明言以《周易》筮之，则非《连山》《归藏》也。余谓此不足疑，三十八卷中或有此耳。今《周易》六十四卦、三百八十四爻，而焦延寿作《易林》，以六十四自乘，得四千九十六条。安知周代无《易林》一类之书，别存于《周易》之外乎？盖《连山》、《归藏》、《周易》，初同为卜筮之书；上下二篇之《周易》与三十八卷之《周易》，性质相同，亦无高下之分，至孔子赞《易》，乃专取文王所演者耳。

《易》何以称《易》，与夫《连山》《归藏》，何以称《连山》《归藏》，此颇费解。郑玄注《周礼》曰：《连山》似山出内气变也；《归藏》者，万物莫不归而藏于中也。皆无可奈何，强为之辞。盖此二名本不可解。周易二字，周为代名，不必深论；易之名，《连山》《归藏》《周易》之所共。《周礼》，太卜掌三易之法，《连山》《归藏》均称为《易》。然易之义不可解。郑玄谓易有三义：易简，一也；变易，二也；不易，三也。易简之说，颇近牵强，然古人说《易》，多以易简为言。《左传》：南蒯将叛，以《周易》占之，子服惠伯曰："《易》不可以占险。"则易有平易之意，且直读为易（去声）矣。易者变动不居，周流六虚，不可为典要，唯变所适，则变易之义，最为易之确诂，惟不易之义，恐为附会，既曰易，如何又谓之不易哉？又《系辞》云：生生之谓易。此义在变易、易简之外，然与字义不甚相关。故今日说《易》，但取变易、易简二义，至当时究何所取义而称之曰《易》，则不可知矣。

孔子赞《易》之前，人皆以《易》为卜筮之书。卜筮之书，后多有之。如东方朔《灵棋经》之类是。古人之视《周易》，亦如后人之视《灵棋经》耳。赞《易》之后，《易》之范围益大，而价值亦高。《系辞》曰："夫《易》何为者也？夫《易》开物成务、冒天下之大道，如斯而已者也。"孔子之言如此。盖发展社会、创造事业，俱为《易》义所包矣。此孔子之独识也。文王作《易》，付之太卜一流。卜筮之徒，不知文王深意，至高子乃视为穷高极远，于是《周易》遂为六经之一。秦皇焚书，以《易》为卜筮之书，未之焚也。故自孔子传商瞿之后，直至田何，中间未尝断绝；不如《尚书》经孔子删定之后传授不明，至伏生，突然以传《书》著称；亦不如《诗经》删定之后，传授不明，至辕固生、韩婴等突然以传《诗》著称也——《鲁诗》虽云浮丘伯受于荀卿，而荀卿之前不可知；《毛诗》虽云传自子夏，然其事不见于《艺文志》，亦不见于《汉书·儒林传》。唯《易》之传授最为清楚：自商瞿一传至桥庇子庸，二传至臂子弓，三传至周丑子家，四传至孙虞子乘，五传而至田何。其历史明白如此，篇章亦未有阙脱。（《艺文志》：《周易》十二篇，施、孟、梁丘三家。）向来说经者，往往据此疑彼，惟《易》一无可疑。以秦本未焚，汉仍完整也。欧阳修经学疏浅，首疑《系辞》非孔子作，以为《系辞》中有子曰字，决非孔子自道。然《史记》自称太史公曰，太史公下腐刑时，已非太史令矣，而《报任少卿书》，犹自称太史公；即欧阳修作《秋声赋》亦自称欧阳子，安得谓《史记》非太史公作、《秋声赋》非欧阳修作哉？商瞿受《易》之时，或与孔子问答，退而题子曰字，事未可知，安得径谓非孔子作哉？欧阳修无谓之疑，犹不足怪，后人亦无尊信之者。近皮锡瑞经学颇有功夫，亦疑《易》非文王作，以为卦辞、爻辞皆孔子作，夫以卦辞、爻辞为孔子作，则《系辞》当非孔子作矣。然则《系辞》谁作之哉？皮氏于此未能明言。夫《易》自商瞿至田何，十二篇师师相传，并未有人增损。晋人发冢，得《周易》上下经，无十翼。此不足怪，或当时但录经文，不录十翼耳。《系辞》明言"易之兴也，其当殷之末世，周之盛德邪？当文王与纣之事邪？"如上下经为孔子作，则不得不推翻此二语。且田何所传，已有《系辞》，田何上去孔子，不及三百年，亦如今之去顾亭林耳。人纵疏于考证，必不至误认顾亭林书为唐宋人书也。又，文言二字，亦有异解。梁武帝谓文言者，文王之言也。今按："元者，善之长也；亨者，嘉之会也；利者，义之和也；贞者，事之干也。君子体仁，足以长人；嘉会足以合礼；

利物足以和义；贞固足以干事”，此五十字为穆姜语，唯体仁作体信略异。穆姜在孔子前，故梁武帝谓为文王之言。然文王既作卦辞曰“元、亨、利、贞”，而又自作文言以解之，恐涉词费，由今思之，或文王以后，孔子以前说《易》者发为是言，而孔子采之耳。所以题曰文言者，盖解释文王之言。

《史记·孔子世家》：“孔子晚而喜《易》，读《易》韦编三绝。”如孔子以前，但有六十四卦之名，亦何须数数披览、至于韦编三绝耶？必已有五千余字，孔子披览之勤，故韦编三绝也。陈希夷辈意欲超过孔子，创先天八卦之说，不知八卦成列由观象于天、观法于地而来，其方位见于《说卦》传（即陈希夷辈所谓后天八卦）。当时所观之天，为全世界共见之天，所观之地，则中国之地也。今以全地球言之，中国位东半球之东部，八卦方位，就中国所见而定。乾在西北者，中国之西北也；坤在西南者，中国之西南也。古人以北极标天，以昆仑标地。就中国之地而观之，北极在中国西北，故乾位西北。昆仑在中国西南，故坤位西南。正南之离为火，即赤道，正北之坎为水，即瀚海。观象、观法，以中国之地为本，故八卦方位如此，后之先天八卦，乾在南而坤在北，与天文、地理全不相应。作先天八卦者，但知乾为高明之象，以之标阳；坤为沉潜之象，以之标阴。遂谓坤应在北，乾应在南。不知仰观俯察，非言阴阳，乃言方位耳。《周礼》：“圜丘祭天，方泽祭地。”郑玄注：祭天谓祭北极、祭地谓祭昆仑。人以北极昆仑，分标天地，于此可见先天八卦为无知妄作矣。

《汉书·五行志》刘歆曰：“伏羲氏继天而王，受《河图》而则画之，八卦是也；禹治洪水，赐《洛书》，法而陈之，《洪范》是也。”然不知所谓《图》《书》者何物也。至宋刘牧以《乾凿度》九宫之法为《河图》，又以生数、就成数依五方图之，以为《洛书》，更有《洞极经》亦言《河图》《洛书》，则如刘牧之说而互易之，以五方者为图，九宫者为书。然郑氏、虞氏说《易》，并不以九宫、五方为图、书。桓谭《新论》曰：“河图、洛书，但有朕兆而不可知。”是汉人虽说《河图》、《洛书》，却未言图、书为何象，宋人说《易》，创为河洛及先天八卦图。朱晦庵《易本义》亦列此图。其实先天图书荒唐悠谬，要当以左道视之，等之天师一流可矣。

其余说《易》者，汉儒主象数，王弼入清谈。拘牵象数，固非至当；流入清谈，亦非了义。（《乾》《坤》二卦，以及《既济》《未济》，以清谈释之，说亦可通。然其他六十卦，恐非清谈所能了也。）《系辞》云："夫《易》开物成务，冒天下之道。"谓"冒天下之道"，则佛法自亦在内。李鼎祚《集解序》云："权舆三数，钤键九流。"详李氏此说，非但佛法在内，墨、道、名、法，均入《易》之范围矣。然李氏虽作此说，亦不能有所发明。孔颖达云："《易》理难穷。虽复玄之又玄，至于垂范作则，便是有而教有，若论住内、住外之空，就能、就所之说，斯乃义涉于释氏，非为教于孔门。"然《正义》依王、韩为说，往往杂以清谈。后之解者，因清谈而入佛法。虽为孔氏所不敢，然《易》理亦自包含佛法。论说经之正，则非不但佛法不可引用，即《老子》"玄之又玄"之语，亦不应取。如欲穷究《易》理，则不但应取老、庄，即佛亦不得不取。其他九流之说，固无妨并采之矣！

《礼记·经解》曰："《易》之失，贼。"此至言也。尚清谈者，犹不致贼。如以施之人事，则必用机械之心；用机械之心太过，既不自觉为贼矣！盖作《易》者本有忧患，故曰"其辞危"。危者使平，易者使倾，若之何其不贼也。若蔡泽以亢龙说范雎，取范雎之位而代之，此真可谓贼矣。夫蔡泽犹浅言之耳。当文王被囚七年，使四友献宝，纣见宝而喜，曰：谮西伯者，乃崇侯虎也。则文王亦何尝讳贼哉！论其大者、远者，所谓"开物成务，冒天下之道"是矣。"冒天下之道"者，权舆三教也；"开物成务"者，钤键九流也。然不用权谋，则不能开物成务；不极玄妙，则不能冒天下之道。管辂谓善《易》者不言《易》。然则真传《易》者，正恐不肯轻道阴阳也。以上讲《周易》大概。

《尚书》分六段讲：一、命名；二、孔子删《书》；三、秦焚《书》；四、汉今古文之分；五、东晋古文；六、明清人说《尚书》者。

一、**命名**。周秦之《书》，但称曰《书》，无称《尚书》者。

《尚书》之名，见于《史记·五帝本纪》《三代世表》及《儒林》传。《儒林》传云：伏生以二十九篇"教于齐、鲁之间，学者由是颇能言《尚书》。"又云："孔氏有古文《尚书》。"则今古文皆称《尚书》也。何以称之曰《尚书》？伪孔《尚书序》云："以其上古之书，谓之《尚书》。"此言不始于伪孔，马融亦谓上古有虞氏之书，故曰《尚书》，而郑玄则以为孔子尊而命之曰《尚书》。然孔子既命之曰《尚书》，何以孔子之后，伏生之前，传记子书无言《尚书》者？恐《尚书》非孔子名之，汉人名之耳。何以汉人名之曰《尚书》？盖仅一书字不能成名，故为此累言尔。《书》包虞、夏、商、周四代文告，马融独称虞者，因《书》以《尧典》《舜典》开端，故据以为名，亦犹《仪礼》汉人称《士礼》耳。（《仪礼》不皆士礼，亦有诸侯、大夫礼，所以称《士礼》者，以其首篇为《士冠礼》也。）哀、平以后，纬书渐出，有所谓《中候》者。（汉儒谓孔子定《书》一百二十篇，百两篇为《尚书》，十八篇为《中候》。）"中候"，官名。以中候对尚书，则以尚书为官名矣。（汉尚书令不过千石，分曹尚书六百石，位秩虽卑，权任实大。北军中候六百石，掌监五营。汉人以为文吏位小而权大者尚书，武臣位小而权大者中候，故以为匹。）此荒谬之说，不足具论。要之，《尚书》命名，以马融说为最当。

二、**删书**。孔子删《书》，以何为凭？曰：以《书序》为凭。《书序》所有，皆孔子所录也。然何以知孔子删《书》而为百篇、焉知非本是百篇而孔子依次录耶？曰：有《逸周书》在，可证《尚书》本不止百篇也。且《左传》载封伯禽、封唐叔皆有诰。今《书》无之，是必为孔子所删矣。至于《书》之有序，与《易》之有《序卦》同。《序卦》孔子所作，故汉人亦以《书序》为孔子作。他且勿论，但观《史记·孔子世家》曰："孔子序《书传》，上纪唐、虞之际，下至秦缪，编次其事。"是太史公已以《书序》为孔子作矣（《夏本纪》多采《书序》之文）。《汉书·艺文志》本向、歆《七略》，亦曰："《书》之所起远矣，至孔子纂焉，上断于尧，下讫于秦，凡百篇，而为之序。"是刘氏父子亦以《书序》为孔子作矣。汉人说经，于此并无异词。然古文《尚书》自当有序，今文则当无序，而今熹平石经残石，《书》亦有序，甚可疑也。或者今人伪造之耳。何以疑今文《尚书序》伪也？刘歆欲立古文时，今文家诸博士不肯，谓《尚书》唯有二十八篇，不信本有百篇，如有《书序》，则不至以《尚书》为备矣。《书序》有数篇同序，亦有一篇一序者。《尧典》《舜典》，一篇一序也。《大禹谟》《皋陶》《弃稷》三篇同序也。数篇同序者，《书序》所习见，然扬子《法言》曰：昔之说《书》者序以百，而《酒诰》之篇俄空焉。盖《康诰》《酒诰》《梓材》三篇同序，而扬子以为仅《康诰》有序，《酒浩》无序，或者《尚书》真有无序之篇，以《酒诰》为无序，则《梓材》亦无序。今观《康诰》曰："周公咸勤，乃洪大诰治。王若曰：'孟侯，朕其弟，小子封'。"王者，周公代王自称之词，故曰"孟侯，朕其弟"矣。《酒诰》称"（成）王若曰：'明大命于妹邦'"，今文如此，古文马、郑、王本亦然。马融之意，以为成字后录者加之。然康叔始封而作《康诰》，与成王即政而作《酒诰》，年代相去甚久，不当并为一序。故扬子以为《酒诰》之篇俄空焉。不但《酒诰》之序俄空，即《梓材》亦不能确知为何人之语也。

汉时古文家皆以《书序》为孔子作，唐人作五经《正义》时，并无异词，宋初亦无异词。朱晦庵出，忽然生疑。蔡沈作《集传》，遂屏《书序》而不载。晦庵说经本多荒谬之言，于《诗》不信小序，于《尚书》亦不信有序。《后汉书》称卫宏作《诗序》。卫宏之序，是否即小序，今不可知，晦庵以此为疑，犹可说也。《书序》向来无疑之者，乃据《康诰》"王若曰：'孟侯，朕其弟'"一语而疑之，以为如王为成王，则不应称康叔为弟；如为周公，则周公不应称王，心拟武王，而《书序》明言"成王既伐管叔、蔡叔，以殷余民封康叔"，知其事必在武康叛灭之后，决非武王时事。无可奈何，乃云《书序》伪造。不知古今殊世，后世一切官职，皆可代理，惟王不可代；古人视王亦如官吏，未尝不可代。生于后世，不能再见古人。如生民国，见内阁摄政，而布告署大总统令，则可释然于周公之事矣。《诗》是文言，必须有序，乃可知作诗之旨；《书》本叙事，似不必有序，然《尚书》有无头无尾之语，如《甘誓》"大战于甘，乃召六卿"，未明言谁与谁大战；又称"王曰：'嗟六事之人，予誓告汝，有扈氏威侮五行，怠弃三正'"，亦不明言王之为谁。如无《书序》，"启与有扈战于甘之野"一语，真似冥冥长夜，终古不晓矣。（孔子未作《书序》之前，王字当有异论，其后《墨子》所引《甘誓》以王为禹。）《商书序》称王必举其名，本文亦然。《周书》与《夏书》相似，王之为谁，皆不可知。《吕刑》穆王时作，本文但言王享国百年，序始明言穆王。如不读序，从何知为穆王哉？是故，《书》无序亦不可解。自虞、夏至孔子时，《书》虽未有序，亦必有目录之类，历古相传，故孔子得据以为去取。否则，孔子将何以删《书》也？《书序》文义古奥，不若《诗序》之平易，决非汉人所能伪造。自《史记》已录《书序》原文，太史公受古文于孔安国，安国得之壁中，则壁中《书》已有序矣。然自宋至明，读《尚书》者，皆不重《书序》，梅鷟首发伪古文之复，亦以《书序》为疑。习非胜是，虽贤者亦不能免。不有清儒，则《书序》之疑，至今仍如冥冥长夜尔。

孔子删《书》，传之何人，未见明文。《易》与《春秋》三传，为说不同，其传授源流皆可考。《诗》《书》《礼》则不可知（子夏传《诗》未可信据）。盖《诗》《书》《礼》《乐》，古人以之教士，民间明习者众，孔子删《书》之时，习《书》者世多有之，故不必明言传于何人。《周易》《春秋》，特明言传授者，《易》本卜筮之书，《春秋》为国之大典，其事秘密，不以教士（此犹近代实录，不许示人），而孔子独以为教，故须明言为传授也。伏生《尚书》何从受之，不可知。孔壁古文既出，孔安国读之而能通。安国本受《尚书》于申公（此事在伏生之后），申公但有传《诗》、传《谷梁》之说，其传《尚书》事，不载本传，何所受学，亦不可知。盖七国时通《尚书》者尚多，故无须特为标榜耳。

孔子删《书》百篇之余为《逸周书》，今考《汉书·律历志》所引《武成》，与《逸周书·世俘解》词句相近。疑《世俘解》即

《武成篇》。又《箕子》一篇，录入《逸周书》，今不可见，疑即今之《洪范》。逸书与百篇之书文字出入，并非篇篇不同。盖《尚书》过多，以之教士，恐人未能毕读，不得不加以删节，亦如后之作史者，不能将前人实录字字录之也。删《书》之故，不过如此。虽云《书》以道事，然以其为孔子所删，而谓篇篇皆是大经大法，可以为后世模楷，正未必然。即实论之，《尚书》不过片断之史料而已。

三、**秦焚书**。秦之焚书，《尚书》受厄最甚。揆秦之意，何尝不欲全灭六经。无如《诗》乃口诵，易于流传；《礼》在当时，已不甚行，不需严令焚之。故禁令独重《诗》《书》，而不及《礼》。（李斯奏言："有敢藏《诗》《书》百家语者，悉诣守、尉杂烧之；有敢偶语《诗》《书》，弃市。"）盖《诗》《书》所载，皆前代史迹，可作以古非今之资，《礼》《乐》，都不甚相关。《春秋》事迹最近，最为所忌，特以柱下史张苍藏《左传》，故全书无缺。《公羊传》如今之讲义，师弟问答，未著竹帛，无以烧之。《谷梁》与《公羊》相似，至申公乃有传授。《易》本卜筮，不禁。惟《尚书》文义古奥，不易熟读，故焚后传者少也。伏生所藏，究有若干篇，今不可知，所能读者，二十九篇耳。孔壁序虽百篇，所藏只五十八篇。知《书》在秦时，已不全读，如其全读，何不全数藏之？盖自荀卿隆礼仪而杀《诗》《书》，百篇之书，全读者已少，故壁中《书》止藏五十八篇也。此犹《诗》在汉初虽未缺，而治之者，或为《雅》，或为《颂》，鲜有理全经者。又《毛传》《鲁诗》，皆以《国风》《大、小雅》《颂》为四始，而《齐诗》以水、木、火、金为四始。其言卯、酉、午、戌、亥五际，亦但取《小雅》《大雅》而不及《颂》。盖杀《诗》《书》之影响如此。然则百篇之《书》，自孔壁已不具。近人好生异论，盖导原于郑樵。郑樵之意，以为秦之焚书，但焚民间之书，不焚博士官所藏。其实郑樵误读《史记》文句，故有此说。《史记》载李斯奏云："臣请：史官，非秦记皆烧之；非博士官所职，天下敢有藏《诗》《书》百家语音，悉诣守、尉杂烧之。"此文本应读："天下敢有藏《诗》《书》百家语非博士官所职者”，何以知之？以李斯之请烧书，本为反对博士淳于越，岂有民间不许藏《诗》《书》而博士反得藏之之理？《叔孙通传》：“陈胜起山东，二世召博士诸生问曰：‘楚戍卒攻蕲入陈，于公如何？’博士诸生三十余人前曰：‘人臣无将，将即反，罪死无赦，愿陛下急发兵击之。’二世怒，作色，叔孙通前曰：‘诸生言皆非也。明主在其上，法令具于下，人人奉职，四方辐辏，安敢有反者，此特群盗鼠窃狗盗耳。’二世喜曰：‘善。’令御史案诸生言反者下吏，曰：‘非所宜言。’”今案：“人臣无将”二语，见《公羊传》，于时《公羊》尚未著竹帛，然犹以“非所宜言”得罪，假如称引《诗》《书》，其罪不更重哉！李斯明言：“有敢偶语《诗》《书》者弃市。”如何博士而可藏《诗》《书》哉！（李斯虽奏偶语《诗》《书》者弃市，然其谏二世有曰：“放弃《诗》《书》，极意声色，祖伊所以惧也。”此李斯前后相背处。）郑樵误读李斯奏语，乃为妄说，以归罪于项羽。近康有为之流，采郑说而发挥之，遂谓秦时六经本未烧尽，博士可藏《诗》《书》，伏生为秦博士，传《尚书》二十九篇，以《尚书》本只有二十九篇故（《新学伪经考》主意即此），二十九篇之外，皆刘歆所伪造。余谓《书序》本有《汤诰》，壁中亦有《汤诰》原文，载《殷本纪》中。如谓二十九篇之外，皆是刘歆所造，则太史公焉得先采之？于是崔适谓《史记》所载不合二十九篇者，皆后人所加。（《史记探源》如此说。）由此说推之，凡古书不合己说者，无一不可云伪造。即谓尧舜是孔子所伪造，孔子是汉人所伪造，秦皇焚书之案，亦汉人所伪造，迁、固之流，皆后人所伪造，何所不可！充类至尽，则凡非目见而在百年以外者，皆不可信。凡引经典以古非今者，不必焚其书而其书自废。呜呼！孰料秦火之后，更有灭学之祸什佰于秦火者耶？

四、汉今古文之分。汉人传《书》者，伏生为今文，孔安国为古文，此人人所共知。《史记·儒林传》云：“伏生故为秦博士，孝文时，欲求能治《尚书》者，天下无有，乃闻伏生能治，欲召之，时伏生年九十余，老不能行，于是乃诏太常使掌故晁错往受之。秦时禁书，伏生壁藏之。其后，兵大起，流亡。汉定，伏生求其书，亡数十篇，独得二十九篇，即以教于齐鲁之间。”其叙《尚书》源流彰明如此，可知伏生所藏，原系古文，无所谓今文也，且所藏不止二十九篇，其余散失不可见耳。晁错本法吏，不习古文，伏生之徒张生、欧阳生辈，恐亦非卓绝之流，但能以隶书迻写而已，以故二十九篇变而为今文也。其后刘向以中古文校伏生之《书》，《酒诰》脱简一，《召诰》脱简二，文字异者七百有余。文字之异，或由于张生、欧阳生等传写有误，脱简则当由壁藏断烂，然据此可知郑樵、康有为辈以为秦火不焚博士之书之谬。如博士之书可以不焚，伏生何必壁藏之耶？

《儒林传》称伏生得二十九篇，而刘歆《移让太常博士》云：“《泰誓》后得，博士而赞之。”又，《论衡·正说篇》云：“孝宣皇帝时，河内女子发老屋，得逸《易》《礼》《尚书》各一篇，奏之。宣帝下示博士，然后，《易》《礼》《尚书》各益一篇。而《尚书》二十九篇始定。”然则，伏生所得本二十九篇乎？抑二十八篇乎？余谓太史公已明言二十九篇，则二十九篇当可信。今观《尚书大传》有引《泰誓》语，《周本纪》《齐世家》亦有之。武帝时董仲舒、司马相如、终军辈，均太初以前人，亦引《泰誓》，由此可知，伏生本有二十九篇，不待武帝末与宣帝时始为二十九篇也。意者，伏生所传之《泰誓》，或脱烂不全，至河内女子发屋，才得全本。今观汉、唐人所引，颇有出《尚书大传》外者，可见以河内女子本补之，《泰誓》始全也。马融辈以为《左传》《国语》《孟子》所引，皆非今之《泰誓》。《泰誓》称白鱼跃入王舟、火流为乌，语近神怪，以此疑今之《泰誓》。然如以今之《泰誓》为伏生所伪造，则非也。河内女子所得者，秦以前所藏，亦非伪造。以余观之，今之《泰誓》，盖当时解释《泰誓》者之言。《周语》有《泰誓故》，疑伏生所述，即《泰誓故》也。不得《泰誓》，以《泰誓故》补之，亦犹《考工记》之补冬官矣。然《泰誓》之文，确有可疑者。所称八百诸侯，不召自来、不期同时、不谋同辞，何其诞也？武王伐纣，如有征调，当先下令。不征调而自来，不令而同时俱至，事越常理，振古希闻。据《乐记》孔子与宾牟贾论大武之言曰："久立于缀，以待诸侯之至也。"可见诸侯毕会，亦非易事。焉得八百诸侯，同时自来之事耶？此殆解释《泰誓》者张大其辞，以耸人听闻耳。据《牧誓》，武王伐纣，虽有友邦冢君，然誓曰："逖矣，西土之人！"可知非西土之人，武王所不用也。又曰庸、蜀、羌、髳、微、卢、彭、濮人。庸、蜀、羌、髳、微、卢、彭、濮，均在周之南部，武王但用此南部之人，而不用诸侯之师者，以庸、蜀之师本在西方，亲加训练，而东方诸侯之师，非其训练者也。所以召东方诸侯者，不过壮声势、扬威武而已。（此条马融疑之，余亦以为可疑。）又，观兵之说，亦不可信。岂有诸侯既会，皆曰可伐，而武王必待天命，忽然还师之理乎？是故，伏生《泰誓》不可信。若以《泰誓故》视之，亦如《三国志注》采《魏略》《曹瞒传》之类，未始可不为参考之助也。《泰誓》亦有今古文之别。"流为乌"，郑注：古文乌为雕。盖古文者河内女子所发，今文者伏生所传也。（此古文非孔壁所得。）伏生发藏之后，张生、欧阳生传之。据《史记·娄敬传》，高帝时，娄敬已引八百诸侯之语。又，《陆贾传》称陆生时时前称说《诗》《书》，可见汉初尚有人知《尚书》者。盖娄敬、陆贾早岁诵习而晚失其书，故《儒林传》云"孝文时求为《尚书》者，天下无有"。"无有"者，无其书耳。然《贾谊传》称谊年十八，以能诵《诗》属书闻于郡中。其时在文帝之前。《诗》本讽诵在口，《尚书》则必在篇籍矣。可知当时传《书》者不仅伏生一人，特伏生为秦博士，故著名尔。

《尚书》在景帝以前，流传者皆今文。武帝初，鲁恭王坏孔子宅，得古文《尚书》，孔安国献之。（据《史记》《汉书》及《说文序》所引，所得不止《尚书》一种。）孔安国何以能通古文《尚书》？以其本治《尚书》也。伏生传《书》之后，未得壁经之前，《史记》称鲁周霸、孔安国、洛阳贾嘉颇能言《尚书》事（孔安国、周霸，皆申公弟子。申公之治《尚书》于此可见。贾谊本诵《诗》《书》，故其孙嘉亦能治《尚书》），孔安国为博士，以书教授。倪宽初受业于欧阳生，后又受业于安国。所以然者，以欧阳生本与孔安国本不同耳。倪宽之徒，为欧阳高，大小夏侯。欧阳、大小夏侯三家本之倪宽，而倪宽本之孔安国。孔安国非本之伏生，则汉之所谓今文《尚书》者，名为伏生所传，实非伏生所传也。三家《尚书》亦有孔安国说，今谓三家悉本伏生，未尽当也。

今文《尚书》之名见称于世，始于三国，而非始于汉人。人皆据《史记·儒林传》“孔氏有古文《尚书》，而安国以今文读之”一语，谓孔安国以今文《尚书》翻译古文。此实不然。《汉书》称“孔安国以今文字读之”，谓以隶书读古文耳。孔安国所得者为五十八篇，较伏生二十九篇分为三十四篇者，实多二十四篇。二十四篇中《九共》九篇，故汉人通称为十六篇。孔安国既以今文字读之，而《史记》又谓《逸周书》得十余篇，《尚书》兹多于是。可知孔安国非以伏生之《书》读古文也。盖汉初人识古文者犹多，本不须伏生之《书》对勘也。

孔安国之《书》授都尉朝，都尉朝授胶东庸生，庸生授胡常，常授徐敖，敖授王璜、涂恽。自孔至王、涂凡五传。王、涂至王莽时，古文《尚书》立于学官。涂传东汉贾徽。太史公从孔安国问，《汉书》称迁书载《尧典》《禹贡》《洪范》《微子》《金縢》诸篇多古文说。然太史公所传者，不以伏生为限。故《汤诰》一篇，《殷本纪》载之。

哀帝时刘歆欲以古文《尚书》立学官，博士不肯。（博士抱残守缺，亦如今之教授已不能讲，不愿人讲也。）歆移书让之，王莽时，乃立于学官，莽败，说虽不传，《书》则具存。盖古文本为竹简，经莽乱而散失，其存者惟传抄本耳。东汉杜林，于西州（天水郡，今甘肃秦州）得漆书一篇，林宝爱之，以传卫宏、徐巡（杜林所得必为王莽乱后流传至天水郡者。其后，马、郑犹能知逸《书》篇数，郑玄、许慎亦能引之者，盖传写犹可见，而真本则已亡矣），后汉讲古文者自此始。（杜林非由孔安国直接传授，早岁学于张敞之孙张竦。林之好古文，盖渊源于张氏。）其后，马融、郑玄注《尚书》，但注伏生所有，不注伏生所无，于孔安国五十八篇不全治。马融受之何人不可知，惟贾逵受《书》于父徽，逵弟子许慎作《说文解字》。是故，《说文》所称古文《尚书》，当较马、郑为可信，然其中亦有异同。今欲求安国正传，惟《史记》耳。《汉书》云，迁书《尧典》五篇为古文说，然《五帝本纪》所载《尧典》与后人所说不同。所以然者，杜林所读与孔安国本不甚同也。《说文》圛下称"《尚书》曰：'圛圛升云，半有半无。'"据郑玄注称古文《尚书》以弟为圛，而《宋微子世家》引《洪范》"曰雨、曰济、曰涕"，字作涕。是太史公承孔安国正传，孔安国作涕，而东汉人读之为圛，恐是承用今文，非古文也。自清以来，治《尚书》者皆以马、郑为宗，段玉裁作《古文尚书撰异》，以为马、郑是真古文，太史公是今文。不知太史公之治古文，《汉书》具有明文。以马、郑异读，故生异说耳。

古文家所读，时亦谓之古文。此义为余所摘发。治古文者，不可不知。盖古文家传经，必依原本抄写一通，马融本当犹近真，郑玄本则多改字。古文真本，今不可见，惟有三体石经，尚见一斑。三体石经为邯郸淳所书，淳师度尚，尚治古文《尚书》。邯郸淳之本，实由度尚而来。据卫恒《四体书势》称，魏世传古文者，惟邯郸淳一人。何以仅得邯郸淳一人，而郑玄之徒无有传者？盖郑玄晚年，书多腐敝，不得于礼堂写定，传与其人。故传古文者，仅一邯郸淳也。今观三体石经残石，上一字为古文，中一字为篆文，下一字为隶书。篆书往往与上一字古文不同。盖篆书即古文家所读之字矣。例始三体石经《无逸篇》"中宗之中"，上一字为中，下一字为仲，此即古文家读"中，仲也"。考华山碑，亦称宣帝为中宗。欧阳修疑为好奇，实则汉人本读中为仲也。

今文为欧阳、大小夏侯为三家，传至三国而绝。然蔡邕熹平石经犹依今文。今欲研究今文，只可求之《汉书》《后汉书》及汉碑所引。然汉碑所引，恐亦有古文在。

五、东晋古文。今之《尚书》，乃东晋之伪古文（据《尚书正义》引《晋书》，定为郑冲所作），以马、郑所有者分《尧典》为《舜典》（《舜典》《书序》中本有），更分《皋陶谟》为《益稷》，又改作《泰誓》，此外又伪造二十五篇。不但伪造经，且伪造传。（亦称孔传。）自西晋开始伪造以后，更四十余年，至东晋梅赜始献之。字体以古文作隶书，名曰隶古定。人以其多古字，且与三体石经相近，遂信以为真孔氏之传，于是，众皆传之。甚至孔颖达作《尚书正义》，亦以马、郑为今文矣。

梅赜献书之时，缺《舜典》一篇，分《尧典》“慎徽五典”以下为《舜典》之首。至齐建武四年姚方兴献《舜典》，于“慎徽五典”之上加“曰若稽古，帝舜”等十二字，而梁武帝时为博士，议曰：“孔序称伏生误合五篇，皆文相承接，所以致误。”《舜典》首有“曰若稽古”，伏生虽昏耄，何容合之？遂不行用。然其后江南皆信梅书，惟北朝犹用郑本耳。隋一天下，采南朝经说，乃纯用东晋古文，即姚方兴十二字本也。其后又不知如何增为二十八字，今注疏本是已。

东晋古文，又有今文、古文之分，以隶古定传授不易，故改用今文写之，传之者有范宁等。唐玄宗时，卫包以古文本改为今文，用隶书写之，唐石经即依是本，然《经典释文》犹未改也。（宋开宝初始改。）唐宋间亦多有引古文《尚书》者，如颜师古之《匡谬正俗》，玄应之《一切经音义》，郭忠恕之《汗简》，徐锴之《说文系传》皆是。宋仁宗时，宋次道得古文《尚书》，传至南宋，薛季宣据以作训，而段玉裁以为宋人假造，然以校《汗简》及足利本《尚书》，均符合。要之，真正古文，惟三体石经可据。东晋古文则以薛季宣本、敦煌本、足利本为可据耳。

六、明清人说《尚书》者。明正德时，梅时攻东晋古文之伪。梅之前，吴棫、朱熹，亦尝疑之，以为岂有古文反较今文易读之理？至梅出，证据乃备。（梅不信孔安国得古文《尚书》，以为东晋古文即成帝时张霸伪造之《百两篇》，然校《汉书》原文，可知其误。张霸之《百两篇》，分析众篇，略加首尾而已。东晋古文，非从二十九篇分出，自非张霸本也。此梅之误。）清康熙时，阎若璩作《古文尚书疏证》，始知郑康成《尚书》为真本。阎氏谓《孟子》引父母使舜完廪一段为《舜典》之文，此说当确。惠栋《古文尚书考》，较阎氏为简要。其弟子江声（艮庭）作《尚书集注音疏》，于今文、古文不加分别。古文“钦明文思安安”，今文作“钦明文塞宴宴”，东晋古文犹作“钦明文思安安”，江氏不信东晋古文，宁改为“文塞宴宴”，于是王鸣盛（西庄）作《尚书后案》，一以郑康成为主，所不同者，概行驳斥，虽较江为可信，亦非治经之道。至孙星衍作《尚书今古文注疏》，古文采马、郑本，今文采两《汉书》所引，虽优于王之墨守，然其所疏释，于本文未能连贯。盖孙氏学力有余，而识见不足，故有此病。今人以为孙书完备，此亦短中取长耳。要之，清儒之治《尚书》者，均不足取也。今文家以陈寿棋、乔枞父子为优。凡汉人《书》说，皆入网罗，并不全篇下注，亦不问其上下文义合与不合。所考今文，尚无大谬。其后魏源（默深）作《书古微》，最为荒谬。魏源于陈氏父子之书，恐未全见，自以为采辑今文，其实亦不尽合。源本非经学专家，晚年始以治经为名，犹不足怪。近皮锡瑞所著，采陈氏书甚多。陈氏并无今古是否之论，其意在网罗散失而已。皮氏则以为今文皆是，古文皆非。其最荒谬者，《史记》明引《汤诰》（在伏生二十九篇之外），太史公亦明言“年十岁，诵古文”，而皮氏以为此所谓古文，乃汉以前之书，非古文《尚书》也，此诚不知而妄作矣。古文残阙，三体石经存字无几，其他引马、郑之言，亦已无多，然犹有马、郑之绪余在。今日治《书》，且当依薛季宣《古文训》及日本足利本古文，删去伪孔所造二十五篇，则本文已足。至训释一事，当以“古文《尚书》读应《尔雅》”一言为准。以《尔雅》释《书》，十可得其七八，斯亦可矣。王引之《经义述闻》，解《尚书》者近百条；近孙诒让作《尚书骈枝》，亦有六七十条：义均明确，犹有不合处。余有《古文尚书拾遗》，自觉较江、王、孙三家略胜。然全书总未能通释，此有待后贤之研讨矣。

古人有言：“昔吾有先正，其言明且清。”训诂之道，虽有古今之异，然造语行文，无甚差池，古人决不至故作不可解之语。故今日治《书》，当先求通文理。如文理不通，而高谈微言大义，失之远矣。不但治经如此，读古书无不如此也。

《虞书》曰："诗言志，歌永言，声依永，律和声。"先有志而后有诗。诗者，志之所发也。然有志亦可发为文。诗之异于文者，以其可歌也。所谓歌永言，即诗与文不同之处。永者，延长其音也。延长其音，而有高下洪纤之别，遂生宫、商、角、徵、羽之名。律者，所以定声音也。既须永言，又须依永，于是不得不有韵。（急语无收声，收声即有韵，前后句收声相同即韵也。）诗之有韵，即由歌永言来。

《虞书》载"元首明哉！股肱良哉！庶事康哉！""元首丛脞哉！股肱惰哉！万事堕哉！"二歌。可见尧、舜时已有诗。《尚书大传》有《卿云之歌》。汉初人语未必可信。《乐记》云："舜作五弦之琴以歌南风。"今所传《南风歌》出王肃《家语》，他无所见，亦不可信。唐、虞之诗，要以二《典》所载为可信耳。郑康成《诗谱序》云："有夏承之，篇章泯弃，靡有孑遗。"而今《尚书》载《五子之歌》，可知其为晋人伪造也。《诗谱序》又云："降及商王，不风不雅。"此谓商但有《颂》，《风》《雅》不可见矣。《周礼·太师》："教六诗：曰风、曰赋、曰比、曰兴、曰雅、曰颂。"赋、比、兴与风、雅、颂并列，则为诗体无疑。今《毛传》言兴者甚多，恐非赋、比、兴之兴耳。赋体后世盛行。《毛传》以升高能赋为九能之一，谓之德音。周末屈原、荀卿俱有赋。赋既在风、雅、颂之外，比、兴当亦若是。惟孔子删诗，存风、雅、颂而去赋、比、兴。《郑志》答张逸问，赋、比、兴，吴札观诗已不歌。盖不歌而诵谓之赋。赋不可歌，与风、雅、颂异，故季札不得闻也（比、兴不知如何）。赋、比、兴之外，又有《九德之歌》，《左传》郤缺曰：九功之德，皆可歌也，谓之九歌。六府三事，谓之九功。水、火、金、木、土、谷，谓之六府；正德、利用、厚生谓之三事，合之为十五种。今《诗》仅存风、雅、颂三种。

《诗大序》："风，风也""雅，正也""颂者，美盛德之形容，以其成功告于神明者也"。风有讽谕之义，雅之训正，读若《尔雅》之雅，然风、雅、颂之雅，恐本不训正。《说文》："疋，古文以为《诗·大雅》字。"一曰，疋即今疏字。然则诗之称疋。纪事之谓，亦犹后世称杜工部诗曰诗史。故大雅、小雅无非纪事之诗，或谓雅即雅乌。孔子曰："乌盱，呼也。"李斯《谏逐客书》："击翁叩缶，弹筝搏髀，而歌呼呜呜快耳者，真秦之声也。"杨恽《报孙会宗书》："家本秦也，能为秦声"，"仰无抚缶而呼呜呜"。秦本周地，故大小雅皆以雅名。（所谓乌乌秦声者，即今之梆子腔也。）此亦可备一说。余意《说文》训疋为记，乃雅之正义，以其性质言也；雅、乌可为雅之别一义，以其声调言也。至正之一训，乃后起之义。盖以雅为正调，故释之曰正耳。

诗以四言为主，取其可歌，然亦有二言、三言以至九言者，惟不多见耳。今按："肇禋"，二言也；"洞酌彼行潦挹彼注兹"，九言也。一言太短，不可以歌，故三百篇无一言之诗。然梁鸿《五噫》之歌曰："陟彼北芒兮，噫！顾览帝京兮，噫！宫室崔嵬兮，噫！人之劬劳兮，噫！辽辽未央兮，噫！"则一言未始不可成句，或者三百篇中偶然无一言之句耳，非一言之句必不可歌也。

《诗经》而后，四言渐少。汉世五言盛行，唐则七言为多。八言、九言，偶一为之，三言惟汉《郊祀歌》用之。六言亦不多见。《汉书》所录汉之四言之作，有韦孟《谏诗》一首，《在邹诗》一首，韦玄成《自责诗》一首，《戒子孙诗》一首，西汉之作，传于世者，尽于此矣。魏武帝作《短歌》，犹用四言，虽格调有异《诗经》，然犹有霸气。至《文选》所录魏、晋间四言之作，语多迂腐。自是之后，四言衰歇，五言盛行。李白谓"兴寄深微，五言不如四言，七言尤其靡也"，然所作《雪谗诗》讥刺杨妃，有乖孰厚之义，或故为大言以欺人耳。又杂言一体，《诗经》所有。汉乐府往往用之，唐人歌行亦用之。夫抒写性情，贵在自由，不宜过于拘束，如必句句字数相同，或不能发挥尽致。故杂言之作，未为不可。今人创新体诗，以杂言为主可也，但无韵终不成诗耳。（以上论《诗》之大概。）

太史公谓古诗三千余篇，盖合六诗、《九德之歌》言之。孔子删诗，仅取三百余篇。盖以古诗过多，不能全读，故删之尔，或必其余皆不足观也。或谓孔子删《诗》与昭明之作《文选》有异。

余意不然，《文选》为总集，《诗经》亦总集，性质正复相似，所谓“自卫反鲁然后乐正，《雅》《颂》各得其所”，决非未正以前，《雅》入《颂》《颂》入《雅》也。《雅》主记事，篇幅舒长；《颂》主赞美，章节简短。但观形式，已易辨别。且其声调又不同，何至相乱，或次序颠倒、孔子更定之耳。

《风》《雅》有正、变（盛周为正，衰周为变），《颂》无正、变，因《风》《雅》有美有刺，《颂》则有美无刺也。《鲁语》闵马父之言曰：昔正考父校商之名颂十二篇于周太师，以《那》为首。今《商颂》仅存五篇，其余七篇，或孔子时而已佚矣。据今《商颂》，有商初所作，亦有武丁时所作，而《周颂》皆成王时诗，后则无有。《孟子》曰：“由汤至于武丁，贤圣之君六七作。”故颂声未息，周则成王以后无贤圣也。或以《鲁颂》为僭天子之礼。若然，孔子当屏而不录。孔子录之，将何以说？案《周官·籥章》：吹豳诗以逆暑迎寒，吹豳雅以乐田峻，吹豳颂以息老物。同为《七月》之诗，而风、雅、颂异名者，歌诗之时，其声调三变尔。《豳风》非天子之诗，而可称颂，则《鲁颂》称颂而孔子录之，无可怪也。今观《泮水》《宫》之属，体制近雅而不近颂，若以雅为称，则无可讥矣。

《史记·孔子世家》称“三百五篇，孔子皆弦歌之，以求合《韶》《武》《雅》《颂》之音”。然则，今之《诗经》在孔子时无一不可歌也。《汉书·礼乐志》云：河间献王献雅乐，天子下大乐官常存肄之。是其乐谱尚在。后则可歌者，惟《鹿鸣》《伐檀》等十二篇耳。近人以《鹿鸣》、《伐檀》等谱一字一声，无抑扬高下之音，疑为唐人所作。然一字一声，不但《诗经》为然，宋词亦然。姜夔、张炎之谱可证也。一字之谱多声，始于元曲，古人未必如是，孔子曰：“放郑声。”又曰：“恶郑声之乱雅乐。”汉儒解郑声以为烦手踯躅之声。张仲景《伤寒论》云：“实则谵语，虚则郑声。郑声者，重语也。”可见汉人皆读郑为郑重之郑。郑声即一字而谱多声之谓。唐人所重十二诗之谱，一字一声，正是雅乐，无可致疑。（以上论《诗》之可歌。）

《诗》以口诵，至秦未焚。汉兴有齐、鲁、毛、韩四家，齐、鲁、韩三家无笙诗，为三百五篇，毛有笙诗为三百十一篇。笙诗有其义而亡其辞，则四家篇数本相同也。（笙诗六篇，殆如今之乐曲，有声音节奏而无文词。）所不同者，《小雅·彼都人士》“狐裘黄黄，其容不改，出言有章，行归于周，万民所望”数句，三家所无，而毛独有，此其最著者也。其余文字虽有异同，不如《尚书》今古文之甚。以《诗》为口诵，故无形近之讹耳。

《鲁诗》出自浮丘伯，申公传之。鲁人所传，故曰《鲁诗》。《齐诗》传自辕固生，齐人所传，故曰《齐诗》。《韩诗》传自韩婴，据姓为称，故曰《韩诗》。齐、韩二家，当汉景帝时，在《鲁诗》之后。《毛诗》者，毛公所传，故曰《毛诗》。相传毛公之学出自子夏，三国时吴徐整谓子夏授高行子，高行子授薛仓子，薛仓子授帛妙子，帛妙子授河间人大毛公，毛公为《诗故训传》于家，授赵人小毛公，小毛公为河间献王博士。而陆玑则谓子夏传曾申，申传魏人李克，李克传鲁人孟仲子，孟仲子传根牟子，根牟子传赵人孙卿子，孙卿子传鲁人大毛公。由徐整之说，则子夏五传而至大毛公；由陆玑之说，则子夏七传而至大毛公。所以参差者，二家之言，互有详略耳。（大毛公名亨，小毛公名，今之《诗传》乃大毛公所作，当称《毛亨诗传》，而世皆误以为毛，不可不正也。）

《毛诗·丝衣序》引高子曰：“灵星之尸也。”《维天之命》传引孟仲子曰：“大哉天命之无极，而美周之祚也。”《宫》传引孟仲子曰：“是禖宫也。”高子、孟仲子并见《孟子》七篇中。或疑高子即高行子。高行子为子夏弟子，不当与孟子同时，然赵岐注云：高子年长，或高叟即高行子矣。赵注又云：孟仲子，孟子之从昆弟，学于孟子者也。然则孟子长于《诗》《书》，故高子、孟仲子之说皆为毛公所引。

《汉书·艺文志》谓齐、鲁、韩三家，咸非《诗》之本义，与不得已，鲁最为近之。又云：毛公之学，自谓子夏所传。据此，知向、歆父子不信三家诗说。歆让太常博士，欲以《毛诗》立学官，而《七略》不称《毛诗》之优。今观四家之异同，其优劣可得而言，太史公言《关雎》之乱以为《风》始，《鹿鸣》为《小雅》始，《文王》为《大雅》始，《清庙》为《颂》始，其言与《诗大序》“《关雎》，风之始也”语同。《诗大序》但举《雅》、《颂》之名，而不言《鹿鸣》为《小雅》始、《文王》为《大雅》始、《清庙》为《颂》始，但云“是谓四始，《诗》之至也”者，盖由“《关雎》，《风》之始也”一语，可以类推其余耳。郑康成云：“始者，王道兴衰之所由。”余谓毛意同史公，史公所引，多本《鲁诗》，《毛诗》传至荀子，《鲁诗》亦传自荀子，此其所以符合也。

《齐诗》与《鲁》《毛》全异，萧望之、翼奉、匡衡同事后苍，治《齐诗》。翼奉有五际、六情之语，不及四始。诗纬《泛历枢》称四始有水、木、火、金之语。谓《大明》水始，《四牡》木始，《嘉鱼》火始，《鸿雁》金始，其言甚不可解，恐东汉人所造，非《齐诗》本义。匡衡上书称孔子论《诗》以《关雎》为始，此言与《毛传》相同，并无水、木、火、金之语。可知《泛历枢》为后人臆说也。衡奏议平正，奉则有怪诞之语，虽与衡同师，而别有发明矣。如以水、木、火、金说四始，则《齐诗》竟是神话。四始为《诗》之大义，而《齐诗》之说如此，以此知齐之不逮毛、鲁远也。然匡衡说《诗》，亦有胜于鲁、韩者。《鲁诗》说周道缺，诗人本之衽席，《关雎》作。《齐诗》亦谓周康王后佩玉晏鸣，《关雎》叹之。匡衡上书，乃谓《周南》《召南》，被贤圣之化深，故笃于行，而廉于色，此非以《关雎》为刺诗矣。盖《齐诗》由辕固数传而至后苍。苍本传《礼》。《乡饮酒礼》：“合乐《周南·关雎》《葛覃》《卷耳》。”《燕礼》：“歌乡乐《周南·关雎》《葛覃》《卷耳》。”《仪礼》，周公所定，已有《周南·关雎》，知《关雎》非康王时所作。匡衡师事后苍，故其说《诗》，长于鲁、韩也。

齐、鲁、韩三家诗序不传，而毛序全存。如《左传》隐三年：“卫庄公娶于齐东宫得臣之妹，曰庄姜，美而无子，卫人所为赋《硕人》也。”闵二年：“郑人恶高克，使帅师次于河上，久而弗召，师溃而归，高克奔陈，郑人为之赋《清人》。”文六年：“秦伯任好卒，以子车氏之三子奄息、仲行、针虎为殉；皆秦之良也，国人哀之，为之赋《黄鸟》。”《毛序》所云，皆与《左传》符合，此毛之优于三家者也。又三家诗，皆有怪诞之语，毛则无有。即如“履帝武敏歆”，《尔雅》已有“敏，拇也”之训，而三家说皆谓姜嫄出野见巨人迹，践之身动如孕，而生后稷。《毛传》则以疾训敏，以帝为高辛氏之帝，从于帝而见于天，将事齐敏，不信感生之说。又如：“赫赫姜嫄，其德不回，上帝是依”，若用感生之说，必谓上帝依姜嫄之身，降之精气，而《传》则谓上帝依其子孙。又如：“文王在上，于昭于天，文王陟降，在帝左右”，《毛传》之前，《墨子·明鬼》已引此诗，谓若鬼神无有，则文王既死，岂能在帝之左右哉！而《毛传》则谓文王在民上，文王升接天、下接人，一扫向来神怪之说。盖自荀子作《天论》，谓圣人不求知天，神话于是摧破。《毛诗》为荀卿所传，即此可征。

《大序》，相传子夏所作，《小序》，毛公所作。郑康成之意，谓《小序》发端句，子夏作，其下则后人所益，或毛公作也。今按，《序》引高子曰：“灵星之尸也。”此语自当出子夏之后矣。《卫宏传》有“作诗序”语，故《释文》或云《小序》是东海卫敬仲所作。然卫宏先康成仅百年，如《小序》果为宏作，康成不容不知。由今思之，殆宏别为《毛诗序》，不与此同，而不传于后。或宏撰次诗序于每篇之首，亦通谓之作耳。汉人专说《毛诗》者，今存《郑笺》一种。马融《毛诗传》散佚已久，今可见者，惟《生民篇》《正义》所引言帝喾事为最详耳。（以上论三家诗与毛之不同。）

朱晦庵误解“郑声淫”一语，以为郑风皆淫，于是刺忽之诗，皆释为淫奔之作。陈止斋笑晦庵以彤管为行淫之具，城阙为偷期之所，今《集传》中无此语，盖晦庵自觉其非而删之矣。凡《小序》言刺者，晦庵一概目为淫人自道之词。自来淫人自道之词未尝无有，如六朝歌谣之类，恐未可以例《国风》。若郑风而为淫人自道之词，显背无邪之旨，孔子何以取之？昔昭明编辑《文选》，于六朝狎邪之诗，摈而不录。《高唐》《神女》《洛神》之属，别有托意，故录之（见《蓟汉闲话》）。昭明作《陶渊明集序》，谓《闲情》一赋，白璧微瑕。昭明尚然，何况孔子？晦庵之言，亦无知而妄作尔。

自晦庵作《集传》，说《诗》之风大变。清陈启源作《毛诗稽古编》，反驳晦庵，其功不可没。（吕东莱作《读诗记》，不以晦庵为然。晦庵好胜谓东莱为毛、郑之佞臣。）后之治《毛诗》者，桐城马瑞辰作《毛诗传笺通释》，泾县胡承珙作《毛诗后笺》，长洲陈奂作《诗毛氏传疏》。马氏并重《传》《笺》，胡氏从《传》而不甚从《笺》，陈氏则全依《毛传》。治三家诗者（《齐诗》亡于三国；《鲁诗》亡于永嘉之乱；《韩诗》唐代犹存，今但存《外传》而已。三家至宋全亡，如三家诗不亡，晦庵作《集传》当不至荒谬如此），王应麟后，清有陈寿棋、乔枞父子。乔枞好为牵附，谓《仪礼》引《诗》，皆《齐诗》说；又谓《尔雅》为《鲁诗》之学，恐皆未然。要之，陈氏父子，虽识见未足，然网罗放失之功，亦不可没。其后，魏源作《诗古微》，全主三家。三家无序，其说流传又少，合之不过三十篇，谓之《古微》，其实逞臆之谈耳。

今治《诗经》，不得不依《毛传》，以其序之完全无缺也。诗若无序，则作诗之本意已不明，更无可说。三家诗序存者无几，无从求其大义矣。戴东原作《毛郑诗考证》，东原长于训诂之学，而信服晦庵，故考证未能全备。东原之外，治诗者皆宗《毛传》，陈氏父子，不过网罗放失而已。

《孝经》曰："安上治民，莫善于礼。"《左传》曰："礼经国家、定社稷、序民人、利后嗣。"今案：《仪礼》与安上治民有关。《周礼》则经国家、定社稷之书也。《周礼》初出曰《周官经》，刘歆始改称《周礼》，然《七略》犹曰《周官》，《汉书·艺文志》仍之。马融训释之作，亦称《周官传》，至郑康成以《周礼》名之，合《仪礼》、《小戴记》为三礼。三礼之名，自郑氏始，今若以《大戴礼》合之，当称四礼。称三礼者，沿郑氏注也。

贾公彦《序周礼废兴》引马融传，称刘歆末年，知周公致太平之迹具在《周官》，然当时今文家不肯置信。林硕以为黩乱不验之书，何休以为战国阴谋之书。今观《周礼》，知刘歆之言不谬。惟其书非一时一人之作，盖如历代会典，屡有增损。（《唐六典》以及明清之《会典》，皆拟《周礼》。《六典》全依《周官》，《会典》虽稍异，然行文多模仿之迹，此亦有关文体。不学《周礼》，则官制说不清楚。亦如后之律书必拟汉律也。）创始之功，首推周公，增损之笔，终于穆王耳。今《逸周书》有《职方篇》，为穆王时作，而其文见于《周礼·夏官》，知周公以后、穆王以前，《周礼》一书，时有修改。穆王以后，则未见修改之迹也。何以言之？曰：《周礼》司刑掌五刑之法，墨罪五百、劓罪五百、宫罪五百、刖罪五百、杀罪五百，合二千五百条；而穆王作《吕刑》称五刑之属三千，较《周礼》多五百条。《吕刑》别行，以此知穆王晚年，已不改《周礼》也。《左传》子革曰："昔穆王欲肆其心，周行天下，将皆必有车辙马迹焉。"今《穆天子传》真伪未可知。然穆王好大喜功，观《职方氏》一篇可知也。《职方氏》言中国疆域，东西南北相距万里。方千里曰王畿，其外方五百里曰侯服，又其外方五百里曰甸服，又其外方五百里曰男服，又其外方五百里曰采服，又其外方五百里曰卫服，又其外方五百里曰蛮服（又称要服），又其外方五百里曰夷服，又其外方五百里曰镇服，又其外方五百里曰藩服。依此推算，自王城至藩服之边，东西南北均五千里，为方万里，积一万万方里。蛮服以内为九州，以外为蕃国。九州以内，方七千里，积四千九百万方里。非穆王之好大，何以至此。《康诰》曰："周公初基作新大邑于东国洛，四方民大和会，侯、甸、男、邦、采、卫。"是周公作洛时，无所谓要服。《康王之诰》称庶、邦、侯、甸、男、卫，亦无要服。不特此也，汉人迷信《王制》，《王制》曰："凡四海之内九州，州方千里。"郑注云："大界方三千里，三三而九，方千里者九也。其一为县内，余八各立一州，此殷制也。"余谓夏制不可知，殷制则不止方三千里。《酒诰》曰："自成汤咸至于帝乙，越在外服，侯、甸、男、卫、邦伯，罔敢湎于酒。"是周初之制与商制无甚差异，皆侯、甸、男、采、卫五等，无所谓要服也。要服本为蛮服，不在九州之内。穆王好大喜功，故《职方》之言如此。《大行人》朝贡一节，与《职方氏》相应，当亦穆王所改。若巾车掌公车之政令、革路以封四卫、木路以封蕃国。可见周初疆域，至卫服而止，无所谓要服，此穆王所未改者也。夷、镇、藩三服，地域渺茫，叛服不常，安知其必为五百里？要服去王城三千五百里，东西七千里，九州之大，恐无此数。今中国本部，最北为独石口，当北纬四十一度半；极南至于琼州，当北纬十八度。其中南北相去二十三度半，为里四千九百。周尺今不可知，若以汉尺作准，汉尺存者有虑虒尺，虑虒尺一尺，合清营造尺七寸四分，尺度虽古今不同，里法则古今不异。古之五服六千里，以七四比之，当四千四百四十里，与今四千七百里不甚相远。穆王加要服为七千里，以今尺计之，则为五千一百八十里，较今长三四百里，此由今中国本部，北至独石口，而古者陕西北部之河套亦隶境内（今属绥远）。河套之地，于汉为朔方、九原、定襄（朔方正傍黄河，周时"城比朔方"，此朔方与汉之朔方为近，非唐之朔方也），如并朔方计之，当有五千一百八十里。恐穆王时疆域亦未大于今日也。《汉书·地理志》："郡县北至朔方，南至交趾（九真日南即今安南）。"而云南北万三千三百六十八里。以今尺七四比之，有九千六百余里。自朔方以至日南，亦无此数。自此以后，言地域者，皆称南北万里、东西九千里。其实中国本部并无此数，此后世粗疏，更甚于《周礼》也。测量之不精，自周至明，相差不远，惟周人不甚夸大、汉以后夸大耳。

测量之法，古人未精，西晋裴秀作官图，盖尝测量矣。所以不准者，以不知北极出地之法也。唐贾耽作《华夷图》及关中、陇右、山南、九州等图；至宋，略改郡县之名，刘豫阜昌七年刻之西安，一曰《禹迹图》，一曰《华夷图》，今尚完好。贾耽之作，亦由测量而来，然亦未准者——不知北极出地之法，一也；未免夸大，二也。北极出地之法，周人自未之知，因其不夸大，故所言里数与今相差不远耳。（以上言职方与周初疆域不同，明《周礼》非周公一时之作，周公之后屡有修改。）

管仲治齐，略变《周礼》之法，《小匡篇》及《齐语》并载桓公问为政之道，管子称："昔吾先王昭王、穆王，世法文、武之远绩，以成其名。"《周礼》至穆王乃定，此亦一证。又，《周礼》萍氏掌国之水禁，几酒、谨酒，其法不甚严厉，其职殆如今卫生警察。如言《周礼》之作在周公时，则萍氏显违《酒诰》之文。《酒诰》曰："群饮，汝勿佚，尽执拘以归于周，予其杀！"不仅几酒、谨酒而已！此亦可见《周礼》之屡有修改，盖百余年中，不知修改若干次矣。

六官之制，古无异论。清金鹗作《求古录礼说》，言六官之制，实始于周。《曲礼》云："天子之五官，曰司徒、司马、司空、司士、司寇。"此与《周官》不同，当为殷制。又云：王者设官，所以代天官，故其制必法乎天。三光以法三公，五官以法五行。引《左传》云：五行之官，是谓五官。木正曰句芒，火正曰祝融，金正曰蓐收，水正曰玄冥，土正曰后土。明自少皞、颛顼以来皆五官。余谓少皞、颛顼之制，确为五官，前乎此则未可知。至商，恐已六官矣。《曲礼》之言，不知何据。郑注《礼记》，凡与《周礼》不合者，皆曰夏殷之制。其实五官是否确为殷制，不可知也。余谓，与其据《曲礼》，不如据《论语》。《论语》云："君薨，百官总已以听于冢宰三年。""何必高宗？古之人皆然。"此所谓冢宰，当如《周官》之冢宰，为六官之首。否则，百官何以听之？冢宰于《周礼》曰太宰。太宰之名，不见虞、夏之书，殆起于商。《说文》云："宰，罪人在屋下执事者；从宀从辛，辛，罪也。"具食之官，见于《左传》者曰宰夫，或曰膳宰。《汉书》有雍太宰，为五时具食之官。宰本罪人之称，庖人具食，事近奴隶，故以宰为名。然太宰、小宰，位秩俱隆，而被宰名，当自伊尹始。《吕览·本味篇》称伊尹说汤以至味，极论水火调剂之事，周举天下鱼肉菜果之美，而结之曰：天子成则至味具。《史记·殷本纪》亦谓伊尹欲干汤而无由，乃为有莘氏媵臣，负鼎俎以滋味说汤，至于王道。二家之说与《孟子》"伊尹以割烹要汤"符合。据《文选》李善注引《鲁连子》曰："伊尹负鼎佩刀以干汤，得意，故尊宰舍。"盖伊尹参与帷幄之谋，权势虽尊，本职则卑。后以其功高，而尊宰舍，故有太宰、冢宰之名耳。又《商颂》称伊尹为阿衡，《周书》曰保衡。保阿，女师也。阿，《说文》作妿，在女子曰保阿，在男子亦曰阿衡、保衡，其为媵同也。伊尹为媵臣，故尊保阿；伊尹为庖人，故尊宰舍。此说虽为孟子所不信，然其为实事至明。周因殷礼，故设太宰之官。今观太宰所属之官，与清之内务府不远。惟司会掌邦之六典、八法、八则之贰，以逆邦国都鄙官府之治；太府掌九贡、九赋、九功之贰，以受其货贿之入，为与国计有关。自余宫殿之官，如宫正之属；禁掖之官，如内宰之属；饮食之官，如膳夫之属；衣服之官，如司裘、掌皮之属，皆清内务府所掌也。周官三百六十，太宰所掌六十，位秩最崇，然治官之属，仅司会、大府为有关于国计者。以太宰本之殷制而来，其本职不过《周礼》膳夫、内宰二官。由饮食而兼司衣服，由禁掖而兼司宫殿。是故，周官太宰无所不掌，而属员仍冗官耳。后儒不明此理，谓周公防宦官用事，故立此制。不知宦官用事，必不在贵族执政之世、周公时贵族执政，断无防及刑余擅权之理也。（汉、唐、明三代，皆有刑余擅权之事，六朝则无。何则？贵族执政阶级严明，非刑余所得间也。）由此论之，天官冢宰，周袭殷制，后世未必可法。至春官宗伯主祭祀，非今之要职。地官司徒掌地方行政，兼司教育，如今内务、教育两部。夏官司马掌行军用兵，如今军政部。秋官司寇掌狱讼刑法，如今之司法部。皆立国要典，可资取法者也。（以上论六官之职。）

何以汉儒谓《周礼》为黩乱不验之书也？以汉初经师之说，与《周礼》不同，故排弃之耳。《马融传》云："秦自孝公以下，用商君之法，其政酷烈，与《周官》相反，故始皇禁挟书，特疾恶，欲绝灭之，搜求焚烧之独悉，是以隐藏百年。孝武帝始除挟书之律，开献书之路，既出于山岩屋壁，复入于秘府。五家之儒，莫得见焉。"案：马谓秦烧《周礼》独悉，其言太过。秦所最恶者为《诗》《书》而不及《礼》。孟子曰："诸侯恶其害己也，而皆去其籍。”可见《周礼》自七国时已不甚传。虽以孟子之贤，犹未之见。故其言封建与《周礼》全异。（孟子言：“公、侯皆方百里，伯七十里，子、男五十里。”《周礼》谓公五百里，侯四百里，伯三百里，子二百里，男百里。）汉初儒者未见《周礼》，而孟之说流传已久，故深信不疑。（景帝末年河间献王始得《周礼》，《周礼》未出时，汉儒言封建者皆宗孟子，文帝时作《王制》亦采《孟子》为说。）又以贾谊有众建诸侯之论，故虽见《周礼》，亦不敢明说。周之五百里，为今三百七十里，其封域不过江、浙之一道，川、云之一府。汉初王国之广，犹不止此。夏、商二代，封国狭小，故汤之始征，四方风靡，文王伐崇戡黎，为时亦暂。以四邻本非强大，故得指顾而定之也。《逸周书·世俘解》称武王翦商，灭国六百余（孟子言灭国五十），若非小国寡民，安得数月之间灭国六百余乎？周公有鉴于此，故大封宗室，取其均势，以为藩屏。其弊至于诸侯争霸，互相争伐，而天子不能禁。以视武丁朝诸侯、有天下，如运诸掌，本末之势，迥乎不同。由此可知，商代封国尚无五百里之制也。贾谊患诸侯王尾大不掉，故不肯明征《周礼》。惟太史公《汉兴以来诸侯年表》云：“封伯禽、康叔于鲁、卫，地各四百里。”《汉书·韩安国传》，王恢与安国论辩，称秦谬公都雍地，方三百里，并与《周礼》相应。盖史公但论史事，王恢不知忌讳，故直举之耳。然孟子之言亦未为无据。周之封建，有功者，视其功之高下以为等级，无功则封地狭小。滕、薛皆侯国。滕，周所封；薛，夏所封。考其地不出今薛县一县，犹不及孟子所言之百里。齐、鲁、卫、燕，亦皆侯国，而封域不止四百里。（齐，太公之后；鲁，周公之后；燕，召公之后。功业最高，故封地独大。卫包邶、鄘、卫三国，殷畿千里，皆为卫有。）盖于鲁、卫为褒有德，于齐、燕为尊勤劳。其地皆去周远，亦所以固吾圉也。以此知五百里、四百里之制，不过折衷言之，非不可斟酌损益也。明乎此义，则可知《周礼》非黩乱不验之书矣。至谓《周礼》为六国阴谋之书者，汉人信《孟子》，何休专讲《公羊》，故有此言耳。

后之论者，以王莽、王安石皆依《周礼》施政而败，故反对《周礼》。余谓二王致财之由在不知《周礼》本非事事可法，只可师其意，而不可袭其迹。西汉之末，家给人足，天下艾安。莽之变法，可谓庸人扰之。宋神宗时，国势虽衰，民犹安乐，安石乃以变风俗、立法度为急，而其法又主于聚敛，宜其败矣。宇文周时关陇残破，苏绰为六条诏书奏施行之：曰先治心，曰敦教化，曰尽地利，曰擢贤良，曰恤狱讼，曰均赋役。盖亦以《周礼》为本，终能斫雕为朴，变奢从俭。隋及唐初，胥蒙其福。贞观之治，基础于此。夫变法之道，乱世用之则治，治世用之则乱，况《周礼》不尽可为后世法乎？陈止斋、叶水心尊信《周礼》，当南宋残破之时而行《周礼》，或有可致治之理，然不可行之今日。何者？今外患虽烈，犹未成南宋之局，若再变法，正恐治丝而益棼耳。

《中庸》云："礼仪三百，威仪三千。"《礼器》云："经礼三百，曲礼三千。"礼仪、经礼谓《周礼》也。威仪、曲礼谓《仪礼》也。《仪礼》篇目不至有三千，故郑康成云：其中事仪三千。然《汉志》言礼自孔子时而不具，《杂记》言恤由之丧，哀公使孺悲之孔子学《士丧礼》，《士丧礼》于是乎书。然则在孔子时，《仪礼》早有亡失。三百三千云者，约举其大数云尔。

秦燔书后，汉兴高堂生传《士礼》十七篇，又于孔壁得《礼古经》五十六篇，其十七篇与高堂生所传同；《记》百三十一篇，七十子后学者所记。以古礼仅存五十六篇，故学者无不重视《礼记》。今五十六篇又散佚矣。汉儒说经，为《仪礼》作注者绝少。马融但注《丧服》一篇，至康成乃注全经。自汉末以逮西晋，注《丧服》者，无虑二三十家，而注全经者，仅王肃一人而已。

今人见《仪礼》仅存十七篇，以为《礼古经》五十六篇，除十七篇外，悉已散佚。此不然也。案：小戴记《投壶》《奔丧》二篇，郑《目录》云：实逸《曲礼》之正篇也。又，大戴记之《诸侯迁庙》《诸侯衅庙》《公冠》（《公冠》文简，是否全文，未可知，后附孝昭冠辞，文亦无多）三篇，皆当为逸礼之正篇。又郑注《内宰》，引《天子巡守礼》；注《司巫》《月令》，引《中霤礼》，其文虽少，亦《礼古经》之正篇，当在五十六卷之数。依是数之，则十七篇外，今可知者又有七篇，合之得二十四篇。《礼经》之文，平易可读，汉儒所以不注者，或以其繁琐太甚，或以通习者不多。（西汉习礼者有鲁国桓公，见刘歆《移让太常博士书》，其授受不可知。）盖汉人治经谨慎，非有师受，不敢妄说。康成但注十七篇者，亦以三十九篇先师未有讲说故耳。

礼书序次，大小戴及《别录》，彼此不同。其以《士冠》《士昏》《士相见》为次，则三家未有违异。郑氏次第，悉依《别录》。其经文有今古文之异者，郑于字从今者下注古文作某，从古者，下注今文作某。所谓今古文，非立说有异，不过文字之异耳。自汉以来，传《丧服》者独盛。（马融而后，三国蒋琬亦作《丧服要记》一卷。）小戴记论《丧服》者十余篇，大戴记亦有论丧服变除之言，见《通典》所引。古人三年之丧，未葬，服斩衰，居倚庐，寝苫枕块；既葬，齐衰，居垩室；小祥以后，衰裳练冠，居外寝；大祥则禫服素冠，出垩室，始居内寝。（《檀弓》言祥而缟，盖缟冠素纰也。素即白绢。《诗·桧风》："素冠，刺不能三年也"。）禫服三月之后，则以墨经白纬为冠，得佩纷帨之属，寝有床，犹别内，始饮醴酒。逾月复吉，三年之礼乃成，此即所谓丧服变除。盖古人居丧，兼居处饮食言之，非专系于冠服也。汉人居丧尚合古法，故能精讲《丧服》。韩昌黎自比孟子，而言《仪礼》行于今者盖寡，沿袭不同，复之无由，考于今，诚无所用之，夫《仪礼》在后代可用者诚少，然昏礼至今尚用纳采、问名、纳吉、纳征、请期、亲迎之名，丧礼亦尚有古人遗意，冠礼至唐已废，乡饮酒礼六朝至唐仍沿用之。昌黎疏于礼，故为此言耳。《丧服》一篇，自汉末以至六朝，讲究精密，《通典》录其论议，多至二三十卷。其中疑难，约有数端。出妻之子为母期，而嫁母之有服、无服，《仪礼》未有明文。或以为应视出母，或以为嫁由自绝，与被出有异。又为人后者，议论纷繁。《传》曰："为人后者孰后？后大宗也。"大宗不可以绝，故族人以支子后大宗。汉代王侯往往以无子国除，此不行古代后大宗之礼也。否则，王侯传国四五代，必有近支可承，何至无子国除？迨元始时，始令诸侯王、公、列侯、关内侯无子而有孙、若子、同产子者，皆得以为嗣。师古曰："子同产子者，谓养昆弟之子为子者。"如诸葛亮以兄子为子，皇甫谧出后其叔，此皆非后大宗，与《仪礼》之为人后者不相应。《唐律》于此亦称养子。《开元礼》有为人后者，实即养子也。后人误以养子为即俗称之螟蛉子，因疑《唐律》既许养子，何以又有不许养异姓男一条。不知《唐律》所称养子是养同宗于昭穆相当者也。《仪礼》：为人后者，为其父母降为齐衰不杖期，盖持重于大宗者，降其小宗也。然魏晋六朝人于三年之内不得嫁娶，即子女嫁娶亦所不许。曹公为子整与袁谭结婚，裴松之曰："绍死至此过周五月耳，谭虽出后其伯，不为绍服三年，而于再期之内以行吉礼，悖矣。"于此可见古人守礼之严。至今所谓养子者，魏时或为《四孤论》曰："遇兵饥馑有卖子者、有弃沟壑者、有生而父母亡复无缌麻亲其死必也者、有俗人以五月生子妨忌不举者。"有家无儿，收养教训成人，则对于公妪育养者应有服否，三国、两晋论议甚多，或以为宜服齐衰周，方之继父同居者，此议斟酌尽善，可补《仪礼》之阙。《仪礼》制于宗法时代，秦汉而后，宗法渐衰，自有可斟酌损益之处。《开元礼》亦有与《仪礼》不同者，《仪礼》父在为母齐衰期，武后时，改为父在为母齐衰三年；《仪礼》为祖父母齐衰不杖期，为曾祖父母齐衰三月，高祖之服则无有（或以为古人婚晚，玄孙不及见，高祖故无服，其说非是，恐高祖以上概括在曾祖之内），《开元礼》改为曾祖父母齐衰五月正服，为高祖父母齐衰三月加服。嫂叔本无服，盖推而远之也。唐太宗以同爨尚有缌麻之恩，增叔嫂小功五月义服。古人外亲之服皆缌，为外祖父母小功，以尊加也。为舅缌，从服也。母之姐妹曰从母，而舅不可称从父，故为从母小功，以名加也，此亦古人之执著。《开元礼》改为舅及从母小功正服。综此四条，悉当情理。六朝人天性独厚，守礼最笃，其视君臣之义，不若父子之恩，讲论《丧服》，多有精义。唐人议礼定服，亦尚有法，不似后世之枉戾失中也。服有降服、正服、义服。斩衰无降服，衰以缕之粗细为等，斩者不缉也。为父正服，为君义服；故为父斩衰三升，为君三升半，父子之恩固重于君臣之义也。魏太子会众宾百数十人，太子建议曰："君父各有笃疾，有药一丸，可救一人，当救君耶？父耶？"众人纷纭，或父或君。邴原在座，不与此论。太子咨之于原，原悖然对曰："父也！"南朝二百七十余年，国势虽不盛强，而维持人纪，为功特多。《丧服》一篇，师儒无不悉心探讨，以是团体固结，虽陵夷而不至澌灭。此所谓鲁秉周礼，未可取也。宋代理学家亦知讲求古礼，至明人而渐不能矣。今讲《仪礼》，自以《丧服》为最要。

《隋书·经籍志》云："汉初，河间献王得仲尼弟子及后学者所记一百三十一篇献之，至刘向校书，检得一百三十篇，第而叙之，又得《明堂阴阳记》三十三篇、《孔子三朝记》七篇。《王氏史氏记》二十一篇、《乐记》二十三篇，凡五种，合二百十四篇。戴德删其烦重，合而记之，为八十五篇，谓之大戴记；而戴圣又删大戴之书为四十六篇，谓之小戴记。马融传小戴之学，又足《月令》一篇、《明堂位》一篇、《乐记》一篇，合四十九篇。"今大戴记存三十九篇，小戴记四十九篇。《投壶》《哀公问》两篇，二戴所同，合得八十六篇。大戴亡佚篇目，今不可考。钱晓徵以为小戴实止四十六篇，今《曲礼》《檀弓》《杂记》俱分上下，故为四十九篇；以小戴四十六，合大戴八十五，即古记之百三十一篇也。其说殊未谛。《乐记》二十三篇，本不在古记之数。今《乐记》断取十一篇为一篇，以入《礼记》。《月令》与《明堂位》同属《明堂阴阳记》，大戴《盛德篇》亦应属《明堂阴阳记》。古记百三十一篇之数，决不如钱氏所举也。

又二戴所录，有非礼家之言。如大戴之《千乘》《四代》《虞》，戴德《诰志》《小辨》《用兵》《少闲》七篇，采自《孔子三朝记》（唐人所引直称《三朝记》）。《汉志·儒家》：《子思》二十三篇；《曾子》十八篇。大戴录《曾子》《立事》以下十篇，而小戴之《中庸》《坊记》《表记》《缁衣》四篇，当为子思之书。又大戴《武王践阼》录自《太公阴谋》，《汉志》以太公入道家。此皆二戴所采诸子之文，凡二十二篇。又小戴《王制》，乃孝文帝令博士所作，大戴《公冠》后附孝昭冠辞，并非古记旧有，更去其属于《明堂阴阳记》及《乐记》者，删其复重《投壶》《哀公问》二篇，则二戴记中可说为古记之旧者，不及百三十一篇之半。又如通论之篇，若《儒行》《大学》等，是否在百三十一篇中，尚难言也。

《礼记》一书，杂糅今古文之说。《王制》一篇为今文家言，其言封建，采用《孟子》，言养老不知所据。惟《丧礼》《丧服》无今古文之异，《礼记》言此綦详。自明以来，读经所以应科举，以《丧礼》《丧服》不在程试范围，则删节不读。其实读《礼记》以《丧礼》《丧服》为最要。余如《儒行》《大学》《表记》《坊记》《缁衣》等篇，皆言寻常修己治人之道，亦无今古文之异。凡此，皆《礼记》之可信者。若言典章制度，则宜从古文不从今文，古文无谬误，今文多纰漏也。

三礼郑注之后，孔贾之疏已为尽善，清人以贾疏尚有未尽，胡培翚作《仪礼正义》，孙诒让作《周礼正义》。由今观之，新疏自比贾疏更精。《礼记》孔疏理晰而词富，清儒无以复加，朱彬作《训纂》，不过比于补注而已。大戴礼自北魏卢辩作注，历千余年，讹舛不可卒读，戴震校之，孔广森作《补注》，但阙佚已多耳。说礼者皆称三礼，而摒弃大戴不道。其实，大戴礼亦多精义，应与小戴并举，而称四礼。理学家最重小戴，以《大学》《中庸》并在其中故。独杨慈湖以为大戴多孔子遗言，所作《先圣大训》录大戴记特多。二戴记中《哀公问》《儒行》《仲尼燕居》《孔子闲居》《王言》诸篇，皆孔子一人之言。七十子后学者所记，《汉志》不入《论语》家，独《三朝记》入《论语》家，殆以《三朝》七篇，文理古奥，与余篇不同，或是孔子手作，或是孔子口说、弟子笔录者尔。

关于《春秋》者，余所著《春秋左氏疑义答问》大旨略具，今所讲者，补其未备而已。

问《春秋》起于何时，曰：晋之《乘》、楚之《梼杌》、鲁之

《春秋》，皆在孔子之前。《周官》“外史，掌四方之志”，郑注云：谓若晋之《乘》、楚之《梼杌》、鲁之《春秋》。是《春秋》起于周，非始于古代也。《左传》：“韩宣子适鲁，见《易象》与鲁《春秋》，曰：‘周礼尽在鲁矣。吾乃今知周公之德与周之所以王也。’”孔疏云：鲁《春秋》遵周公之典以序时事，发凡言例，皆是周公制之。然韩宣子云周礼在鲁者，所以美周公之德耳，非谓《易象》、《春秋》是周公所作也。《春秋》备纪年、时、月、日，《尚书》往往有年有月有日而无时（惟“秋大获”一句纪时，其余不见），其纪年月日又无定例。如《书序》：“惟十有一年，武王伐殷。”此所谓十有一年者，以文王受命起数，非武王之纪元也。纪年之法，苟且如此，即为未有《春秋》编年之法之故。今人以为古圣制礼作乐，必无不能纪年之理。其实，非惟周公未知纪年之法，即孔子亦何尝思及本纪、世家、列传哉！太史公《三代世表》谓“余读牒记，黄帝以来，皆有年数，稽其历谱牒终始五德之传，古文咸不同、乖异，夫子之弗论次其年月，岂虚哉！”可见史公所见周秦以前书不少，而纪年各不同。今观《竹书记年》（七国时书），自黄帝以来，亦皆有年数，而与王孙满所称“鼎迁于商，载祀六百”违异。此为古无纪年之作，后人据历推之。（战国时有六家历，《汉书·律历志》所云黄帝、颛顼、夏、殷、周及鲁历是也。《艺文志》春秋家有太古以来年纪二篇，当亦此类。）各家所推不同，故竹书所载与古语不符也。太史公不信谱牒，故于三代但作世表，共和以后，始著《十二诸侯年表》。《大戴礼·五帝德》称“宰予问于孔子曰：昔者，予闻诸荣伊令‘黄帝三百年’，请问黄帝者人耶？抑非人耶？何以至于三百年乎？”如当时有纪年之书，宰予何为发此问哉？刘歆作《三统历》以说《春秋》，班氏以为推法密要。然周以前不可推，以古人历疏，往往有日无月，不能以月日推也。

《十二诸侯年表》，始于共和元年，余意《春秋》之作，即在共和之后。盖宣王即位，补记共和时事而有《春秋》也。观《十二诸侯年表》，诸侯卒与即位均书年，可见《春秋》编年之法即在此时发明者，于时厉王出奔，宣王未立，元年者，谁之元年乎？《春秋》以道名分，故书共和元年也。《墨子·明鬼》历举周之春秋、燕之春秋、宋之春秋、齐之春秋，而始于杜伯射宣王事。前乎此者，但征及《诗》《书》而已。可见宣王以前无《春秋》也。宣王中兴令主，不但武功昭著，即文化亦远迈前古。改古文为籀文，易纪事以编年，皆发明绝大者也。至列国之有春秋，则时有早晚，决非同时并作。《晋世家》记穆侯四年取齐女姜氏为夫人，当周宣王二十年，是晋于是始有春秋。其余各国皆在宣王之后。鲁之《春秋》，始于隐公元年，当平王四十九年，上去共和元年历一百一十九年。其所以始于隐公者，汉儒罕言其故。杜元凯谓平王东周之始王，隐公让国之贤君，故托始于此。此殆未然。列国春秋，本非同时并作，鲁则隐公时始有春秋耳，非孔子有意托始于隐公也。后人以太史公世家首太伯，列传首夷、齐，推之《春秋》殆于鲁隐，其意正同。其实太史公或有此意，孔子则未必然。隐公但有让桓之言，而无其实事。云“使营搜裘，吾将老焉”者，不过寻常酬酢语耳，何尝真以国让哉！

周之史官有辛甲、尹佚。尹佚即史佚，其书二篇，《艺文志》入墨家。《吕氏春秋·当染篇》云：“鲁惠公使宰让请郊庙之礼于天子，桓王（当作平王）使史角往，惠公止之。其后在于鲁，墨子学焉。”墨子之学，出于史角，由此可知史角即尹佚之后。鲁有《春秋》，殆自史角始矣。

《左传》所载五十凡例，杜氏以为周公之旧典。盖据传凡例谓之礼经，而谓此礼经为周公所制也。然时王之礼皆是礼经，岂必周公所制然后谓之礼经哉！余意五十凡例乃宣王始作春秋之时王朝特起之例。列国之史，其凡例由周室颁布抑列国自定，今不可知。要之，当时之礼即可谓之礼经，不必定是周公作也。

作史不得不有凡例，太史公、班孟坚之作有无凡例不可知。范蔚宗作《后汉书》则有之（《宋书·范晔传》云：“班氏任情无例，吾杂传论，皆有精意。纪传例为举其大略耳”），惟今不可见。唐修《晋书》，非一人之作，不得不立凡例以齐一之。宋修《新唐书》，吕夏卿有《唐书直笔新例》一卷。（见《宋史·艺文志》。）《新唐书》本纪、志、表，皆欧阳修作；列传则宋祁作。二人分工，如出一手，凡例之效也。大抵一人之作，不愿以凡例自限，《春秋》本不定出一史官之手，无例则有前后错误之虞，故不得不立凡例。惟《左传》所举五十凡例，不知为周史所遗抑鲁史自定之耳。

自来论孔子修《春秋》之故者，孟子曰："邪说暴行又作，臣弑其君者有之，子弑其父者有之，孔子惧，作《春秋》。"《公羊传》曰："君子曷为《春秋》？拨乱世，反诸正，莫近诸《春秋》。"公羊之论较孟子为简赅。然《春秋》者，史也。即在盛世，亦不可无史。《尚书》纪事，略无年月，或颇有而多阙，仅为片断之史料。《春秋》始有编年之法，史法于是一变，故不可谓《春秋》之作专为拨乱反正也。宋儒以为《春秋》贵王贱霸，此意适与《春秋》相反。《春秋》详述齐桓、晋文之事，尚霸之意显然。孟子、公羊，同然一辞。虽孟子论人，好论人心，以五霸为假。然假与不假，《春秋》所不论也。贵王贱霸之说，三传俱无，汉人偶亦及之，宋儒乃极言之耳。三传事迹不同，褒贬亦不同，而大旨则相近。所谓绌周、王鲁、为汉制法者，公羊固无其语，汉儒傅会以干人主，意在求售，非《春秋》之旨也。要之，立国不可无史，《春秋》之作，凡为述行事以存国性。以此为说，无可非难。今文化之国皆有史，惟不如中土详备。印度玄学之深，科学亦优，而其史则不可考。又如西域三十六国，徒以《汉书》有此一传，尚可据以知其大概，彼三十六国无史，至今不能自明其种类。中国之大，固不至如三十六国之泯焉无闻，然使堕入印度则易。此史之所以可贵，而《春秋》之所以作也。

问鲁之《春秋》，孔子何为修之？曰：鲁之《春秋》，一国之史也。欲以一国之春秋，包举列国之春秋，其事不易。当时之史，惟周之春秋最备，以列国纪载皆须上之周室。（《史记·六国表》谓"秦既得志，烧天下《诗》《书》，诸侯史记尤甚，为其所刺讥也。《诗》《书》所以复见者，多藏人家，而史记独藏周室，以故灭。”可见七国时，列国之史犹藏周室。）孔子之作《春秋》，如欲包举列国之史，则非修周之春秋不为功。然周之《春秋》，孔子欲修之而不可得。鲁为父母之邦，故得修鲁之《春秋》耳。然鲁之《春秋》，局于一国，其余列国之事，或赴告不全，甚或有所隐讳，不能得其实事；既鲁史载笔，亦未必无误。如此则其纪载未必可信，不信则无从褒贬，不足传之后世。以故，孔子不得不观书于周史也。既窥百国之书，贯穿考核，然后能笔削一经尔。

嘉庆时，袁蕙据《左传》从赴之言，以孔子未尝笔削。然此可以一言破之：鲁史以鲁为范围，不得逾越范围而窜易之，使同于王室之史。孔子之修《春秋》，殆如今大理院判案，不问当事者事实，但据下级法庭所叙，正其判断之合法与否而已。传曰：“非圣人谁能修之？”焉得谓孔子无治定旧史之事哉！乾隆时重修《明史》，一切依王鸿绪《明史稿》，略加论赞。孔子之修《春秋》，亦犹是也。所以必观书于周史者，《十二诸侯年表》云：“孔子西观周室，论史记旧闻，兴于鲁而次《春秋》。”“七十子之徒口受其传指。为有所刺讥，褒讳挹损之文辞，不可以书见也。鲁君子左丘明，惧弟子人人异端，各安其意，失其真，故因孔子史记，具论其语，成《左氏春秋》。”据此可知，孔子观周与修《春秋》之关系浅，与作《左传》关系深，然自孔子感麟制作，以讫文成，为时亦当一年，更逾年而孔子卒。古之学者，三年而通一艺，《春秋》二百四十二年之事，以授弟子，恐非期月之间所能深通。今观仲尼弟子所著，如《曾子》十八篇，无一言及《春秋》者。太史公云：“春秋笔则笔，削则削，子夏之徒不能赞一辞。”信矣！盖《春秋》与《诗》《书》《礼》《乐》不同，《诗》《书》《礼》《乐》，自古以之教人；《春秋》，官史之宝书，非他人所素习。文成一年，微言遂绝，故以子夏之贤，曾无启予之效。而太史公又谓七十子咸受传指，人人异端，盖已过矣。诚令弟子人人异端，则《论语》应载其说，传文何其阙如？尝谓《春秋》既成，能通其传指者甚少，亦如《太史公书》惟杨恽为能祖述耳。左丘明身为鲁史，与孔子同观周室，孔子作经，不暇更为之传，既卒，而弟子又莫能继其志。于是具论其事而作传耳。

孟子曰："《春秋》，天子之事也。是故，孔子曰：'知我者，其惟《春秋》乎！罪我者，其惟《春秋》乎！'"案，《说文》事从史之省声，史所以记事，可知事即史也。《春秋》天子之事者，犹云《春秋》天子之史记矣。后人解《孟子》，以为孔子匹夫而行天子为事，故曰罪我者其惟《春秋》，此大谬也。周史秘藏，孔子窥之，而又泄之于外，故有罪焉尔。向来国史实录，秘不示人。明清两代，作实录成，焚其稿本，弃其灰于太液池。以近例远，正复相似。岂徒国史秘密，其凡例当亦秘密，故又曰："其义则丘窃取之矣。"义即凡例之谓。窃取其义者，犹云盗其凡例也。孟子之言至明白，而后人不了其义，遂有汉儒之妄说。夫司马子长身为史官，作史固其所也。班孟坚因其父业而修《汉书》，即有人告私改作国史者，而被收系狱。《后汉书》亦私家之作，然著述于易代之后，故不以私作为罪。《新五代史》亦私家之作，所以不为罪者，徒以宋世法律之宽耳。若庄廷私修《明史》，生前未蒙刑罪，死后乃至戮尸。国史之不可私作也如此。故孔子曰窃取、曰罪我矣。

孔子之修《春秋》，其意在保存史书，不修则独藏周室，修之则传诸其人。秦之燔书，周室之史一炬无存，至今日而犹得闻十二诸侯之事者，独赖孔子之修《春秋》耳。使孔子不修《春秋》，丘明不述《左传》，则今日之视春秋犹是洪荒之世已。（以上论孔子修《春秋》。）

《公羊传》云："所见异辞，所闻异辞，所传闻异辞。"此语不然。公羊在野之人，不知国史，以事实为传闻，其实鲁有国史，非传闻也。董仲舒、何休更以所见之世为著太平，所闻之世为见升平，所传闻之世为起衰乱，分二百四十二年以为三世，然公羊本谓《春秋》拨乱世、反诸正，是指二百四十二年皆为乱世也。

僖公经二十八年："天王狩于河阳。"《左传》称仲尼曰："以臣召君，不可以训，故书曰：'天王狩于河阳。'"似传意以此为孔子所修。然《史记·晋世家》称孔子读史记，至文公曰："诸侯无召王。‘王狩河阳’者，《春秋》讳之也。”则知此乃晋史旧文，孔子据而录之耳。是故，杜氏以诸称“书”“不书”“先书”“故书”“不言”“不称”“书曰”之类皆是孔子新意，正未必然。惟《赵世家》云：“孔子闻赵简子不请晋君而执邯郸午、保晋阳，故书《春秋》曰：‘赵鞅以晋阳叛。’”此当为孔子特笔。又，《左传》具论《春秋》非圣人不能修，盖以书齐豹曰盗、三叛人名为孔子特笔。外此，则孔子特笔治定者殆无几焉。《春秋》本史官旧文，前后史官意见不同，故褒贬不能一致。例如《史》《汉》二书，太史公所讥，往往为班孟坚所许，《春秋》之褒贬，当作如是观矣。宋人谓《春秋》本无褒贬（朱晦庵即如此说），则又不然。三传皆明言褒贬，不褒贬无以为惩劝，乱臣贼子何为而惧也。胡安国谓圣人以天自处，故王亦可贬。此又荒谬之说也。晋侯、齐侯，贬称曰人，略之而已，无妨于实事。如称齐伯、晋伯，则名实乖违，夫岂其可？如胡氏之言，孔子可任意褒贬，则充类至尽，必至如洪秀全所为。洪秀全自称天王，而贬秦始皇曰秦始侯，贬汉高祖曰汉高侯，可笑孰甚焉？余意褒贬二字，犹言详略，天子诸侯之爵位略而不书，有贬云乎哉！

《春秋》三传者，《左氏》《公羊》《谷梁》是也。《史记》称《左氏》曰春秋，称《公》《谷》曰传。清刘逢禄据是谓《左氏春秋》犹《晏子春秋》《吕氏春秋》也。刘歆等改左氏为传《春秋》之书。东汉以后，以讹传讹，冒曰《春秋左氏传》，不知春秋固为史书之通称，而传之名号亦广矣。孟子常称“于传有之”，是凡经传无不可称传，孔子作《易》十翼，后人称曰彖传、象传、文言传、系辞传是也。左氏之初称传与否，今莫能详。太史公云：“左丘明因孔子史记具论其语，成《左氏春秋》。”此谓丘明述传，本以说经。故桓谭《新论》（《太平御览》引）云：“左氏传于经，犹衣之表里，相持而成。”焉得谓是《晏子》《吕览》之比？盖左氏之旨，在采集事实，以考同异、明义法，不以训故为事，本与其余释经之传不同。《春秋》不需训故，即《公》《谷》亦不重训故也。

《春秋》经十二公，何人所题？（三体石经今存文公篇题。）哀公经又何人所题？是当属左氏无疑。《汉志》：《春秋古经》十二篇、经十一卷。此因《公》《谷》合闵于庄，而《左氏》则庄、闵各卷，故《公》《谷》十一，而《古经》十二也。闵公历年不久，篇卷短少，故合之于庄，乃何休则以为"三年无改于父之道"。不以凿乎？

《汉志》：《春秋古经》十二篇，《左氏传》三十卷，是经、传别行。杜元凯作注，始合经传而释之。昔马融作《周官传》，就经为注。康成注《易》以十翼合之于经，皆所以便讽籀耳。《论衡·案书篇》云："《春秋左氏传》者，盖出孔子壁中。"而《汉志》称孔壁所得止有《尚书》《礼记》《论语》《孝经》。《说文序》云："鲁恭王坏孔子宅，而得《礼记》《尚书》《春秋》《论语》《孝经》，又北平侯张苍献《春秋左氏传》。"张苍所献者，是否经传合编，则不可知。今《左氏》经文已经后师用《公》《谷》校改，观三体石经与今本不同可知也。《儒林传》称贾谊为《左氏传训故》，是《左氏传》先恭王坏壁而出，《说文序》云张苍献之，是也。

唐赵匡云：丘明者，盖夫子以前贤人，如史佚、迟任之流，而刘歆以为《春秋左氏传》是丘明所为耳。案：昔人所以致疑于左氏者，以《左传》称鲁悼公之谥。鲁悼之卒，后于获麟五十年。又称赵襄子之谥，赵襄之卒，更在其后四年。如左氏与孔子同时，不至如此老寿。然考仲尼弟子，老寿者多。《史记·仲尼弟子列传》称子夏少孔子四十岁，《六国表》称魏文侯十八年受经子夏，时子夏一百一岁矣。至文侯二十五年，子夏一百有八，《魏世家》犹有受经艺之文。假令左氏之年与子夏相若，所举谥号在鲁元初年，其时不过八十余岁，未为笃老也。又《吕览·长利篇》载南宫括与鲁缪公论辛宽语。缪公之卒，上距元公之初五十余年，南宫得见缪公，则何疑于左氏之不逮元公也。刘向《别录》称左丘明授曾申，申授吴起，起授其子期，期授楚人铎椒，铎椒作抄撮八卷，授虞卿，虞卿作抄撮九卷，授荀卿，荀卿授张苍。案：《吕氏春秋·当染篇》《史记》列传，皆称吴起学于曾子（《檀弓》亦称曾申为曾子）；《说苑·建本篇》称魏武侯问元年于吴子，则起受《左氏春秋》于曾申可信。（起死在鲁缪公二十七年，去获麟已百岁。）《十二诸侯年表》云：“铎椒为楚威王傅（威王元年去获麟一百四十二年），为王不能尽观《春秋》，采取成败，卒四十章，为《铎氏微》。”微者，具体而微之谓，即抄撮是也。《左传》全文十七万字，合经文则十九万字，简编之繁重如此，观览不易，传布亦难矣。《汉志》云：“《春秋》所贬损大人、当世君臣，有威权势力、其事实皆形于传，是以隐其书而不宣，所以免时难也。”抑亦未尽之论，恐《左氏》之不显，正为简编繁重之故，此铎椒所以作抄撮也。

《吕氏春秋》《韩非子》诸书多引《左氏》之文，其所见是否《左氏》全文抑仅见铎氏抄撮，今无可征。至《公》《谷》所举事实，与《左氏》有同有异。大概《公》《谷》本诸《铎氏》，其不同者，铎本所无耳。《别录》云：铎椒授虞卿，以其时考之，虞卿欲以信陵君之存邯郸为平原君请封（本传），而铎椒为楚威王傅，自楚威王元年至信陵君救邯郸之岁，历八十三年，则卿不得亲受《春秋》于椒。《别录》所述，当有阙夺。又云：虞卿授荀卿，荀卿授张苍。虞卿相赵，荀卿赵人，自得见之。荀卿适楚而春申君以为兰陵令，春申君死而荀卿废（本传）。荀卿废后十八年秦并天下，时张苍为秦御史，主柱下方书。苍以汉景帝五年卒，年百有余岁（本传），则为御史时已三四十矣，其得事荀卿自可信。荀卿之卒，史无明文。《盐铁论》称李斯为相，荀卿为之不食，是荀卿亦寿考人也。苍献《左传》而传之贾谊。今观贾谊《新书》征引《左氏》甚多，其传授分明如此。

桓谭《新论》云：《左氏》传世后百余年，鲁谷梁赤为《春秋》，残略多所遗失；又有齐人公羊高缘经文作传，弥离其本事。观《公羊》隐十一年传称“子沈子曰”，何休云：沈子称子，冠氏上者，著其为师也。《谷梁》定元年传直称沈子，则沈子当与谷梁为同辈，此公、谷后先之证也。柏举之役，谷梁称蔡昭公归乃用事乎汉，公羊则改为用事乎河。盖公羊齐人，知有河而不知有汉，不知自楚归蔡，无事渡河，此公羊不明地理之过也。（《史通》讥《公羊》记晋灵公使勇士贼赵盾，勇士见盾食鱼飧，叹以为俭，以为公羊生自齐邦，不详晋物，以东土所贱，谓西州亦然，遂目彼嘉馔呼为菲食，于物理全爽。）改一字而成巨谬，斯又《公羊》后出之证也。谷梁常引《尸子》之言，《汉志》云："尸子名佼，鲁人，秦相商君师之，鞅死，佼逃入蜀。"谷梁有闻于尸佼，疑其亦得见《秦记》。《六国表》称《秦记》不载月日，谷梁闻尸佼之说，见《秦记》之文，故以鲁史之书月日为义例所在矣。殽之役，《谷梁》言"秦越千里之险，入虚国，进不能守，退败其师，徒乱人子女之教，无男女之别，秦之为狄，自殽之战始也"。范宁不能解，杨士勋疏云："'乱人子女'，谓入滑之时纵暴乱也。"案，《史记·扁鹊传》云：秦缪公梦之帝所，帝告以"晋国且大乱，其后将霸，霸者之子且令而国男女无别"。夫献公之乱、文公之霸，而襄公败秦师于殽，而归纵淫，与《谷梁》之言合符。盖谷梁得之《秦记》尔。《史记》商君传："商君告赵良曰，始秦戎狄之教，父子无别，同室而居，今我更制其教，而为其男女之别。"此亦秦师败于殽而归纵淫之证也。至《谷梁》所记，亦有可笑者，如季孙行父秃、晋却克眇、卫孙良夫跛、曹公子手偻，同时而聘于齐，齐使秃者御秃者，使眇者御眇者，使跛者御跛者，使偻者御偻者。此真齐东野人之语，而谷梁信之。又如宋、卫、陈、郑灾，《谷梁》述子产之言曰："是人也，同日为四国灾也。"岂以裨灶一人能同日为四国灾耶？

谷梁下笔矜慎，于事实不甚明了者，常出以怀疑之词，不敢武断。荀卿与申公皆传《谷梁》，大抵《谷梁》鲁学，有儒者之风，不甚重视王霸；公羊齐人，以《孟子》有"其事则齐桓、晋文"之言，故盛称齐桓，亦或过为偏护。何休更推演之，以为黜周、王鲁、为汉制法诸说，弥离《公羊》之本义矣。

《公羊》后师有"新周故宋"之说。《公羊》成十六年传：成周宣榭灾，"外灾不书，此何以书？新周也。"夫丰镐为旧都，成周为新都。《康诰》曰："周公初基作新大邑于东国洛。"《召诰》

曰："乃社于新邑。"《洛诰》曰："王在新邑烝。"新周犹言新邑，周不可外，故书。义本坦易，无须曲解。故宋本非公羊家言，《谷梁》桓公二年传："孔子，故宋也。"孟僖子称孔子圣人之后，而灭于宋。《谷梁》亦谓孔子旧是宋人。新周、故宋，截然二事，董、何辈合而一之，以为上黜杞，下新周而故宋，此义实公、谷所无，由董、何读传文而立。至文家五等、质家三等之说，尤为傅会。《左氏》言：在礼，卿不会公、侯，会伯、子、男可也。《公羊》亦云：《春秋》，伯、子、男，一也。申之会，子产献伯、子、男会公之礼六。《鲁语》，叔孙穆子言诸侯有卿无军，伯、子、男有大夫无卿。据《周官》：上公九命、侯伯七命、子男五命，即谓公一等，侯伯一等，子男一等；至春秋时，则伯、子、男同等。此时王新制尔。若云素王改制，则子产、叔孙穆子皆在孔子修《春秋》以前，何以已有伯、子、男同班之说？仲舒未见《左氏》，不知《公羊》之语所由来，乃谓孔子改五等以为三等，为汉制法。其实，汉代止有王、侯二等，非三等也。

公羊即不见《左氏传》，或曾见铎氏抄撮，故其说亦有通于《左氏》者。如"元年春，王正月"，《左氏》云："王周正月。"王周犹后世之称皇唐、皇宋。谓此乃王周之正月，所以别于夏、殷也。《公羊》云："王者孰谓？谓文王也。曷为先言王而后言正月？王正月也。何言乎王正月？大一统也。"盖文王始称王、改正朔，故公羊以周正属之，其义与左氏不异。乃董仲舒演为通三统之说。如董说则夏建寅、商建丑，必将以二月为商正月，三月为夏正月，不得言王二月、王三月矣。

《公羊》本无神话，凡诸近神话者，皆《公羊》后师傅会而成。近人或谓始于董仲舒。案，《公羊》本以口授，至胡毋生乃著竹帛，当汉景帝时，则与仲舒同时也。何休解诂，一依胡毋生条例。盖妖妄之说，胡毋生已有之，不专出董氏也。《公羊》嫡传，汉初未有其人。（戴宏之说，全无征验。）《论衡·案书篇》云："公羊高、谷梁置、胡毋氏皆传《春秋》，各门异户。"夫三人并列，可知胡毋生虽说《公羊》而亦自为一家之学。汉人传《尚书》

者，小夏侯本受之大夏侯，后别立小夏侯一家。胡毋生之传《公羊》，亦其比矣。《别录》及《艺文志》但列公、谷、邹、夹四家，今谓应加胡毋氏为五家，庶几淄渑有辨。惜清儒未见及此，故其解释《公羊》总不能如晦之见明，如符之复合也。惟《公羊》得胡毋生而始著竹帛，使无胡毋生则《公羊》或竟中绝，然则胡毋生亦可谓《公羊》之功臣矣。

汉末钟繇不好《公羊》而好左氏，谓左氏为太官厨，《公羊》为卖饼家。自《公羊》本义为董、胡妄说所掩，而圣经等于神话，微言竟似预言，固与《推背图》《烧饼歌》无别矣。今治三传自应以《左氏》为主，《谷梁》可取者多，《公羊》颇有刻薄之语，可取者亦尚不少，如内诸夏、外夷狄之义，三传所同，而《公羊》独著明文。又讥世卿之意，《左》《谷》皆有之，而《公羊》于尹氏卒、崔氏出奔，特言世卿非礼。故读《公羊传》者，宜舍短取长，知其为万世制法，非为汉一代制法也。

第三节　诸子学略说

所谓诸子学者，非专限于周、秦，后代诸家亦得列入，而必以周、秦为主。盖中国学说，其病多在汗漫。春秋以上，学说未兴。汉武以后，定一尊于孔子，虽欲放言高论，犹必以无碍孔氏为宗，强相援引，妄为皮傅，愈调和者愈失其本真，愈附会者愈违其解故。故中国之学，其失不在支离，而在汗漫。自宋以后，理学肇兴。明世推崇朱氏过于素王；阳明起而相抗，其言致良知也，犹云“朱子晚年定论”；孙奇逢辈遂以调和朱陆为能，此皆汗漫之失也。

惟周秦诸子，推迹古初，承受师法，各为独立，无援引攀附之事。虽同在一家者，犹且矜己自贵，不相通融。故荀子非十二子，子思、孟轲亦在其列。或云“子张氏之贱儒”“子游氏之贱儒”“子夏氏之贱儒”，诟詈嘲弄，无所假借。《韩非子·显学》篇云：“世之显学，儒、墨也。儒之所至，孔丘也。墨之所至，墨翟也。自孔子之死也，有子张之儒，有子思之儒，有颜氏之儒，有孟氏之儒，有漆雕氏之儒，有仲良氏之儒，有孙氏之儒，有乐正氏之儒。自墨子之死也，有相里氏之墨，有相夫氏之墨，有邓陵氏之墨。故孔墨之后，儒分为八，墨离为三，取舍相反不同，而皆自为真。孔墨不可复生，将谁使定世之学乎？”此可见当时学者，惟以师说为宗，小有异同，便不相附，非如后人之忌狭隘，喜宽容，恶门户，矜旷观也。盖观调和独立之殊，而知古今学者远不相及。佛家有言：何等名为所熏？“若法平等，无所违逆，能容习气，乃是所熏；此遮善染，势力强盛，无所容纳，故非所熏”“若法自在，性非坚密，能受习气，乃是所熏。此遮心所及无为法，依他坚密，故非所熏。”（见《成唯识论》。）此可见古学之独立者，由其持论强盛，义证坚密，故不受外熏也。或曰：党同门而妒道真者，刘子骏之所恶，以此相责，得无失言？答曰：此说经与诸子之异也。说经之学，所谓疏证，惟是考其典章制度与其事迹而已，其是非且勿论也。欲考索者，则不得不博览传记。而汉世太常诸生，唯守一家之说，不知今之经典，古之官书，其用在考迹异同，而不在寻求义理。故孔子删定六经，与太史公、班孟坚辈初无高下。其书既为记事之书，其学惟为客观之学。党同妒真，则客观之学必不能就，此刘子骏所以移书匡正也。若诸子则不然。彼所学者，主观之学，要在寻求义理，不在考迹异同，既立一宗，则必自坚其说，一切载籍，可以供我之用，非束书不观也。虽异己者，亦必睹其文籍，知其义趣，惟往复辩论，不稍假借而已。是故言诸子，必以周秦为主。

古之学者，多出王官。世卿用事之时，百姓当家，则务农商畜牧，无所谓学问也。其欲学者，不得不给事官府为之胥徒，或乃供洒扫为仆役焉。故《曲礼》云：“宦学事师。”学字本或作御。所谓宦者，谓为其宦寺也；所谓御者，谓为其仆御也。故事师者，以洒扫进退为职，而后车从者，才比于执鞭拊马之徒。观春秋时，世卿皆称夫子。夫子者，犹今言老爷耳。孔子为鲁大夫，故其徒尊曰夫子，犹是主仆相对之称也。《说文》云："仕，学也。"仕何以得训为学？所谓宦于大夫，犹今之学习行走尔。是故非仕无学，非学无仕，二者是一，而非二也。（学优则仕之言出于子夏，子夏为魏文侯师，当战国时，仕学分途久矣，非古义也。）秦丞相李斯议曰："若欲有学法令，以吏为师。"亦犹行古之道也。惟其学在王官，官宿其业，传之子孙，故谓之畴人子弟。（见《史记·历书》。）畴者类也。《汉律》"年二十三傅之畴官，各从其父学"，此之谓也。（近世阮元作《畴人传》，以畴人为明算之称，非是。）其后有儒家、墨家诸称。《荀子·大略》篇云："此家言邪学所以恶儒者。"当时学术相传，在其弟子，而犹称为家者，亦仍古者畴官世业之名耳。《史记》称老聃为"柱下史"，庄子称老聃为"征藏史"，道家固出于史官矣。孔子问礼老聃，卒以删定六艺，而儒家亦自此萌芽。墨家先有史佚，为成王师，其后墨翟亦受学于史角。阴阳家者，其所掌为文史星历之事，则《左氏》所载瞽史之徒能知天道者是也。其他虽无征验，而大抵出于王官。是故《汉·艺文志》论之曰：儒家者流，盖出于司徒之官；道家者流，盖出于史官；阴阳家者流，盖出于羲和之官；法家者流，盖出于理官；名家者流，盖出于礼官；墨家者流，盖出于清庙之守；纵横家者流，盖出于行人之官；杂家者流，盖出于议官；农家者流，盖出于农稷之官；小说家者流，盖出于稗官。此诸子出于王官之证。惟其各为一官，守法奉职，故彼此不必相通。《庄子·天下》篇云"譬如耳目鼻口，皆有所明，不能相通"是也。亦有兼学二术者，如儒家多兼纵横，法家多兼名，此表里一体，互为经纬者也。若告子之兼学儒墨，则见讥于孟氏；而墨子亦谓告子为仁，譬犹跂以为长，隐以为广，其弟子请墨子弃之。（见《墨子·公孟》篇。）进退失据，两无所容，此可为调和者之戒矣。

今略论各家如左：

一论儒家。《周礼·太宰》言"儒以道得民"，是儒之得称久矣。司徒之官，专主教化，所谓三物化民。三物者，六德、六行、六艺之谓。是故孔子博学多能，而教人以忠恕。虽然，有商订历史之孔子，则删定六经是也；有从事教育之孔子，则《论语》《孝经》是也。由前之道，其流为经师；由后之道，其流为儒家。《汉书》以周、秦、汉初诸经学家，录入《儒林传》中；以《论语》《孝经》诸书，录入《六艺略》中。此由汉世专重经术，而儒家之荀卿，又为《左氏》《谷梁》《毛诗》之祖，此所以不别经儒也。若在周秦，则固有别。且如儒家巨子李克、宁越、孟子、荀卿、鲁仲连辈，皆为当世显人；而《儒林传》所述传经之士，大都载籍无闻，莫详行事。盖儒生以致用为功，经师以求是为职。虽今文、古文所持有异，而在周秦之际，通经致用之说未兴，惟欲保残守缺，以贻子孙，顾于世事无与。故荀卿讥之曰：鄙夫“好其实，不恤其文，是以终身不免埤污庸俗。故《易》曰‘括囊，无咎无誉’，腐儒之谓也”。（见《非相》篇。）此云腐儒，即指当世之经师也。由今论之，则犹愈于汉世经师言“取青紫如拾芥”，较之战国儒家亦为少愈，以其淡于荣利云尔。儒家之病，在以富贵利禄为心。盖孔子当春秋之季，世卿秉政，贤路壅塞，故其作《春秋》也，以非世卿见志。（公羊家及左氏家张敞皆有其说。）其教弟子也，惟欲成就吏材，可使从政。而世卿既难猝去，故但欲假借事权，便其行事，是故终身志望，不敢妄希帝王，惟以王佐自拟。观荀卿《儒效》篇云：“大儒者，天子三公也（杨注：其才堪王者之佐也）；小儒者，诸侯大夫士也；众人者，工、农、商贾也。”是则大儒之用，无过三公，其志亦云卑矣。孔子之讥丈人，谓之不仕无义。孟子、荀卿皆讥陈仲，一则以为无亲戚君臣上下，一则以为盗名不如盗货。（见《荀子·不苟》篇。）而荀子复述太公诛华士事（见《宥坐》篇），由其不臣天子，不友诸侯。（见《韩非子·外储说右上》。）是儒家之湛心荣利，较然可知。所以者何？苦心力学，约处穷身，心求得售，而后意歉。故曰：沽之哉，沽之哉！不沽则吾道穷矣。《艺文志》说儒家云：“辟者随时抑扬，违离道本，苟以哗众取宠。”不知哗众取宠，非始辟儒，即孔子固已如是。庄周述盗跖之言曰：“鲁国巧伪人孔丘，不耕而食，不织而衣，摇唇鼓舌，擅生是非，以迷天下之主，使天下学士不反其本，妄作孝弟，而侥幸于封侯富贵者也。”此犹曰道家诋毁之言也。而微生亩与孔子同时，已讥其佞，则儒者之真可见矣。孔子干七十二君，已开游说之端。其后儒家率多兼纵横者（见下）。其自为说曰：“无可无不可。”又曰：“可与立，未可与权。”又曰：“君子之中庸也，君子而时中。”孟子曰：“孔子圣之时者也。”荀子曰：“君子时绌则绌，时伸则伸也。”（见《仲尼》篇。）然则孔子之教，惟在趋时，其行义从时而变。故曰：“言不必信，行不必果。”如（《墨子·非儒下》篇）讥孔子曰：

孔某穷于陈蔡之间，藜羹不糂十日，子路为烹豚，孔丘不问肉之所由来而食。褫人衣以酤酒，孔丘不问酒之所由来而饮。哀公迎孔丘，席不端弗坐，割不正弗食。子路进请曰：“何其与陈、蔡反也？”孔丘曰：“来！吾语女。曩与女为苟生，今与女为苟义。”夫饥约，则不辞妄取以活身；赢饱，则伪行以自饰。污邪诈伪，孰大于此？

其诈伪既如此，及其对微生亩也，则又以“疾固”自文。此犹叔孙通对鲁两生曰“若真鄙儒，不知时变”也。所谓中庸，实无异于乡愿。彼以乡愿为贼而讥之。夫一乡皆称愿人，此犹没身里巷，不求仕宦者也。若夫“缝衣浅带，矫言伪行，以迷惑天下之主”，则一国皆称愿人。所谓中庸者，是国愿也，有甚于乡愿者也。孔子讥乡愿，而不讥国愿，其湛心利禄，又可知也。君子时中、时伸、时绌，故道德不必求其是，理想亦不必求其是，惟期便于行事则可矣。用儒家之道德，故艰苦卓厉者绝无，而冒没奔竞者皆是。俗谚有云：“书中自有千钟粟。”此儒家必至之弊，贯于征辟、科举、学校之世，而无乎不遍者也。用儒家之理想，故宗旨多在可否之间，论议止于函胡之地。彼宗教崇奉一尊，其害在堵塞人之思想；而儒术之害，则在淆乱人之思想。此程、朱、陆、王诸家，所以有权而无实也。虽然，孔氏之功则有矣，变机祥神怪之说而务人事，变畴人世官之学而及平民，此其功亦敻绝千古。二千年来，此事已属过去，独其热中竞进在耳。

次论道家。道家老子，本是史官，知成败祸福之事悉在人谋，故能排斥鬼神，为儒家之先导。（道家如老庄辈，皆无崇信鬼神之事，列子稍近神仙，亦非如汉世方士所为也。《老子》“谷神不死，是谓玄牝”等语，未知何指，道士依傍其说，推为教祖，实于老子无与。）亦以怵于利害，胆为之怯，故事事以卑弱自持。所云“无为权首，将受其咎”，“人皆取先，己独取后”者，实以表其胆怯之征。盖前世伊尹、太公之属（《汉·艺文志》道家有《伊尹》五十一篇、《太公》二百三十七篇），皆为辅佐，不为帝王。学老氏之术者，周时有范蠡，汉初有张良，其位置亦相类，皆惕然于权首之戒者也。孔子受学老聃，故儒家所希，只在王佐，可谓不背其师说矣。老子非特不敢为帝王，亦不敢为教主。故云：“‘弱梁者不得其死’，吾将以为教父。”大抵为教主者，无不强梁，如释迦以勇猛无畏为宗，尊曰大雄，亦曰调御；而耶稣辈或称帝子，或言天使，遇事奋迅，有慭不畏死之风，此皆强梁之最也。老子胆怯，自知不堪此任，故云“人之所教，我亦教之”，如是而已。然天下惟胆怯者权术亦多。盖力不能取，而以智取，此事势之必然也。老子云：“道法自然。”太史论老、庄诸子，以为归于自然。自然者，道家之第一义谛。由其博览史事，而知生存竞争，自然进化，故一切以放任为主。虽然，亦知放任之不可久也。群龙无首，必有以提倡之，又不敢以权首自居，是故去力任智，以诈取人，使彼乐于从我。故曰：“善为道者，非以明民，将以愚之。”“弱之胜强，柔之胜刚，天下莫不知。”老氏学术，尽于此矣。虽然，老子以其权术授之孔子，而征藏故书，亦悉为孔子诈取。孔子之权术，乃有过于老子者。孔学本出于老，以儒道之形式有异，不欲崇奉以为本师（亦如二程之学，本出濂溪，其后反对佛老，故不称周先生，直称周茂叔而已。东原之学，本出婺源，其后反对朱子，故不称江先生，直称吾郡老儒江慎修而已），而惧老子发其覆也。于是说老子曰：“乌鹊孺，鱼傅沫，细要者化，有弟而兄啼。”（见《庄子·天运》篇，意谓已述六经，学皆出于老子，吾书先成，子名将夺，无可如何也。）老子胆怯，不得不曲从其请。

逢蒙杀羿之事，又其素所怵惕也。胸有不平，欲一举发，而孔氏之徒，遍布东夏，吾言朝出，首领可以夕断。于是西出函谷，知秦地之无儒，而孔氏之无如我何，则始著《道德经》以发其覆。藉令其书早出，则老子必不免于杀身，如少正卯在鲁，与孔子并，孔子之门“三盈三虚”（见《论衡·讲瑞》篇），犹以争名致戮，而况老子之陵驾其上者乎？呜呼！观其师徒之际，忌刻如此，则其心术可知。其流毒之中人，亦可知已。庄子晚出，其气独高，不惮抨弹前哲。愤奔走游说之风，故作《让王》以正之；恶智力取攻之事，故作《胠箧》以绝之。其术似与老子相同，其心乃与老子绝异。故《天下》篇历叙诸家，已与关尹、老聃裂分为二。其褒之以至极，尊之以博大真人者，以其自然之说，为己所取法也。其裂分为二者，不欲以老子之权术自污也。或谓子夏传田子方，田子方传庄子，是故庄子之学，本出儒家。其说非是。庄子所述，如庚桑楚、徐无鬼、则阳之徒多矣，岂独一田子方耶？以其推重子方，遂谓其学所出，必在于是，则徐无鬼亦庄子之师耶？南郭子綦之说，为庄子所亟称，彼亦庄子师耶？

次论墨家。墨家者，古宗教家，与孔、老绝殊者也。儒家公孟言“无鬼神”（见《墨子·公孟》篇），道家老子言“以道莅天下，其鬼不神”，是故儒道皆无宗教。儒家后有董仲舒，明求雨禳灾之术，似为宗教。道家则由方士妄托为近世之道教，皆非其本旨也。惟墨家出于清庙之守，故有《明鬼》三篇，而论道必归于天志，此乃所谓宗教矣。兼爱、尚同之说，为孟子所非；非乐、节葬之义，为荀卿所驳。其实墨之异儒者，并不止此。盖非命之说，为墨家所独胜。儒家、道家皆言有命。其善于持论者，神怪妖诬之事，一切可以摧陷廓清，惟命则不能破。如《论衡》有《命禄》《气寿》《幸遇》《命义》等篇是也。其《命义》篇举儒、墨对辩之言曰：

墨家之论，以为人死无命；儒家之议，以为人死有命。言有命者，见子夏言“死生有命，富贵在天”。言无命者，闻历阳之都，一宿沉而为湖；秦将白起坑赵降卒于长平之下，四十万众同时皆死；春秋之时，败绩之军，死者蔽草，尸且万数；饥馑之岁，饿者满道；温气疫疠，千户灭门。如必有命，何其秦、齐同也？言有命者曰：夫天下之大，人民之众，一历阳之都，一长平之坑，同命俱死，未可怪也。命当溺死，故相聚于历阳；命当压死，故相积于长平。犹高祖初起，相工入丰、沛之邦，多封侯之人矣；未必老少男女俱贵而有相也。卓跞时见，往往皆然。而历阳之都，男女俱没，长平之坑，老少并陷，万数之中，必有长命未当死之人；遭时衰微，兵革并起，不得终其寿。人命有长短，时有盛衰，衰则疾病，被灾蒙祸之验也。宋卫陈郑，同日并灾，四国之人，必有禄盛未当衰之人，然而俱灾，国祸临之也。故国命胜人命，寿命胜禄命。

凡言禄命，而能成理者，以此为胜。虽然，命者孰为之乎？命字之本，固谓天命。儒者既斥鬼神，则天命亦无可立。若谓自然之数，数由谁设？更不得其征矣。然墨子之非命，亦仅持之有故，未能言之成理也。特以有命之说，使人偷惰，故欲绝其端耳。其《非命》下篇曰："今天下之君子之为文学出言谈也，非将勤能其颊舌，而利其唇吻也，中实将欲其国家邑里万民刑政者也。今王公大臣，若信有命而致行之，则必怠乎听狱治政矣，卿大夫必怠乎治官府矣，农夫必怠乎耕稼树艺矣，妇人必怠乎纺绩织纴矣。"是故非命者，不必求其原理，特谓于事有害而已。夫儒家不信鬼神，而言有命，墨家尊信鬼神，而言无命，此似自相刺缪者。不知墨子之非命，正以成立宗教。彼之尊天右鬼者，谓其能福善祸淫耳。若言有命，则天鬼为无权矣。卒之盗跖寿终，伯夷饿天，墨子之说，其不应者甚多，此其宗教所以不能传久也。又凡建立宗教者，必以音乐庄严之具感触人心，使之不厌，而墨子贵俭非乐，故其教不能逾二百岁（秦汉已无墨者）。虽然，墨子之学诚有不逮孔、老者，其道德则非孔、老所敢窥视也。

次论阴阳家。阴阳家亦属宗教，而与墨子有殊观。《墨子·贵义》篇云："子墨子北之齐，遇日者。日者曰：'帝以今日杀黑龙于北方，而先生之色黑，不可以北。'子墨子不听，遂北，至淄水，不遂，而返焉。日者曰：‘我谓先生不可以北。’子墨子曰：‘南人不得北，北人不得南，其色有黑者有白者，何故皆不遂也？且帝以甲乙杀青龙于东方，以丙丁杀赤龙于南方，以庚辛杀白龙于西方，以壬癸杀黑龙于北方，以戊己杀黄龙于中方。若用子之言，则是禁天下之行者也。’”盖墨家言宗教，以善恶为祸福之标准；阴阳家言宗教，以趋避为祸福之标准，此其所以异也。或疑《七略》以阴阳家录入诸子，而数术自为一略，二者何以相异？答曰：以今论之，实无所异，但其理有浅深耳。盖数术诸家皆繁碎占验之辞，而阴阳家则自有理论，如《邹子》四十九篇，《邹子终始》五十六篇，《邹奭子》十二篇。观《史记·孟荀列传》所述，邹衍之说，穷高极深，非专术家之事矣。《南公》三十六篇，即言“楚虽三户，亡秦必楚”者，是为预言之图谶，亦与常占有异。如扬雄之《太玄》、司马光之《潜虚》、邵雍之《皇极经世》、黄道周之《三易洞玑》，皆应在阴阳家，而不应在儒家六艺家。此与蓍龟形法之属，高下固殊绝矣。

次论纵横家。纵横家之得名，因于从人横人。以六国抗秦为从，以秦制六国为横。其名实不通于异时异处。《汉志》所录，汉有《蒯子》五篇，《邹阳》七篇。蒯劝韩信以三分天下，鼎足而居；邹阳仕梁，值吴楚昌狂之世，其书入于纵横家，亦其所也。其他《秦零陵令信》一篇，《主父偃》二十八篇，《徐乐》一篇，《庄安》一篇，《待诏金马聊苍》一篇。身仕王朝，复何纵横之有？然则纵横者，游说之异名，非独外交专对之事也。儒家者流，热中趋利，故未有不兼纵横者。如《墨子·非儒》下篇记孔子事，足以明之：

孔丘之齐，见景公。景公欲封之以尼溪。晏子曰：“不可。”于是厚其礼，留其封，数见而不问其道。孔乃恚怒于景公与晏子，乃树鸱夷子皮于田常之门，告南郭惠子以所欲为。归于鲁。有顷间，齐将伐鲁，告子贡曰：“赐乎！举大事于今之时矣。”乃遣子贡之齐，因南郭惠子以见田常，劝之伐吴，以教高、国、鲍、晏，使毋得害田常之乱。

《越绝书·内传·陈成恒》篇亦记此事云："子贡一出，存鲁、乱齐、破吴、强晋、霸越。"是则田常弑君，实孔子为之主谋。沐浴请讨之事，明知哀公不听，特借此以自文。此为诈谖之尤矣。便辞利口，覆邦乱家，非孔子、子贡为之倡耶？《庄子·胠箧》云："田成子一旦杀齐君而盗其国，所盗者岂独其国耶？并举其圣知之法而盗之。故窃钩者诛，窃国者为诸侯，诸侯之门，而仁义存焉。"此即切齿腐心于孔子之事也。自尔以来，儒家不兼纵横，则不能取富贵。余观《汉志》儒家所列，有《鲁仲连子》十四篇，《平原君》七篇，《陆贾》二十三篇，《刘敬》三篇，《终军》八篇，《吾丘寿王》六篇，《庄助》四篇。此外则有郦生，汉初谒者，称为大儒，而其人皆善纵横之术。其关于外交者，则鲁仲连说辛垣衍，郦生说田横，陆贾、终军、严助谕南越是也。其关于内事者，则刘敬请都关中是也。吾丘寿王在武帝前，智略辐凑，传中不言其事。寿王既与主父偃、徐乐、庄助同传，其行事实相似。而平原君朱建者，则为辟阳侯审食其事，游说嬖人，其所为愈卑鄙矣。纵横之术，不用于国家，则用于私人。而持书求荐者，又其末流。曹丘通谒于季布，楼护传食于五侯。降及唐世，韩愈以儒者得名，亦数数腾言当道，求为援手。乃知儒与纵横，相为表里，犹手足之相支，毛革之相附也。宋儒稍能自重。降及晚明，何心隐辈又以此术自豪。及满洲而称理学者，无不习捭阖、知避就矣。孔子称"达者，察言观色，虑以下人""闻者，色取行违，居之不疑"。由今观之，则闻者与纵横稍远，而达者与纵横最近，达固无以愈于闻也。程朱末流，惟是闻者；陆王末流，惟是达者。至于今日，所谓名臣大儒，则闻达兼之矣。若夫纵人横人之事，则秦皇一统而后，业已灭绝。故《隋书·经籍志》中，惟存《鬼谷》三卷，而梁元帝所著《补阙子》与《湘东鸿烈》二书，不知其何所指也。

次论法家。法家者，略有二种：其一为术，其一为法。《韩非子·定法篇》曰："申不害言术，而公孙鞅为法。术者，因任而授官，循名而责实，操杀生之柄，课群臣之能者也，此人主之所执也。法者，宪令著于官府，刑罚必于民心，赏存乎慎法，而罚加乎奸令者也，此臣之所师也。”然为术者，则与道家相近；为法者，则与道家相反。《庄子·天下》篇说慎到之术曰：“椎柏断，与物宛转”“推而后行，曳而后往，若飘风之还，若羽之旋，若磨石之隧，全而无非，动静无过，未尝有罪。”此老子所谓“圣人无常心，以百姓为心”也。此为术者与道家相近也。老子言：“民不畏死，奈何以死惧之?”太史公《酷吏列传》亦引“法令滋章，盗贼多有”之说，而云“法令者，治之具，而非制治清浊之源”。此为法者与道家相反也。亦兼任术法者，则管子、韩非是也。《汉志》《管子》列于道家，其《心术》《白心》《内业》诸篇，皆其术也；《任法》《法禁》《重令》诸篇，皆其法也。韩非亦然。《解老》《喻老》本为道家学说。少尝学于荀卿，荀卿隆礼义而杀《诗》《书》，经礼三百，固周之大法也。韩非合此二家，以成一家之说，亦与管子相类。（惟《管子·幼官》诸篇，尚兼阴阳，而韩非无此者，则以时代不同也。）后此者惟诸葛亮专任法律，与商君为同类。故先主遗诏，令其子读《商君书》（见裴松之《三国志注》引《诸葛亮集》），知其君臣相合也。其后周之苏绰，唐之宋璟，庶几承其风烈。然凡法家必与儒家、纵横家反对。惟荀卿以儒家大师，而法家韩、李为其弟子，则以荀卿本意，在杀《诗》、《书》，固与他儒有别。韩非以法家而作《说难》，由其急于存韩，故不得不兼纵横耳。其余则与儒家、纵横家，未有不反唇相稽者。《商君·外内》篇曰：“奚谓淫道？为辩知者贵，游宦者任，文学私名显之谓也。”此兼拒儒与纵横之说也。《靳令》篇曰：“六虱：曰礼乐，曰《诗》《书》，曰修善，曰孝弟，曰诚信，曰贞廉，曰仁义，曰非兵，曰羞战。”此专拒儒家之说也。韩非《诡使》篇曰：“守度奉量之士，欲以忠婴上而不得见；巧言利辞，行奸轨以幸偷世者数御。”《六反》篇曰：“游居厚养，牟食之民也，而世尊之曰有能之士；曲语牟知，伪诈之民也，而世尊之曰辩智之士。”此拒纵横家之说也。《五蠹》篇曰：“儒以文乱法，侠以武犯禁。”《显学》篇曰：“藏书策，习谈论，聚徒役，服文学而议说，世主必从而礼之。”“国平则养儒侠，难至则用介士，所养者非所用，所用者非所养，此所以乱也。”此拒儒家之说也。《五蠹》篇曰：“明主之国，无书简之文，以法为教；无先王之语，以吏为师。”此拒一切学者之说也。至汉公孙弘、董仲舒辈，本是经师，其时经师与儒已无分别。弘习文法吏事，而缘饰以儒术；仲舒为《春秋决狱》二百三十二事，以应廷尉张汤之问。儒家、法家，于此稍合。自是以后，则法家专与纵横家为敌。严助、伍被，皆纵横家，汉武欲薄其罪，张汤争而诛之。主父偃亦纵横家，汉武欲勿诛，公孙弘争而诛之。而边通学短长之术，亦卒谮杀张汤。诸葛治蜀，赏信必罚。彭羕、李严，皆纵横之魁桀，故羕诛而严流。其于儒者，则稍稍优容之。盖时诎则诎，能俯首帖耳于法家之下也。然儒家、法家、纵横家，皆以仕宦荣利为心。惟法家执守稍严，临事有效。儒家于招选茂异之世，则习为纵横，于综核名实之世，则毗于法律。纵横是其本真，法律非所素学。由是儒者自耻无用，则援引法家以为已有。南宋以后，尊诸葛为圣贤，亦可闵已。然至今日，则儒、法、纵横，殆将合而为一也。

次论名家。名家之说，关于礼制者，则所谓“刑名从商，爵名从周，文名从礼”也。关于人事百物者，则所谓“散名之加于万物者，则从诸夏之成俗曲期”也。《庄子·天下》篇云：“《春秋》以道名分。”非特褒贬损益而已。《谷梁传》曰：“陨石于宋，五。先陨而后石，何也？陨而后石也。于宋，四竟之内曰宋。后数，散辞也，耳治也。”“六退飞过宋都。先数，聚辞也，目治也。”石且犹尽其辞，而况于人乎？说曰：“陨石，记闻也，闻其磌然，视之则石，察之则五。”“六退飞，记见也，视之则六，察之则，徐而察之则退飞。”是关于散名者也。凡正名者，亦非一家之术。儒、道、墨、法必兼是学，然后能立能破。故儒有《荀子·正名》，墨有《经说》上下，皆名家之真谛，散在余子者也。若惠施、公孙龙辈，专以名家著闻，而苟为析者多，其术反同诡辩。故先举儒家《荀子·正名》之说，以征名号。其说曰：

何缘而以同异？曰：缘天官。凡同类同情者，其天官之意物也同，故比方之疑似而通。是所以共其约名以相期也。形体、色理，以目异；声音清浊、调竽奇声，以耳异；甘、苦、咸、淡、辛、酸、奇味，以口异；香、臭、芬、郁、腥、臊、洒、酸、奇臭，以鼻异；疾、养、沧、热、滑、铍、轻、重，以形体异；说、故、喜、怒、哀、乐、爱、恶、欲，以心异。心有征知。征知，则缘耳而知声可也，缘目而知形可也。然则征知必将待天官之当簿其类，然后可也。五官簿之而不知，心征之而无说，则人莫不然谓之不知，此所缘而以同异也。然后随而命之：同则同之，异则异之。单足以喻则单；单不足以喻则兼；单与兼无所相避则共，虽共不为害矣。……故万物虽众，有时而欲遍举之，故谓之物。物也者，大共名也。推而共之，共则有共，至于无共然后止。有时而欲偏举之，故谓之鸟兽。鸟兽者，大别名也。推而别之，别则又别，至于无别然后止。……物有同状而异所者，有异状而同所者，可别也。状同而为异所者，虽可合，谓之二实。状变而实无别而为异者，谓之化。有化而无别，谓之一实。此事之所以稽实定数也。此制名之枢要也。

按此说同异何缘？曰缘天官。中土书籍少言缘者，故当征之佛书。大凡一念所起，必有四缘：一曰因缘，识种是也；二曰所缘缘，尘境是也；三曰增上缘，助伴是也；四曰等无间缘，前念是也。缘者是攀附义。此云缘天官者，五官缘境，彼境是所缘缘，心缘五官见分，五官见分是增上缘，故曰“缘耳而知声可也，缘目而知形可也”。五官非心不能感境，故同时有五俱意识为五官作增上缘。心非五官，不能征知，故复借五官见分为心作增上缘。五官感觉，惟是现量，故曰“五官簿之而不知”。心能知觉，兼有非量、比量。初知觉时，犹未安立名言，故曰“心征之而无说”。征而无说，人谓其不知，于是名字生焉。大抵起心分位，必更五级：其一曰作意，此能警心令起；二曰触，此能令根（即五官）、境、识三，和合为一；三曰受，此能领纳顺违俱非境相；四曰想，此能取境分齐；五曰思，此能取境本因。作意与触，今称动向，受者今称感觉，想者今称知觉，思者今称考察。初起名字，惟由想成，所谓口呼意呼者也。继起名字，多由思成，所谓考呼者也。

凡诸别名，起于取像，故由想位口呼而成。凡诸共名，起于概念，故由思位考呼而成。同状异所，如两马同状，而所据方分各异。异状同所，如壮老异状，而所据方分是同。不能以同状异所者谓为一物；亦不能以异状同所者谓为二物。然佛家说六种言论，有云众法聚集言论者，谓于色、香、味、触等事和合差别，建立宅、舍、瓶、衣、车、乘、军、林、树等种种言论。有云非常言论者，或由加行，谓于金段等起诸加行，造环钏等异庄严具，金段言舍，环钏言生；或由转变，谓饮食等于转变时，饮食言舍，便秽言生。（见《瑜伽师地论》。）然则同状异所者，物虽异而名可同，聚集万人，则谓之师矣。异状同所者，物虽同而名可异，如卵变为鸡，则谓之鸡矣。《荀子》未言及此，亦其鉴有未周也。次举《墨经》以解因明。其说曰："故，所得而后成也。"（《经上》。）"小故，有之不必然，无之必不然。体也，若有端。大故，有之必无然。若见之成见也。体，若二之一，尺之端也。"（《经说上》。）《荀子》惟论制名，不及因名之术，要待《墨子》而后明之。何谓因明？谓以此因明彼宗旨。佛家因明之法，宗、因、喻三，分为三支。于喻之中，又有同喻异喻。同喻异喻之上，各有合离之言词，名曰喻体。即此喻语，名曰喻依。如云声是无常（宗），所作性故（因）。凡所作者皆是无常，同喻如瓶；凡非无常者皆非所作，异喻如太空（喻）。《墨子》之"故"，即彼之"因"，必得此因，而后成宗。故曰："故，所得而后成也。"小故，大故，皆简因喻过误之言。云何小故？谓以此大为小之"因"。盖凡"因"较宗之"后陈"，其量必减。如以所作成无常，而无常之中，有多分非所作者，若海市、电光，无常起灭，岂必皆是所作？然凡所作者，则无一不是无常。是故无常量宽，所作量狭。今此同喻合词，若云凡无常者，皆是所作，则有"倒合"之过。故曰："有之不必然。"谓有无常者，不必皆是所作也。然于异喻离词，若云凡非无常者皆非所作，则为无过。故曰："无之必不然。"谓无无常者，必不是所作也。以体喻宽量，以端喻狭量，故云："体也，若有端。"云何大故？谓以此大为彼大之因。如云声是无常，不遍性故。不遍之与无常，了不相关，其量亦无宽狭。既不相关，必不能以不遍之因，成无常之宗。故曰："有之必无然。"二者同量，若见与见，若尺之前端后端。故曰："若见之成见也。""体，若二之一，尺之端也。"近人或谓印度三支，即是欧洲三段。所云宗者，当彼断按；所云因者，当彼小前提；所云同喻之喻体者，当彼大前提。特其排列逆顺，彼此相反，则由自悟、悟他之不同耳。然欧洲无异喻，而印度有异喻者，则以防其倒合。倒合则有减量换位之失，是故示以离法，而此弊为之消弭。村上专精据此以为因明法式长于欧洲。乃《墨子》于小故一条，已能知此，是亦难能可贵矣。若鸡三足狗非犬之类，诡辩繁辞，今姑勿论。

次论杂家。杂家者，兼儒墨，合名法，见王治之无不贯。此本出于议官，彼此异论，非以调和为能事也。《吕氏春秋》《淮南》内篇，由数人集合而成，言各异指，固无所害。及以一人为之，则漫羡无所归心，此《汉志》所以讥为荡者也。《韩非子·显学》篇曰："墨者之葬也，冬日冬服，夏日夏服，桐棺三寸，服丧三月，世主以为俭而礼之。儒者破家而葬，服丧三年，大毁扶杖，世主以为孝而礼之。夫是墨子之俭，将非孔子之侈也；是孔子之孝，将非墨子之戾也。今孝戾俭侈，俱在儒墨，而上兼礼之。漆雕之议，不色挠，不目逃，行曲则违于臧获，行直则怒于诸侯，世主以为廉而礼之。宋荣子之议，设不斗争，取不随仇，不羞囹圄，见侮不辱，世主以为宽而礼之。夫是漆雕之廉，将非宋荣之恕也；是宋荣之宽，将非漆雕之暴也。今宽廉恕暴，俱在二子，人主兼而礼之。自愚诬之学、杂反之辞争，而人主俱听之。故海内之士，言无定术，行无常议。夫冰炭不同器而久，寒暑不兼时而至，杂反之学不两立而治。今兼听杂学，缪行同异之举，安得无乱乎?"韩非说虽如是，然欲一国议论如合符节，此固必不可得者。学术进行，亦借互相驳难，又不必偏废也。至以一人之言，而矛盾自陷，俯仰异趋，则学术自此衰矣。东汉以来，此风最盛。章氏《文史通义》，谓近人著作"无专门可归者，率以儒家、杂家为蛇龙之菹"，信不诬也。

次论农家。农家诸书，世无传者。《泛胜之书》时见他书征引，与贾思勰之《齐民要术》、王桢之《农书》，义趣不异。若农家止于如此，则不妨归之方技，与医经、经方同列。然观《汉志》所述云："鄙者为之，以为无所事圣王，欲使君臣并耕，悖上下之序。"则许行所谓神农之言，犹有存者。韩非《显学》篇云："今世之学士语治者，多曰：'与贫穷地，以实无资。'"是即近世均地主义。斯所以自成一家欤。

次论小说家。周秦、西汉之小说，似与近世不同。如《周考》七十六篇、《青史子》五十七篇、《臣寿周纪》七篇、《虞初周说》九百四十三篇，与近世杂史相类。比于《西京杂记》《四朝闻见录》等，盖差胜矣。贾谊尝引《青史》，必非谬悠之说可知。如《伊尹说》二十七篇，《鬻子说》十九篇，《宋子》十八篇，《待诏臣安成未央术》一篇，则其言又兼黄老。《庄子·天下》篇举宋钘、尹文之术列为一家，荀卿亦与宋子相难。今《尹文》入名家，而《宋子》只入小说，此又不可解者。以意揣之，"宋子上说下教，强聒不舍"（见《庄子·天下》篇），盖有意于社会道德者。所列黄老诸家，宜亦同此。街谈巷议，所以有益于民俗也。《笑林》以后，此指渐衰，非刍荛之议矣。

上来所述诸子凡得十家，而《汉志》称九流者，彼云九家可观，盖小说特为附录而已。就此十家论之，儒、道本同源而异流，与杂家、纵横家合为一类；墨家、阴阳家为一类；农家、小说家为一类；法家、名家各自独立，特有其相通者。